LETTRES

SUR LA PROFESSION

D'AVOCAT.

*Noms des villes et de MM. les Libraires où
se trouvent ces Ouvrages.*

Aix, . . . Mouret.

Bordeaux, . . . Melon et compagnie.

Bruxelles, . . . De Mat, au Dépôt des Lois.

Caen, . . . Leroy.

Coblentz, . . . Laussat.

Dijon, . . . Bidault.

Grenoble, . . . Falcon.

Poitiers, . . . Catineau.

Rennes, . . . Blouet.

Strasbourg, . . . Wurtz et Treuttel.

Toulouse, . . . Delalanne.

Turin, . . . Frères Reycends.

LETTRES

SUR LA PROFESSION D'AVOCAT,

ET

BIBLIOTHÈQUE CHOISIE

DES LIVRES DE DROIT,

Qu'il est le plus utile d'acquérir et de connaître;

Par M. CAMUS,

Ancien Avocat, Garde des Archives nationales, membre de l'Institut, et du Conseil d'administration des Hospices.

TROISIÈME ÉDITION,

Entièrement refondue et considérablement augmentée.

TOME PREMIER.

A PARIS,

Chez Gilbert et compagnie, Libraires, rue Hautefeuille, n°. 19.

AN XIII. — 1805.

PRÉFACE

DE L'ÉDITEUR.

La première édition des Lettres sur la profession d'Avocat a paru en 1772, sans nom d'auteur.

M. Camus en donna une seconde édition en 1777.

Celle que l'on offre maintenant au public, est un ouvrage considérablement augmenté, et qui est nécessaire à tous les Jurisconsultes, ainsi qu'à tous ceux qui veulent se former une bibliothèque instructive, et connaître les meilleurs ouvrages qui ont paru sur le Droit. L'exactitude de son auteur est assez connue (1).

______

(1) Il serait bien à souhaiter que nous eussions pour chaque science un catalogue des

L'impression de la présente édi-

---

meilleurs livres qui en traitent. L'utilité de la Jurisprudence étant généralement sentie, l'étude de cette belle connaissance est maintenant reprise avec une nouvelle ardeur. Exprimons ici notre vœu pour que les deux volumes du catalogue de la Bibliothèque nationale, qui concernent la Jurisprudence, et qui sont imprimés aux trois quarts, soient enfin terminés et voyent le jour. Les amateurs des livres de jurisprudence doivent aussi se procurer la lecture du catalogue de l'ancienne Bibliothèque des Avocats, qu'on avait commencé d'imprimer, mais dont l'impression n'a pas été terminée. On pourra le consulter dans les bibliothèques de la Cour de cassation et du Corps législatif. Il ne manque plus maintenant à publier que des Mémoires sur les plus célèbres Avocats de Paris : M. *Sereau* a entrepris cet intéressant travail ; j'ose l'engager à y joindre même les renseignements qu'il pourra recueillir sur les anciens Notaires, Avoués et autres hommes de loi les plus connus. Nous laissons périr le souvenir d'un grand nombre de belles actions. Des circonstances particulières m'ont

tion (1) touchait à sa fin, lors du malheureux évènement dont la suite a causé la mort de M. Camus, arrivée le 2 novembre 1805, ou 11 brumaire an 13 (2).

Les personnes justes, qui n'auraient point partagé toujours ses opinions, doivent cependant convenir que peu d'hommes ont réuni autant de connaissances à une aussi grande activité

---

fait connaître que feu M. *Tournois*, notaire à Paris, employait les trois quarts de son revenu à soulager les infortunés. Il avait placé des rentes sur l'Etat au profit des pauvres de presque toutes les paroisses de Paris. Combien d'autres belles actions sont également ignorées ! j'engage MM. les Curés à publier celles qui sont à leur connaissance.

(1) On doit des remerciments à MM. *Garan de Coulon* et *Adry*, qui ont contribué à améliorer cette édition.

(2) M. *Camus* à revu lui-même les épreuves de cet ouvrage jusques vers la 361e. page de la seconde partie.

et a un aussi grand amour du travail.
Nous ajouterons encore qu'il est difficile d'être plus sévère pour soi-même,
plus désintéressé et meilleur père de
famille (1). Le savant secrétaire de la
classe d'Histoire et de Littérature ancienne de l'Institut, fera connaître les
obligations que lui ont les lettres. Nous
nous bornerons donc ici, 1°. à souhaiter qu'un gouvernement juste accorde
à son estimable famille, qui est peu
fortunée, une indemnité pour les pertes
considérables que lui a occasionnées sa
captivité dans les états de l'Autriche ;
2°. à transcrire ici la décision du conseil général d'administration des hospices civils de Paris, et le discours

---

(1) On verra comme il était désintéressé et
bon père, dans les mémoires qu'il a laissés sur
sa vie. La place des Archives nationales que
possédait M. Camus, a été donnée à M. *Daunou*,
qui a eu les procédés les plus nobles envers la
famille de son prédécesseur.

éloquent que M. Frochot (1), Conseiller
d'Etat, Préfet du département de la
Seine, a prononcé lors des funérailles
de M. Camus, qui était membre du
conseil général de cette administration.

A M H B.

---

(1) Le discours prononcé par M. *Frochot*,
et qui est transcrit ci-après; ceux prononcés
aux funérailles de M. de la Harpe par M. *Fon-*
tanes, et à celles de M. Anquetil du Perron par
M. *Silvestre de Sacy*, sont trois des meilleurs
discours prononcés dans ces tristes circonstances. Le discours de M. de Sacy est dans
le Moniteur; celui de M. Fontanes se trouve
1°. dans la notice faite par M. *Agasse*, sur la
vie et les écrits de M. *de la Harpe*, insérée à
la fin du dernier tome du Lycée; 2°. et dans
le supplément de l'utile ouvrage de M. *Deses-*
sarts, intitulé : *Siècles littéraires de la France.*

Conseil-général d'Administration des Hospices civils de Paris.

Séance du 16 brumaire an 13.

LE CONSEIL GÉNÉRAL , pénétré de regrets de la perte qu'il vient de faire de M. CAMUS, voulant consigner au procès-verbal l'expression de ses sentiments,

ARRÊTE:

Le discours prononcé par M. le Conseiller d'État, Préfet de la Seine, lors des funérailles de M. Camus, sera inséré dans le procès-verbal de ce jour.

DISCOURS.

FEMMES, VIEILLARDS, ORPHELINS, vous tous que la piété publique recueille dans les hôpitaux de la capitale,

donnez des regrets éternels à l'administrateur, au père que la mort vient
de vous enlever !

Ses vertus domestiques seront célé-
brées par ses fils, par sa famille ; son
inflexible équité, son inébranlable
fidélité, par ceux qui ont traversé avec
lui la carrière des assemblées publiques ; son courage et sa résolution,
par les honorables compagnons de sa
longue et mémorable captivité dans
une terre alors ennemie ; son amour
pour les sciences et pour les lettres,
l'étendue et la variété de ses connaissances, par le corps illustre auquel il
était attaché ; l'austérité de sa morale,
la parfaite conformité de ses actions
avec ses principes, par ses amis, par
ses concitoyens, par ceux-là même
qui, tout en croyant avoir à se plaindre de sa sévérité, n'ont pu se défendre d'admirer et d'estimer le caractère de cet homme trop rare, qui ne

comprit jamais qu'il pût exister un
moyen terme entre le juste et l'injuste,
et qui, libre en tout le reste, fut seulement esclave de sa conscience et de
ses devoirs.

Mais son ardent amour de l'humanité, son dévouement absolu à la cause
du pauvre, cette activité infatigable
qui semblait le multiplier dans les diverses parties de l'administration des
secours publics, ce desir ou plutôt
cette passion du bien, qui, sans cesse,
tenait son esprit à la recherche des
améliorations à introduire dans le ré-
gime général de nos institutions de
bienfaisance ; cette généreuse inquié-
tude, qui lui faisait embrasser à la fois
dans l'hospice de *la Maternité*, dont
il était chargé plus spécialement, et les
soins du premier ordre et les détails
les plus minutieux ; en un mot, toutes
les grandes qualités par lesquelles il
était devenu l'un des plus recomman-

dables administrateurs des hôpitaux de Paris, qui les louera, si ce n'est vous ? vous qui étiez l'objet particulier de ses pensées et de ses affections ! vous qu'il avait ajoutés à sa famille ! vous enfin, qui jouissez chaque jour des améliorations qu'il a suggérées, recueillies ou produites !

Ses travaux, ses succès seront publiés ; l'administration, qui s'honore d'avoir compté parmi ses membres ce vertueux citoyen, doit cet hommage à sa mémoire, elle se le doit à elle-même ; mais le jour du deuil et de la douleur n'est pas celui où l'on peut louer par des écrits, et l'affliction qui règne dans cette fatale cérémonie la remplit mieux que ne feraient de plus longs discours. Heureux celui qu'accompagnent au tombeau les regrets et les pleurs du pauvre ! il reçoit dans ce bel éloge le plus digne prix d'une bonne vie.

Femmes , Vieillards , Orphelins ,
encore un moment, et ces tristes dé-
pouilles de votre ami vont disparaître.
Alors , retournant dans vos pieux asiles,
dites à ceux parmi lesquels vous avez
été choisis pour orner cette pompe fu-
nèbre : « Nous avons vu reposer en
» paix pour toujours , celui qui, vivant,
» ne se reposa jamais lorsqu'il put
» croire que quelque chose lui restait
» à faire pour nous servir ! Nous avons
» pleuré sur sa tombe ! Ses collègues
» ont mêlé leurs pleurs aux nôtres ;
» et ces pleurs nous ont dit que le ciel
» ne nous a pas tout enlevé ! »

Pour copie conforme,

*Le secrétaire général de l'adminis-
tration des hospices,*

Signé, M A I S O N.

TABLE DES MATIÈRES.

Contenues dans les Lettres sur la profession d'Avocat.

LETTRES
SUR LA PROFESSION
D'AVOCAT.

PREMIÈRE LETTRE.

De la Profession d'Avocat.

J'APPRENDS avec une vraie satisfaction, monsieur, les succès de M. votre fils : vous êtes récompensé du soin que vous avez apporté à son éducation. Je suis sensiblement touché de ce que vous me dites de son caractère, de ses mœurs, de ses sentiments d'honneur et de probité. On ne saurait annoncer des dispositions plus heureuses pour la profession à laquelle vous le destinez. Vous me demandez, monsieur, mon sentiment sur cette profession : vous ne craignez donc pas qu'une sorte d'amour-propre m'aveugle sur mon état, et m'engage à ne vous le montrer que sous des apparences séduisantes, mais trompeuses ?

Je ne vous dissimulerai pas, monsieur, que lorsque j'entends M. le chancelier d'Aguesseau appeler l'ordre des avocats *un ordre aussi ancien que la magistrature, aussi noble que la vertu, aussi nécessaire que la justice* (1), mon amour-propre est flatté de ce que je suis compté au nombre de ses membres : peu s'en faut que je ne mette ma profession au-dessus des autres; mais bientôt la raison et l'expérience me rappèlent à une manière de penser plus sage : je vois qu'ici, comme à tous les autres états de ce monde, il faut appliquer le mot d'Horace , *Nihil est ab omni parte beatum*. Je me restreins donc alors à penser que la profession d'avocat a des avantages assez considérables pour attirer à elle des personnes qui ont des talents et de la raison.

Voulez-vous inspirer le goût de cette profession à M. votre fils ? Commencez par lui en exposer la dignité. Sans archives , sans registres , nous avons cependant nos titres. Ces titres sont les discours des magistrats célèbres qui ont relevé souvent , avec les expressions les plus magnifiques, la beauté de notre profession (2). Ce sont des arrêts so-

---

(1) Œuvres de M. d'Aguesseau , Discours sur l'indépendance de l'Avocat, Tome Ier., page 3.

(2) Voyez les harangues faites aux rentrées des Cours, et, en particulier, celles de M. d'Aguesseau.

lemnels qui attestent la haute estime
que les premiers magistrats ont pour un
état si voisin du leur (1). Des exemples
fameux, puisés dans l'histoire, ajoute-
raient, s'il était besoin, aux preuves de
la considération dont la profession d'avocat a été honorée. Rymer nous a conservé un traité du 1er. juin 1546, par
lequel le Roi et le Roi d'Angleterre nom-
ment quatre jurisconsultes arbitres d'une
question importante qui s'élevait entre
eux, et promettent de s'en rapporter à
leur décision (2).

Mais de tout ce que j'appèle nos titres,
je n'en connais point de plus ample ni de
plus beau que le *Dialogue des Avocats,
par Loisel.* Il est imprimé dans le recueil de ses opuscules : c'est un écrit
assez court, qui occupera agréablement
M. votre fils, en même-temps qu'il l'instruira de sa dignité future, et qu'il lui
montrera des exemples à suivre. Pasquier, si connu par ses *Recherches sur
la France*, est le principal interlocuteur
du dialogue. Loisel, qui était fort lié avec
lui, a mis dans sa bouche l'histoire du

---

(1) Voyez les arrêts du 22 avril 1761, et du
2 avril 1762.

(2) Actes de Rymer, Tome XV. Il s'agissait
d'une somme de 512,022 écus que le Roi d'Angleterre prétendait lui être due par le Roi.

barreau de Paris, depuis que le parlement a été sédentaire dans cette ville,
jusqu'au commencement du dix-septième
siècle. Une multitude d'anecdotes intéressantes y sont recueillies. Elles ne sont
pas moins précieuses à l'ordre des Avocats, dont elles établissent la grandeur,
qu'elles le sont aux maisons anciennes
de la robe, dont elles montrent l'origine
dans les Avocats célèbres de ces époques
reculées. Il n'en est presque aucune aux
chefs desquelles l'exercice de la profession d'Avocat n'ait servi de degré pour
monter aux premières dignités : les al-
liances entre ces maisons et des Avocats
connus sont fréquentes.

Mais c'est assez vous entretenir de ce
qui a été dit sur la noblesse de la profession d'Avocat : la vraie manière de
montrer combien une profession est re-
commandable, est, à mon avis, de développer les qualités qu'elle exige, les
devoirs qu'elle impose. L'élévation de
ces qualités, la sublimité de ces devoirs,
sont, selon mon sentiment, la juste mesure de la considération qui lui est due.
Pour que ma proposition soit exacte,
il faut que je commence par vous rendre
compte, monsieur, de l'idée que me présente le nom d'Avocat.

L'état d'un homme qui ne se serait
livré à l'étude des lois que dans la basse

espérance de multiplier ses richesses aux dépens des victimes infortunées de la chicane ; l'état de celui qui n'aurait cultivé l'art oratoire que pour vendre à plus haut prix l'usage de talents souvent dangereux et perfides , sont , l'un et l'autre , deux états diamétralement opposés à celui d'un Avocat. L'exercice de la profession d'Avocat doit mener à l'honneur , non à la fortune ; et dans l'ordre des idées que je me suis faites sur cette profession , un premier titre pour mériter , à celui qui l'embrasse , la considération des gens sensés , c'est de voir qu'il méprise les professions lucratives , la plupart moins pénibles et moins laborieuses , pour se dévouer à des fonctions qui ne promettent que de l'honneur à ceux qui les exercent avec le plus de succès.

Qu'est-ce donc , monsieur , que j'entends par un Avocat ? Un homme de bien, capable de conseiller et défendre ses concitoyens. Caton définissait l'orateur , un homme de bien qui sait parler , *Vir probus dicendi peritus*. J'ajoute au talent de *parler* , celui de *conseiller*. En même-temps que l'Avocat parle et écrit comme un orateur , je veux qu'il pense et raisonne comme un jurisconsulte ; mais j'établis ma définition sur la même base sur laquelle Caton fonde la sienne :

la qualité d'homme de bien en est toujours la première partie. L'importance des affaires dont on dépose le secret entre les mains de l'Avocat; la confiance qu'il lui est nécessaire de mériter ; la certitude qu'il doit inspirer, qu'en s'adressant à lui, on sera toujours fidèlement conseillé, jamais trompé, encore moins trahi, exigent qu'il joigne les qualités du cœur à celles de l'esprit. Une probité scrupuleuse, une décence toujours soutenue, parce qu'elle n'est que la conséquence des principes profondément imprimés dans l'ame, sont ici des qualités essentielles.

C'est cet homme, tel que je viens de vous le décrire, qui paraît à mes yeux infiniment estimable. Il est beau, sans doute, de voir Démosthène arracher le masque aux pensionnaires de Philippe ; échauffer les Athéniens et les animer à la défense de la patrie ; se défendre, lui et son ami, des calomnies d'un envieux et d'un traître : Cicéron ouvrir sa carrière par la défense d'un innocent accusé de parricide ; dénoncer à la justice un gouverneur coupable d'avoir dépouillé les provinces confiées à sa vigilance et à ses soins ; poursuivre tantôt Catilina, tantôt Marc-Antoine : mais, dans tout ceci, c'est l'orateur seulement que vous appercevez. Voici ce qu'il faut y ajouter

pour rendre complète l'idée d'un véritable Avocat.

Se sacrifier, soi et toutes ses facultés,
au bien des autres; se dévouer à de longues études, pour fixer les doutes que le
grand nombre de nos lois multiplie; devenir orateur pour faire triompher l'in-
nocence opprimée; regarder le bonheur
de tendre une main secourable au pauvre,
comme une récompense préférable à la
reconnaissance la plus expressive des
grands et des riches; défendre ceux-ci
par devoir, ceux-là par intérêt : tels sont
les traits qui caractérisent l'Avocat.

Toutes les personnes qui s'adressent à
lui, sont écoutées indistinctement; mais
il ne défend pas les causes de tous sans
distinction. Son cabinet est un tribunal
privé; il y juge les causes avant de se
charger de les défendre. Ce serait faire
un usage criminel de ses talents, que de
les employer à pallier l'injustice ; en
manquant à son devoir, on s'exposerait
à perdre sa réputation. Celui-là même
qui entreprend de réussir par des voies
criminelles, sait quelle distance il y a
entre lui et la probité; il méprise quiconque s'éloigne de la probité pour se
rapprocher de l'injustice. Si l'Avocat se
trompe dans ce jugement particulier qu'il
prononce sur les prétentions de son client,
que son erreur ne soit pas une suite de

l'éblouissement que cause aux yeux vulgaires l'éclat, ou de la dignité, ou du
rang, ou des richesses ; qu'elle soit l'effet
de la compassion qu'avaient excitée dans
son cœur les larmes d'un malheureux :
en s'annonçant comme opprimé, il faisait oublier qu'il pouvait être coupable.

L'examen des demandes du nouveau
client lui est-il favorable ? ses intérêts
deviènent, dès ce moment, plus chers à
son Avocat qu'ils ne le sont à lui-même.
En lui déclarant que ce qu'il demande
est conforme à la raison et aux lois, on
s'est rendu, en quelque manière, garant
du succès. D'ailleurs, la passion dominante de l'Avocat étant l'amour de ce
qui est juste, droit et honnête, comment
pourrait-il ne pas réunir tous ses efforts
pour faire triompher ce qu'il regarde
comme juste, droit et honnête ?

Le zèle avec lequel l'Avocat se livre à
la défense d'une cause dont il s'est chargé,
deviendrait bientôt stérile ; son courage
pour attaquer de front l'injustice, lorsqu'elle marche à découvert ; son adresse
pour dévoiler des passions qui, honteuses
d'elles-mêmes, s'enveloppent des apparences de la vertu, seraient inutiles, s'il
n'avait pas la liberté entière de parler.
En Lorraine, une ordonnance expresse
assure aux Avocats, sous la protection
du souverain, une liberté absolue d'em-

ployer leur ministère , soit en plaidant ,
soit en écrivant, soit en consultant, contre
toute personne , de quelque rang , qualité , naissance ou dignité qu'elle soit.
L'ordonnance ajoute que , si aucune partie puissante , ou autres , venaient , par
ressentiment , à insulter un Avocat , ou
à commettre à son égard quelque voie
de fait, il sera procédé extraordinaire-
ment contre les coupables , et il en sera
fait une punition exemplaire , à la satisfaction de la partie offensée et du public.
(*Ordonnance de* 1707, *pour l'administration de la justice.*) Nous n'avions
pas besoin , en France , d'une ordonnance semblable. Les magistrats devant
lesquels nous défendons les intérêts des
citoyens sont trop convaincus de la liberté
qu'exige notre ministère , pour ne pas la
maintenir sans qu'une ordonnance le leur
enjoigne. Loisel rapporte quelques arrêts
dont il avait été témoin , et qui pronon-
cèrent des peines sévères contre des parties puissantes , pour les punir d'avoir
menacé de se venger de la liberté d'un
défenseur généreux. Il a été rendu , de
nos jours , des arrêts aussi favorables à
notre liberté. Dans les cas mêmes où il
a paru qu'il y avait lieu de se plaindre
de quelques faits trop légèrement avan-
cés par un Avocat, sur le témoignage de
sa partie , on a reçu la plainte contre cette

partie ; jamais on n'a permis de comprendre dans la plainte le nom ou la personne de l'Avocat.

Comme c'est uniquement la vérité et la justice que les Avocats cherchent à faire triompher, il s'est établi entre eux un usage constant, de ne point plaider sans s'être communiqué toutes les pièces qui doivent appuyer leur défense. On ne combat que parce qu'on est assuré de la justice de sa cause, et on n'emploie des titres que parce qu'on les croit authentiques et légitimes, puisqu'on donne au défenseur de celui contre lequel ils sont produits, le loisir de les examiner. Cette communication est même avantageuse pour les parties. Quelquefois l'Avocat y découvre des faits qu'on lui avait dissimulés ; il n'emploie alors son éloquence que contre son propre client, il le dissuade de la poursuite d'un procès injuste.

La manière dont la communication des pièces se fait entre les Avocats, est bien, ainsi que l'a qualifiée un de nos anciens, *un apanage d'incorruptibilité sublime.* Il n'est question ni de *récépissé*, ni d'inventaire des pièces communiquées. Les titres originaux les plus précieux sont remis sans formalités, parce qu'ils sont toujours rendus tels qu'ils ont été donnés, et à la première réquisition de l'Avocat qui les a communiqués. Cet usage, le même depuis plusieurs siècles, *et dont il n'est point encore jamais advenu faute*, pour me servir des expressions de Pasquier, dans le Dialogue des Avocats, suffirait pour attester les sentiments d'honneur qui sont l'ame de leur profession.

Mais les fonctions de l'Avocat ne sont pas seulement de parler ou d'écrire pour la défense des droits, de l'honneur ou même de la vie de ceux qui se sont adressés à lui. Son ministère n'est pas moins important, lorsque, d'une main prudente, il trace la route qu'on doit suivre pour assurer des conventions justes; ou lorsque, par des réflexions adroitement amenées, il fait passer dans ses clients l'esprit de paix qui l'anime. Quelles actions de graces ne lui doit pas une famille, où la guerre commençait à naître, où le feu des divisions allait embrâser le patrimoine commun, fruit des travaux d'un père économe, lorsque, rappelée à des sentiments plus raisonnables par les sages conseils de l'Avocat, elle voit ses membres s'embrasser et se jurer une amitié éternelle !

J'ai mis sous les yeux de M. votre fils, monsieur, les principaux devoirs de l'Avocat; il faudrait maintenant lui faire voir des modèles à imiter, dans la personne de ceux auxquels la pratique exacte de ces devoirs a acquis des droits à l'estime de la postérité. La fréquentation du palais lui en fera connaître plusieurs : à l'égard de ceux qui ne sont plus, il serait à souhaiter que l'on eût conservé, je ne dis pas leur nom (leurs vertus empêchent qu'il ne périsse), mais quelque détail de leurs actions. Ce serait le sujet d'une continuation du dialogue de Loisel ; on y inscrirait les noms de Leschassier, de Lemaître, de Patru, d'Erard, de Gillet, d'Auzanet, de Duplessis, de Fourcroi, de Duhamel, de Nouet, de Tartarin, de Laurière, de Secousse ; et, pour nous rapprocher de notre âge, ceux de Capon, de Cochin, de Lenormand, des deux Aubri, le père et le fils, de Bretonnier ; enfin, ceux de d'Héricourt, de Reverseaux, de Lamonnoye, de Mallard, de Doulcet, de Lalourcé, de Dorigny, de Mey. A ce que l'on dirait sur chacun de ces Avocats, et sur nombre d'autres qui ont été leurs émules, on joindrait des anecdotes relatives au barreau ; on y parlerait des témoignages de considération que ses membres ont reçus en différents temps. On y rappèlerait, par exemple, l'invitation que M. le premier président Portail faisait en 1707 aux anciens Avocats, *de venir prendre leurs places sur les fleurs de lis,* je veux dire, d'assister aux audiences

de la Cour, en qualité de conseillers.
C'est une remarque historique, dont il
est bon de faire part à notre jeune Avocat.
Les anciennes ordonnances donnent aux
Avocats le titre de *Conseillers*; cela vient
de ce que, chaque année, l'on choisissait
les plus recommandables par leur savoir
et leur expérience, pour prendre leur
avis sur les affaires importantes. Il subsiste encore aujourd'hui des vestiges de
cet usage mémorable. A la rentrée du
parlement, le greffier lit, d'après le
Tableau, le nom de plusieurs anciens
Avocats qui doivent s'asseoir, les uns au-
dessous des conseillers-laïcs, les autres
au-dessous des conseillers-clercs. C'était
ainsi que l'on indiquait, le jour de la
rentrée, les Avocats qui seraient consultés sur les jugements pendant le cours
de l'année.

Faire le bien, soutenir les lois, défendre les opprimés, guider ceux qui ont
besoin de conseils, telles sont donc les
fonctions auxquelles les Avocats se consacrent. Leur activité augmente-t-elle ?
c'est lorsqu'il s'agit de soutenir le faible
contre le puissant; l'accusé contre un
parti formidable. Le crédit, qui fait trembler leurs clients, élève leur courage.
La terreur, qui abat les ames vulgaires,
met en action les ressorts de leur ame
élevée. Plus il y a de péril à résister aux

factieux, plus ils mettent de gloire à les braver.

La récompense de ces nobles fonctions est la même que celle de la vertu. J'ai déjà eu l'attention d'en avertir M. votre fils; elle ne consiste point dans la fortune. Il recevra des honoraires; mais certainement il estimera trop son zèle et ses veilles, pour croire qu'on puisse les évaluer à prix d'argent, et qu'une certaine quantité d'or en soit une digne récompense. Les honoraires sont un présent par lequel un client reconnaît les peines que l'on a prises à l'examen de son affaire; il n'est pas extraordinaire de manquer à le recevoir, parce qu'il n'est pas extraordinaire qu'il se rencontre un client sans reconnaissance; dans quelque cas que ce soit, jamais ils ne sont exigés. Une pareille demande serait incompatible avec la profession d'Avocat; et au moment où on la formerait, il faudrait renoncer à son état.

L'étendue de la loi que nous nous sommes imposée à nous-mêmes, de ne point demander d'honoraires, est développée en ces termes, par un de nos anciens bâtonniers : « Ceux, dit-il, qui » auraient la témérité de demander des » honoraires, seraient retranchés du » *Tableau.* Mais il ne doit point nous » suffire de ne pas former des demandes

» en justice ; nous devons éviter d'obliger
» nos clients, par nos manières envers
» eux pendant qu'ils ont actuellement
» besoin de nos secours, à nous récom-
» penser au-delà de ce qu'ils ont résolu. »
(*Discours du Bâtonnier*, le 9 *mai*
1723.)

L'idée que les Avocats attachent aux
honoraires qu'on leur présente, ne permet pas qu'ils en donnent des quittances.
Je veux laisser à M. votre fils la satisfaction d'apprendre lui - même, dans le
Dialogue des Avocats, ce qui se passa
en 1602, lorsqu'on voulut forcer les
Avocats à donner des quittances de ce
qu'ils auraient reçu : je suis bien assuré
qu'il y admirera la conduite ferme qu'ils
tinrent dans cette occasion ; mais je ne
saurais vous taire les motifs sur lesquels
M. Husson, célèbre avocat, qui a écrit
en latin un traité curieux sur sa profession, fonde leur refus. Si un client n'a
pas le moyen de témoigner sa reconnaissance par cette voie, il faudra donc découvrir son état, dit M. Husson, et publier ainsi le service qu'on lui aura rendu ?
S'il ne peut rien donner sur-le-champ,
faudra-t-il faire connaître qu'on lui a
accordé du temps (1) ? Au reste, les

____

(1) Si solvere nequeant clientes, nostramne
in eos charitatem, illorumne unà egestatem,

Avocats ne furent pas les seuls qui se plaignirent de la loi qu'on voulait leur imposer en 1602 : M. Servin, Avocat-général, avait refusé de donner des conclusions dans cette affaire, et M. de Thou montre, dans son histoire, qu'il pensait à cet égard comme M. Servin.

Contraindre les Avocats à ne point travailler, sans reconnaître, par écrit, ce qu'ils auraient reçu de leurs parties, c'était porter atteinte à la liberté de leur profession ; liberté précieuse, absolument nécessaire pour conserver dans cet ordre les sentiments d'honneur et de courage qu'il est si important au bien des parties elles-mêmes d'y maintenir. Les talents, ceux de l'esprit surtout, ne sauraient s'accommoder avec la gêne et la contrainte. Et quelle pourrait être d'ailleurs, je vous prie, la sanction de la loi qui enjoindrait, ou à l'orateur d'être éloquent, ou au jurisconsulte de développer les principes des lois ?

Ce sont là les véritables avantages de la profession d'Avocat : ils consistent à exercer une profession libre. Quiconque se sent des talents peut prétendre à la

---

vel vano, vel nocivo exarabimus calamo ? Si præsens aliquibus non erit pecunia, propriane contestabimur syngrapha terminum solvendi datum ? (*De Advocato, lib. 4, cap. 32.*)

concurrence. D'un autre côté, la considération, qui est la récompense que le public accorde à ceux qui se dévouent à son service, n'est point attachée au titre, mais à la profession d'Avocat. Il faut être réellement utile à ses concitoyens, ou par ses conseils, ou par ses discours, ou par ses écrits, pour mériter leur estime. On se donne ses clients à soi-même; et comment se les donne-t-on? Une personne dont l'honneur, la vie, les biens sont attaqués, ne se déterminera à remettre de si grands intérêts entre les mains d'un jeune Avocat, que sur la réputation que lui aura déjà acquise sa manière de vivre, son zèle pour l'étude, son ardeur pour le travail, sa prudence, sa probité. Ces qualités, dont l'exercice est, si je puis parler ainsi, journalier, doivent donc former un nom au jeune Avocat, avant que des affaires considérables ayent fait connaître ses autres talents : et de même que les corps dont les membres sont titulaires de charges vénales, se perpétuent par l'acquisition que font de ces charges ceux qui se succèdent les uns aux autres, ainsi l'ordre des Avocats se perpétue par l'admission de nouveaux sujets qui annoncent les mêmes talents que leurs prédécesseurs, et qui font vœu de pratiquer les mêmes vertus.

Le droit de n'être jugé que par ses confrères, est d'ailleurs le seul privilége de notre ordre que je connaisse. On cite, il est vrai, des arrêts qui nous ont accordé certaines prérogatives, certaines préséances sur différents officiers de justice: ces objets ne méritent pas d'occuper une personne de sens. D'autres arrêts ont déclaré que les Avocats domiciliés en province ne pouvaient pas être assujétis à la collecte des impositions : c'est un privilége, sans doute ; mais ce qui me paraît le plus digne d'attention dans ces arrêts, ce sont les éloges que de grands magistrats ont, à cette occasion, donnés à notre ordre (1). Le parlement de Rennes vient de rendre un arrêt de ce genre ; il est du 13 mars 1775, et défend, à peine de 5o livres d'amende contre les délibérants, « de nommer aucun Avocat » exerçant la profession noblement, sans » mélange d'aucune autre profession dé- » rogeante, à la collecte des impositions, » ni, sans leur consentement, aux » fonctions de marguilliers comptables.» Le discours de M. l'Avocat-général Duparc-Porée, qui a précédé la prononciation de cet arrêt, contient les réflexions les plus flatteuses pour l'ordre des Avo-

______

(1) Voyez les arrêts de la Cour des Aides, du 6 juillet 1672, et du 11 juillet 176o.

cats. M. Duparc – Porée emploie les expressions de M. d'Aguesseau, que j'ai
transcrites au commencement de cette
lettre, pour relever la dignité de notre
ordre ; il exprime l'étendue de nos devoirs en peu de mots, lorsqu'il dit que
« tous nos jours doivent être marqués
» par les services que nous rendons aux
» citoyens et à la patrie ; que nos occu-
» pations doivent être un exercice con-
» tinuel de droiture, de probité, de
» justice et de religion. »

Mais je reviens, monsieur, au privilége de n'être jugé que par nos confrères,
sur tout ce qui a trait à l'exercice de notre
profession. Dans l'impossibilité où la fai-
blesse humaine nous met de nous croire
impeccables, c'est une consolation d'avoir
ses confrères pour juges souverains.
Telle était l'ancienne police de la France,
que chaque citoyen y était jugé par ses
pairs. Les droits de l'ordre des Avocats
sur leurs membres, ont été assurés depuis peu par des arrêts solemnels : on a
développé, dans le même temps, les
principes sur lesquels portent les jugements d'un ordre auquel on reprochait
de n'avoir ni lois ni règlements (1). Il

---

(1) Voyez l'écrit intitulé *la Censure*, petite
brochure *in-8°.*, publiée à l'occasion des plaintes
de Linguet contre l'ordre des Avocats.

n'est pas besoin d'avoir des statuts écrits, lorsque l'on fait profession de ne suivre d'autres lois que les principes innés de l'honneur.

Je m'arrête ici, Monsieur, et je crois en avoir assez dit pour donner à M. votre fils une idée de la profession que vous desirez qu'il embrasse. Sa manière de penser, que vous m'avez fait connaître, doit le rendre sensible aux avantages qu'elle promet. De longues études, des détails fastidieux, des discussions épineuses, auxquels on est obligé de se livrer, et pour se rendre capable de la profession d'Avocat, et pour l'exercer, ont leur désagrément sans doute; mais ces peines me paraissent compensées, compensées bien abondamment, par l'obligation d'être vertueux. Notre profession en impose la nécessité.

J'ai l'honneur d'être, etc.

SECONDE LETTRE.

Sur les Etudes, en général, qui sont nécessaires à la Profession d'Avo-cat ; l'ordre de s'y livrer ; le plan d'une conférence ; et la manière de se former une bibliothèque.

Vous me marquez, monsieur, que ma dernière lettre a achevé de vous déterminer à engager M. votre fils à la profession d'Avocat, et qu'elle l'a décidé lui-même à l'embrasser ; vous voulez maintenant que je lui indique les études auxquelles il doit se livrer.

Si vous voulez bien vous rappeler, monsieur, l'idée que je vous ai donnée de l'Avocat, en le définissant un homme de bien qui aide les autres de ses conseils et de son éloquence, qui les conduit par des avis sages, et qui les défend par ses écrits et par ses discours, vous concevrez facilement que le plan d'étude, capable de former un tel homme, est très-vaste. Je me propose d'abord de jeter un coup d'œil rapide et général sur les connaissances nécessaires à l'Avocat, d'indiquer à M. votre fils quelques vues sur l'ordre que l'on peut mettre dans

l'acquisition de ces connaissances , sur
la manière d'abréger ses études, et de
se les rendre plus utiles par des conférences ; enfin , de dire un mot sur le soin
qu'un jeune Avocat doit avoir de se composer une bibliothèque.

L'éloquence est une partie essentielle
à l'Avocat : il faut que dès sa jeunesse il
l'étudie et s'y forme. Pour lui montrer
le but et l'objet de son étude, j'emprun-
terai les expressions du sage abbé Fleury.
« Je n'entends pas ici , par éloquence ,
» ce qui fait faire ces harangues de cé-
» rémonie et autres discours étudiés qui
» chatouillent l'oreille en passant, et ne
» font le plus souvent qu'amuser. J'en-
» tends l'art de persuader effectivement ,
» soit que l'on parle en public ou en
» particulier ; j'entends ce qui fait qu'un
» Avocat gagne plus de causes qu'un
» autre, qu'un magistrat est le plus fort
» dans les délibérations de sa compagnie ;
» en un mot, ce qui fait qu'un homme
» se rend maître des esprits par la pa-
» role. » (*Du choix des études* , n. 31.)

Comment acquérir ce talent précieux ?
donner à sa parole ou à ses écrits cette
douceur qui persuade , cette clarté qui
ne laisse aucun doute dans l'esprit de
l'auditeur , cette précision qui ne l'entretient jamais au-delà du moment où
son attention va cesser ; cette adresse qui

saisit le faible des objections pour les réduire en poudre ; enfin , cette force qui
subjugue , entraîne, et ne permet pas de
résister ? Peu de préceptes , beaucoup
de modèles : tel est mon avis , monsieur.
Je m'explique. Les règles de l'éloquence
ne sont ni arbitraires ni factices ; ceux
qui les ont recueillies ont observé , dans
les discours auxquels ils avaient vu produire les effets de l'éloquence , les principes qui avaient pu être la cause de ces
effets ; leurs réflexions ont formé ce que
nous appelons l'art de la rhétorique. Il
est nécessaire de connaître cet art , pour
lire avec plus de fruit les mêmes ouvrages d'après lesquels les préceptes ont
été rédigés ; mais puisque ces ouvrages
sont encore entre nos mains , ce sont eux
surtout que nous devons lire et méditer.
Ainsi le sculpteur apprend de ses maîtres les règles des proportions , et la
manière de tenir le ciseau ; l'étude des
modèles fameux et son génie , le mènent
à la perfection.

Dans le cours ordinaire des classes ,
on s'instruit de quelques-uns des préceptes de l'éloquence , on apprend les
termes de l'art ; pour en faire une étude
plus particulière , relisez le second volume du *Traité des études*, le *Traité
du sublime* , et les deux traités de Cicéron , intitulés, l'un , *De l'Orateur* ,

l'autre, *L'Orateur*, Cicéron y traite des règles de l'éloquence en orateur parfait : en même-temps qu'il apprend à devenir éloquent, il inspire la passion de l'être , par les éloges sublimes qu'il fait de l'éloquence (1). Voulez-vous quelque chose qui se rapproche davantage de nos mœurs et de notre temps , lisez la préface qu'un Avocat estimable (M. Besnard) a mise à la tête de la collection des œuvres de M. Cochin. Joignez aux préceptes de l'éloquence ceux du raisonnement ; remplissez-vous des principes de la *Logique*, connue sous le nom de *Port-Royal*.

Vous vous êtes mis en état de sentir les beautés de l'art oratoire , vous connaissez ses ressources, ses mouvements, ses figures ; lisez Démosthène , et après l'avoir lu , relisez-le encore. Comparez

____

(1) Quid est tàm potens tàmque magnificum , quàm populi motus , judicum religiones , senatûs gravitatem unius oratione converti ? Quid porrò tàm regium , tàm liberale , tàm munificum , quàm opem ferre supplicibus , excitare afflictos , dare salutem , liberare periculis , retinere homines in civitate ? Quid autem tàm necessarium quàm tenere semper arma , quibus vel tutus ipse esse possis , vel provocare improbos , vel te ulcisci lacessitus ? (*De Oratore* , *lib.* 1., *n.* 8.)

ce

ce plaidoyer célèbre où il défend Ctésiphon contre Eschine, avec le discours où Eschine accuse Ctésiphon ; suivez la marche des deux orateurs ; appliquez-vous à découvrir ce qui constitue la supériorité de Démosthène sur Eschine. Méditez ensuite Cicéron ; n'ignorez aucun de ses discours. Etudiez d'Aguesseau ; mais que Cochin ne sorte jamais de dessous vos yeux. Je vous indiquerais d'autres orateurs ; mais pourquoi, lorsque l'on tend à la perfection, ne pas s'attacher uniquement à ceux que nous croyons y être arrivés? La vie est bien courte pour l'employer à des études qui ne soient pas de la première utilité. Lemaitre, Patru, Erard, Gillet, nous ont laissé des plaidoyers dont la lecture peut être utile, sans doute ; mais lisez plutôt trois ou quatre fois Cochin. Appréhenderez-vous de n'avoir qu'une manière, de ne ressembler qu'à un seul homme ? Et plaise à Dieu que vous n'ayiez jamais que la manière de Cochin, que vous ne ressembliez jamais qu'à lui !

Il n'est pas possible de prendre du goût pour l'éloquence sans en avoir pour la littérature. Elle est utile pour perfectionner l'éloquence, elle orne le discours, elle y apporte des richesses et des graces ; mais ce n'est pas le seul point de vue sous lequel je la considère. La littérature est utile même au jurisconsulte qui ne se destine point à parler en public; elle adoucit l'âpreté des autres études. Les traités de la plupart des auteurs de droit, écrits d'un style dur et pesant, donnent une manière de composer désagréable et ennuyeuse; l'aménité, la politesse se perdent, lorsque l'on demeure constamment enfoncé dans des matières abstraites et sérieuses : la littérature corrige ces défauts; elle forme le style, entretient ses agréments, et répand de la douceur et de l'urbanité dans les paroles comme dans le caractère. Enfin, n'est-ce pas un délassement nécessaire pour celui qui s'est fatigué à suivre les querelles et les petites discussions qui agitent les hommes, de les voir quelquefois moins tristes, moins fâcheux, et tels qu'ils ont été dépeints par des génies aimables? Ce délassement est à l'esprit, ce que la campagne est au corps, lorsqu'aux approches de l'automne nous fuyons le sombre séjour des villes.

L'étude des lettres a d'autres avantages encore. Des événements imprévus peuvent rendre tout-à-coup inutiles de longues et sérieuses études. Il n'est pas sans exemple que dans des moments de trouble, les lois soient réduites au silence, et que la science du droit devienne presque inutile. Les lettres sont de fidèles compagnes qui n'abandonnent point alors celui qui leur a consacré autrefois quelques-unes de ses veilles ; elles lui fournissent plus d'un moyen de consolation ; elles charment au moins ses ennuis. Nos prédécesseurs connaissaient bien ces avantages précieux de la littérature. Les lettres n'étaient nullement étrangères aux Pasquiers, aux Chopins, et aux autres Avocats célèbres de ce temps ; les langues savantes leur étaient familières ; et si on leur a reproché avec justice d'avoir quelquefois prodigué leur érudition sans assez d'économie, il faut aussi éviter l'extrémité opposée. L'abus de l'érudition doit cesser par un effet du goût, et non par l'effet de l'ignorance.

Cicéron exigeait de l'orateur qu'il fût instruit de tout ce qu'il peut y avoir d'important ; qu'il connût même les arts. Il voulait qu'il se procurât ainsi l'abondance et la fécondité qui lui sont si essentielles, et qu'en même-temps il se mît en état de défendre toutes sortes de causes, même celles où le point de difficulté peut dépendre des principes de différentes sciences (1). Mais Cicéron ne

---

(1) Sæpè in iis causis quas omnes proprias esse oratorum confitentur, est aliquid quod non

parlait que de l'orateur; et combien l'étendue de connaissances qu'il lui croyait nécessaire, l'est-elle davantage à l'Avocat que nous voulons former; à l'orateur jurisconsulte, auquel on s'adressera pour être éclairé sur tous les objets qui divisent les hommes ? Aucun genre d'étude et de science ne doit lui être étranger ; il faut qu'il ait ce que Cicéron appèle *omnium rerum magnarum atque artium scientiam.* Les affaires qui se présentent font sentir l'utilité de ces connaissances. Je ne demande pas qu'on soit instruit des détails relatifs aux arts ; mais il faut savoir en général comment les arts sont utiles à la société, et la manière dont ils procèdent. Prenons pour exemple le commerce. Il n'est pas question de s'instruire journellement du prix du change sur les différentes places, de la rareté ou de l'abondance actuelle de telles et telles marchandises ; si ces détails sont nécessaires, on les apprendra de la bouche du négociant : mais quelle idée ce négociant concevra-t-il de l'Avocat auquel il viendra s'adresser, si celui-ci ne sait pas même ce que c'est qu'une *lettre de change*, qu'un *ordre*, qu'un *aval*,

---

ex usu forensi, sed ex obscuriore aliquâ scientiâ sit promendum et assumendum. (*De Oratore, l. 1, n. 14.*)

que *l'escompte* ; s'il ne met aucune différence entre le commerce dans l'intérieur du royaume et le commerce avec
l'étranger, entre le commerce de terre
et le commerce de mer ; s'il ignore ce
que c'est qu'un *contrat à la grosse*,
comment on fait *assurer un charge-
ment*, ce qu'on entend par *une charte-
partie*, un *connaissement*, etc. ? Il pen-
sera qu'un homme novice sur tous ces
points, n'a pas même lu l'ordonnance
du commerce, et il confiera ses intérêts à quelqu'un plus instruit. Il en est
de même des autres sciences pratiques,
dont les objets peuvent donner lieu à
des contestations ; il faut que l'Avocat
soit en état d'entendre le client, qui vient
lui exposer le sujet de ses demandes.

Un autre genre d'étude indispensable
à l'Avocat, c'est l'étude de l'histoire, au
moins dans la partie qui se rapporte à
la législation. Les lois humaines ne sont
pas des décisions abstraites, de morale
et d'équité, qui déterminent théorique-
ment ce qui est juste et injuste. Toutes
leurs dispositions sont pratiques, et la
plupart ont été écrites telles que nous les
lisons, eu égard à certaines circonstances
dont il faut s'instruire, si l'on veut saisir
le sens de la loi. L'étude est même d'autant plus nécessaire sur ce point, qu'il
n'est pas question de principes que le bon

sens découvre seul , ou de conséquences
auxquelles un raisonnement exact puisse
conduire ; il s'agit de faits qu'on ne saurait apprendre qu'en feuilletant les écrits
dans lesquels ils se trouvent consignés.
Dumoulin, qui vit le goût des bonnes
études se renouveler , insiste fortement ,
dans la préface de son Traité des fiefs ,
sur l'utilité de l'histoire. Comment entendre les lois romaines , si l'on ne connaît pas le gouvernement des Romains
et les révolutions qu'il a éprouvées? les
lois françaises , si l'on ne connaît pas ce
que les Français ont été dans les divers
âges ?

Peut-être êtes-vous surpris , monsieur, que je n'aye parlé jusqu'ici que
d'éloquence, de littérature, de connaissances générales et d'histoire , sans avoir
encore dit un mot de l'étude du droit.
Ne croyez cependant pas ou que j'aye
oublié que la science du droit est l'étude
capitale de l'Avocat, ou que je veuille
faire de l'Avocat que je desire former,
un savant universel ; ce serait une chi-
mère. J'ai commencé par indiquer toutes
les connaissances que je crois nécessaires
ou utiles à un Avocat , et deux raisons
m'y ont déterminé. L'une , est que ce
n'est point un espace de temps fixe que
le jeune Avocat doit y donner ; cette
étude lui servira , ou d'occupation dans

les moments dont il pourra disposer, ou
de délassement pendant tout le cours de
sa vie. La seconde raison est que, le
jeune Avocat ayant un plus grand nombre d'intervalles libres, c'est dans ces
premières années surtout qu'il amassera
des connaissances accessoires à celles du
droit.

Je devrais maintenant m'occuper,
monsieur, de tracer à M. votre fils un
plan d'étude du droit; mais c'est une
matière trop importante pour ne pas
exiger un peu plus de réflexions de ma
part, et une discussion particulière. Le
droit peut se distribuer en plusieurs parties : droit naturel et public, droit romain, droit français, droit étranger,
droit ecclésiastique. Je ferai des deux
premières parties de cette distinction le
sujet d'une lettre; du droit français, le
sujet d'une seconde; et je parlerai dans
une troisième du droit ecclésiastique et
du droit étranger. Voyons seulement ici
de quelle manière nous ordonnerons les
études de notre jeune Avocat.

Je suppose M. votre fils parvenu à la
fin de son cours de philosophie : une
première question est de savoir s'il se
donnera, dès ce moment, à l'étude du
droit, ou si vous commencerez par l'envoyer chez un procureur, pour y apprendre comment les procès s'instruisent,

quelle est la forme de l'attaque et de la
défense.

La connaissance de ce qu'on appèle
la Pratique est indispensable à un Avocat. La sanction des lois prononce, en
plusieurs cas, la nullité de ce qui est
contraire à leur disposition, et c'est
pourquoi il arrive quelquefois, comme
on le dit, que la forme l'emporte sur
le fonds. Ignorer la forme, ce serait
donc courir le risque de laisser ses clients
tomber dans des fautes irréparables, ou
se réduire à l'impossibilité de les défendre, s'ils sont attaqués par des moyens
de forme. Il semblerait qu'on dût connaître la procédure et ses règles, en mé-
ditant les ordonnances qui les ont fixées,
en y joignant la lecture d'un de ces recueils imprimés que l'on appèle des
Styles, dans lesquels on trouve des modèles de différents actes de procédure.
Cette voie néanmoins n'est pas tout-à-fait
suffisante, soit parce que tous les cas particuliers n'ont pas pu être prévus, soit
parce que certains articles ont été inter-
prétés et d'autres abrogés par l'usage.
La vraie manière de connaître parfaitement la procédure, est de fréquenter
les études des procureurs, où elle se
fait.

Il est impossible, d'un autre côté,
monsieur, de vous dissimuler le danger

qu'entraîne la société de quelques-uns
des jeunes gens avec lesquels on contracte des liaisons dans ces études, et
qui étant la plupart éloignés de leur patrie, n'ont souvent à répondre de leur
conduite qu'à eux-mêmes. Je n'ai pas
besoin de vous développer cette réflexion,
pesez-là mûrement; et si elle vous fait
une trop forte impression, il ne sera pas
impossible de trouver des moyens qui
pourront suppléer, en partie, à ce que
M. votre fils apprendrait dans l'étude
d'un procureur.

Supposé que vous ayiez parmi les procureurs un ami sûr, il faut lui envoyer
M. votre fils, aussitôt après sa philosophie. Vous trouverez peut-être surprenant que je vous propose de mettre un
jeune homme au milieu des procès,
avant de connaître un seul principe de
droit; mais, outre que cet inconvénient
n'est pas aussi réel qu'il semble d'abord,
voici les raisons qui m'empêchent de
m'y arrêter. Si un jeune homme qui
doit entrer chez le procureur, n'y va
pas aussitôt après la fin de ses études,
on lui fera donc commencer d'abord son
cours de droit; qu'on l'interrompe ensuite pour l'envoyer chez un procureur,
il oubliera une partie de ce qu'il aura appris: d'ailleurs, s'il s'est une fois livré
à l'étude des questions de droit, il aura

de la peine à s'appliquer à la procédure,
dans un temps où, n'en concevant pas
encore l'importance, il n'en sentira que
la sécheresse. Lui fera-t-on étudier le
droit, tandis qu'il est chez le procureur?
c'est l'exposer à n'apprendre ni le droit
ni la pratique. L'étude de la procédure
ne lui laissera pas assez de loisir pour
suivre celle du droit; et l'étude du droit
sera un prétexte pour se débarrasser,
toutes les fois qu'il le voudra, d'un travail ordinairement fastidieux. L'étude
de la procédure a des dégoûts, qu'il faut
être contraint de dévorer.

Mon idée n'est pas, au reste, qu'on
envoye un jeune homme chez un procureur sans rien savoir qui le prépare à
ce qu'il doit y apprendre. Il faut lui
mettre entre les mains l'Ordonnance de
1667, avec le commentaire de M. Jousse,
et le Dictionnaire de droit et de pratique
de Ferrières. L'Ordonnance de 1667 est
la loi de la procédure; et à la tête du
commentaire de M. Jousse, on trouve
une introduction, qui donne des idées
générales, mais nettes et précises, sur
la nécessité des différentes parties de la
procédure. A l'égard du Dictionnaire
de droit et de pratique, on doit, dans
ces commencements, l'avoir en quelque
façon perpétuellement ouvert, pour y
chercher la définition des termes dont

on ne connaît point encore la valeur. On peut lire ensuite le Traité des obligations, de M. Pothier, et l'Institution au droit français, par Argou. Ces deux ouvrages fournissent d'excellents principes de droit, et autant qu'il en faut dans ces commencements ; le surplus du temps sera absolument employé à travailler à la procédure. Avec de la bonne volonté et de l'assiduité, deux ans passés chez le procureur apprendront tout ce qu'on doit savoir de procédure.

Dans le cas où vous ne placeriez pas M. votre fils chez un procureur, ce n'est plus par l'étude de la procédure que je suis d'avis qu'il commence, mais par l'étude du droit. C'est en partie par l'assiduité aux audiences, qu'il s'instruira de la procédure. Or, à l'audience, les questions de procédure sont souvent mêlées avec les questions de droit : ainsi ce serait perdre son temps que de suivre les audiences avant de rien entendre aux matières de droit.

Lorsque M. votre fils sera arrivé au moment de commencer l'étude du droit, soit après avoir été chez le procureur, soit, dans le cas où il ne prendrait pas ce parti, après avoir terminé son cours de philosophie, le premier livre qu'il doit lire, est le *Traité des devoirs* de Cicéron. Ce conseil est celui que

M. Fourcroi, célèbre avocat, donna à
M. Bretonnier, dans le temps où celui ci
commençait à s'attacher au barreau.
(*Préface des Questions de droit, par
Bretonnier.*)

Pline l'ancien dit quelque part, en
parlant des *offices* de Cicéron, que c'est
un ouvrage qu'il ne suffit pas d'avoir tous
les jours dans la main, mais qu'il faut
apprendre par cœur : *Quæ volumina
ediscenda, non modò in manibus ha-
benda quotidie.* M. votre fils sait où il
doit puiser les maximes d'une morale
incomparablement plus parfaite et plus
sublime que celle de Cicéron ; mais ce
qui lui est nécessaire dans ce moment,
c'est une morale développée par le raisonnement, qui lui rappéle ces principes du juste et de l'injuste, que la nature a gravés dans le cœur des hommes,
et qui lui fasse voir comment ces principes généraux, s'appliquant aux cas
particuliers, décident que telle action
est juste ou injuste. Le Traité des *devoirs* sera pour lui une institution au
droit naturel.

Cicéron a souvent profité, dans ses
ouvrages philosophiques, des écrits de
Platon. M. votre fils ne serait-il pas en
état de lire quelques-uns de ses dialogues dans leur langue originale, surtout ses dialogues sur le *Juste ?* Ces

derniers sont les mêmes que l'on défigure
assez mal à-propos sous le titre de la
République, tandis que Platon n'y
parle de république que comme d'un
terme de comparaison, et que son objet
principal, réel, unique même, est de
former et de régler le cœur de l'homme.
Avec quelle urbanité, quelle douceur,
quelle grace, quels charmes, Platon fait
parler Socrate ! Que n'est-il possible de
présenter toujours aux jeunes gens la sagesse sous un extérieur aussi aimable ?
Elle les séduirait.

Le plan de l'étude du droit n'est pas
absolument libre ; il est déterminé en
partie par des circonstances auxquelles
il faut avoir égard. 1°. On est obligé de
prendre des degrés dans la faculté de
droit avant d'être reçu Avocat, et de
soutenir différents actes académiques,
dans lesquels il est question non-seulement du droit romain, mais aussi du
droit canonique et du droit français.
2°. Un jeune Avocat ne peut être inscrit
sur le *Tableau*, qu'après avoir fré-
quenté les audiences : son propre intérêt doit le rendre exact à remplir cette
obligation ; et il lui est impossible de profiter de ce qu'on dit aux audiences, s'il
n'a quelques notions des matières qu'on
y traite. 3°. Comme le temps des études
est long, on ne doit pas négliger les

occasions qui peuvent se présenter de
plaider quelques causes ; et il est incer-
tain si les premières questions qu'on aura
à traiter appartiendront au droit romain,
ou au droit coutumier, ou au droit ecclésiastique.

D'après ces réflexions, je pense que
la première année des études d'un Avocat doit être employée en entier à l'étude
des institutions du droit romain, du droit
français et du droit ecclésiastique. Les
notions générales acquises sur ces trois
espèces de droits faciliteront l'étude ap-
profondie de celui auquel on se livrera
dans les années qui suivront.

Pour le droit romain, on ne peut rien
étudier de meilleur que les *Institutes
de Justinien*; c'est le titre d'un livre élémentaire, composé par l'ordre de Justinien, sur le modèle de pareils ouvrages dressés par les anciens jurisconsultes, et en particulier sur les Institutions de Gaius. On étudiera assiduement
les explications du professeur, et, de
retour chez soi, on lira le commentaire
de Vinnius. Les Institutions de M. Fleuri
donneront les principes fondamentaux
du droit canonique et de la discipline
ecclésiastique : celles de Lancelot met-
tront au fait des matières traitées dans
le corps du droit. On peut se servir utilement de la traduction qui a été donnée

par M. Durand de Maillane, et dans laquelle il a remarqué la différence qui se trouve sur plusieurs points importants, entre notre droit ecclésiastique, et le droit établi par les décrétales. Le premier volume de cette traduction est intéressant ; il contient une notice des différentes parties qui composent le droit canonique, et des compilations de canons qui ont précédé ou suivi celles qui sont comprises dans le corps de droit. Enfin, à l'égard des principes du droit français, c'est dans l'Institution d'Argou, et dans les Règles du droit français de Pocquet de Livonnières, qu'on doit les puiser. Ces deux ouvrages renferment les principes les plus sûrs, exposés de la manière la plus précise.

Je considère les autres études accessoires à celle du droit, comme un délassement : ainsi le repos dont l'esprit a besoin, après s'être livré à des méditations profondes et abstraites, fournit de lui-même une place à ces études. On peut, dans la matinée, donner une heure à l'histoire, et l'après-midi, le même espace de temps à la littérature : on lui consacrera les premiers moments où l'on rentre dans le cabinet après le repas ; il y aurait quelque danger à se livrer alors à des objets plus sérieux. Si l'on suit exactement cette méthode, jusqu'à ce que le temps viène où l'on n'aura plus le loisir de disposer de deux heures, sur douze ou treize que l'on peut habituelle- ment donner au travail, on connaîtra insensiblement ce qu'il y a de plus ex- cellent dans l'histoire de la littérature.

Comme le droit romain est celui que l'on étudiera le premier, il est à propos de commencer aussi par la lecture de l'histoire romaine. Tite-Live est l'histo- rien de ce qui s'est passé dans la répu- blique : Tacite peint les premiers empe- reurs, leurs ministres, et quiconque, sous leur règne, a eu quelque emploi dans le gouvernement. Après ces deux livres essentiels, il faut, pour abréger, prendre les auteurs qui ont formé un corps d'histoire sur les mémoires des écrivains contemporains. L'Histoire des Empereurs, par M. Crévier, et du Bas- Empire, par MM. le Beau et Ameilhon, mérite une application particulière, parce que c'est celle des temps où ont régné les princes auteurs des lois re- cueillies dans le Code, et où les juris- consultes, dont les ouvrages ont fourni les extraits qui composent le Digeste, ont vécu.

La lecture de l'histoire romaine se trou- vera terminée avant que l'étude du droit romain soit finie; ainsi l'histoire de France précédera en partie l'étude du droit français. Nous avons plusieurs historiens, mais la plupart sont diffus ; et d'ailleurs ils n'ont pas traité l'histoire d'une manière analogue à l'objet que doit se proposer un Avocat. Il lui est peu intéressant de savoir comment telle bataille était rangée, quel corps de troupes était ou à la droite, ou à la gauche ; mais il lui est important de connaître les usages et les coutumes anciennes, les premières lois des fiefs, les détails des assemblées de la nation, connues sous le nom de *Parlements*, l'origine des affranchissements, celle de l'établissement des communes, et d'autres objets semblables. Mon sentiment serait qu'on lût d'abord l'histoire des deux premières races de nos rois, dans l'abbé Velly, en y joignant les dissertations du P. Griffet sur cette partie de l'histoire de France du P. Daniel ; on prendrait ensuite une idée sommaire de l'histoire des trois races, dans l'abrégé de M. le président Hénault ; et on se mettrait ainsi en état de voir les savantes dissertations que les Bénédictins ont insérées dans la collection des Historiens de France. On finirait par lire de suite nos principaux historiens, Mézerai dans son abrégé, le P. Daniel, et les continuateurs de l'abbé de Velly. J'ai jeté quelquefois les yeux sur un autre de nos historiens qui me paraît trop négligé, et dont je crois qu'on pourrait tirer beaucoup d'avantage pour connaître les anciens usages de la nation; c'est M. de Cordemoy : je suis persuadé que l'abbé de Velly l'avait lu attentivement.

Par rapport à la littérature, il est difficile de marquer ici en détail tous les livres dont un jeune Avocat peut s'occuper. Les poètes et les orateurs, les écrivains de l'ancienne Rome, ceux du siècle de Louis XIV, quelques-uns de nos contemporains, doivent varier ses lectures : mais les orateurs auront la préférence sur les poètes; et dans le nombre des orateurs, j'ai indiqué ceux auxquels il doit particulièrement se fixer. Plusieurs auteurs de notre siècle se sont fait admirer dans différents genres, par la richesse de leurs pensées, le coloris nouveau qu'ils donnent aux idées communes, la rapidité du style, en un mot, par tous les agréments extérieurs et propres à séduire; mais il est à craindre qu'en voulant y ramasser des fleurs, on ne cueille des herbes empoisonnées.

Je demande les premières vacances libres pour l'histoire ecclésiastique. C'est une étude indispensable; et il est impossible de réussir jamais dans le droit canonique, si on ne connaît parfaitement l'histoire de l'Eglise. Or, je ne vois pas, dans le cours de l'année, d'intervalle assez considérable pour s'y livrer avec l'attention et la continuité qu'elle exige. J'imagine que deux vacances suffisent pour lire les vingt volumes de M. Fleuri. Par rapport aux seize volumes du P. Fabre, son continuateur, c'est assez de les parcourir : on peut en abréger la lecture des deux tiers, en passant tous les récits étrangers à l'histoire ecclésiastique. Il vaut mieux se ménager le temps de lire les histoires des conciles de Pise , de Constance , de Bâle , par Lenfant ; et du concile de Trente , par Fra-Paolo. L'histoire de ces quatre conciles renferme les faits les plus intéressants de l'histoire ecclésiastique des derniers siècles. Il y a à se défier de quelques réflexions de Fra-Paolo ; mais je trouve plus de danger encore dans les faux systêmes de Palavicini. Pour ce qui s'est passé depuis 1600, c'est l'auteur de l'Abrégé de l'histoire ecclésiastique, M. Racine, qu'on doit consulter.

Les discours sur l'histoire ecclésiastique, compris dans l'ouvrage de M. Fleuri, sont des morceaux qu'il faudrait savoir en entier, avant de parler de droit ecclésiastique. Il n'y a pas une de ses réflexions qui ne naisse de la chose, et qui ne soit de la plus grande vérité. Non seulement tout ce qui y est dit est bien , mais je ne crois pas même qu'on pût y ajouter un seul mot qui ne fût superflu. Je ne parle point d'un discours que l'on trouve imprimé le dernier, dans quelques éditions seulement : je ne saurais me persuader qu'il soit de M. Fleuri.

Les vacances qui suivront l'étude de l'histoire ecclésiastique, seront employées à acquérir successivement d'autres connaissances de tout genre. Il faut prendre, dans chaque matière un livre élémentaire, et le lire avec attention. S'il n'y a point de livre de ce genre, choisissez un de ceux qui ont le plus approfondi et le plus exactement traité l'objet dont vous voulez vous instruire, et le parcourez. Par exemple, pour le commerce, rien n'est plus propre à donner des idées justes et générales, que *le Parfait négociant* de Savari, et son *Dictionnaire de commerce*. Le nom de dictionnaire n'annonce point ici un ouvrage superficiel, c'est un recueil de dissertations. Outre les observations générales et particulières sur le commerce, on y trouve encore une idée de la constitution de chacun des corps de métiers.

Si vous trouvez des occasions de confier M. votre fils à un ami, pour lui faire parcourir, pendant quelques vacances, soit une partie des départements de la France, soit même quelques provinces étrangères, c'est un avantage que vous ne négligerez pas. Les voyages sont utiles, et pour le corps , et pour l'esprit. L'exercice qui les accompagne rétablit et assure , pour le corps, l'équilibre des différentes parties qu'une vie toujours sédentaire altérerait : ils dégagent l'esprit d'une sorte de mélancolie , que le jour sombre des cabinets peut faire naître ; ils l'ornent d'une multitude de connaissances, que l'on n'acquiert pas auprès de son foyer. La fréquentation d'hommes dont le caractère varie autant que le sol qu'ils habitent, augmente l'expérience, et apprend à les connaître.

Les idées que l'on a prises des sciences dont on n'a pas journellement occasion de faire usage , se perdraient infailliblement, si quelque lecture ne les rappelait. Celle d'un ou deux journaux les plus estimés , conservera des traces prêtes à s'effacer : il y est question indifféremment de tous les objets de sciences : c'est d'ailleurs un moyen de se mettre au courant de la littérature , et d'être averti des nouveaux ouvrages qu'on fera entrer dans sa bibliothèque.

Il me semble, monsieur, que de la manière dont je dispose les études accessoires de M. votre fils , elles ne nuiront en rien à son étude capitale, à l'objet premier d'un jeune Avocat , qui est la connaissance du droit : elles ne feront

au contraire que l'aider, la rendre plus
parfaite, et entretenir le courage nécessaire pour s'y livrer, en procurant à l'esprit des délassements qui l'instruiront en
même-temps qu'ils renouvèleront son
ardeur.

La première et la seconde année de
ses études, M. votre fils peut travailler
seul, en fréquentant néanmoins les cours
publics de droit. Il n'est point encore
question d'approfondir, mais seulement
de prendre une idée générale du droit
et de ses différentes parties. Vers la troisième année, il est avantageux de se
réunir plusieurs, pour faire les mêmes
études; c'est un moyen de les abréger,
et d'y mettre une sorte d'émulation.

Ces assemblées de jeunes Avocats sont
connues depuis long-temps au palais, et
elles ont été très-utiles, toutes les fois
qu'elles se sont formées entre des jeunes
gens également amis de l'étude. Si chacun n'y remplit pas exactement la partie
dont il s'est chargé, les conférences ne
sont plus qu'une occasion de dissipation,
et il vaut mieux étudier seul.

Une conférence où l'on rendrait
compte de son travail, de ses recherches
et de ses découvertes, en présence d'un
ancien jurisconsulte, capable de suppléer
à ce que les jeunes gens auraient manqué
de découvrir, de les ramener au point

précis des difficultés dans leurs disputes, et de les empêcher d'être séduits par de faux systêmes, serait sans doute le meilleur moyen pour faire produire à leurs études des fruits aussi parfaits qu'abondants ; mais il est difficile de se promettre cet avantage dans une ville où les occupations croissent sans bornes, en raison de la réputation qu'on acquiert, et où, quelquefois avec des connaissances médiocres, on a cependant à peine un instant libre. Les conférences, quoique entre jeunes gens seuls, ne laissent pas d'être encore utiles pour se rapprocher de la vérité. Lorsqu'on est absolument isolé, on est exposé à s'égarer ; et si cet accident arrive, comment et quand s'en appercevra-t-on ? Il est plus difficile que la même erreur séduise cinq ou six personnes : au moins, les erreurs ne sauraient être alors ni aussi grossières, ni aussi communes, ni d'une aussi longue durée.

Pour former une conférence sur les différentes parties du droit, je serais d'avis, qu'on se partageât les meilleurs auteurs qui ont traité la matière dont on se propose l'étude, et que chacun fît des extraits de ce qui lui est échu en partage. S'il y a un texte à examiner, comme dans l'étude du droit romain ou des coutumes, chacun lira avec attention le texte en son particulier , pour préparer ses réflexions ou ses objections : au jour de la conférence , on lit le texte en commun , chacun rend compte de son travail. Se présente-t-il une question importante, ou une difficulté qui mérite un examen sérieux ? celui des membres , auquel les livres qui forment son partage laissent plus de loisir pour la prochaine conférence, sera obligé d'examiner la question et de la discuter.

J'ai été membre d'une conférence où ces sortes de questions faisaient le sujet de causes, que deux des Avocats de la conférence plaidaient l'un contre l'autre, à un jour indiqué. Mais il faut pour cela qu'une conférence soit un peu nombreuse , et ce n'est pas toujours dans celles où l'on est un plus grand nombre, que le travail est plus vif. Après un traité particulier terminé, on doit faire la rédaction du résultat des conférences ; sans cela , on perdrait le fruit de ses recherches. Il serait à souhaiter que chacun rédigeât à part pour soi-même : néanmoins, comme il faut un certain loisir pour composer une rédaction avec soin , on peut en charger celui qu'on jugera le plus capable : il aura à étudier un auteur moins volumineux que les autres ; mais il ne s'exemptera point de la lecture des textes. L'honneur qu'il aura reçu, par le choix

de

de ses confrères, doit lui inspirer une
plus grande ardeur pour l'étude. Avant
de rien mettre par écrit, il vérifiera tout
ce que les autres ont dit, reverra leurs
citations, s'assurera de leur exactitude.
La rédaction étant lue et réformée publiquement dans la conférence, chacun
pourra compter sur ce qu'elle contient,
comme sur son propre ouvrage.

Notre jeune candidat sait ce qui doit
faire l'objet de ses études; il sait l'ordre
dans lequel il doit les disposer; il ne lui
faut plus que des livres, ce sont les instruments de sa nouvelle profession. S'il
a du goût pour l'étude, il en aura certainement aussi pour les livres. Laissez-
le, Monsieur, se satisfaire un peu à
cet égard : le goût des livres n'est pas
ruineux, lorsqu'on ne les achète que
pour étudier ; et c'est sur ce plan qu'un
Avocat doit former sa bibliothèque. Je
distingue trois sortes de bibliothèques,
dans le nombre de celles dont un particulier peut concevoir le projet. Ou l'on
réunit un grand nombre de livres en tout
genre : c'est la bibliothèque de celui qui,
aidé d'ailleurs de la fortune, est assez
heureux pour pouvoir se donner librement aux sciences. Ou l'on recherche
les livres rares, soit par la beauté des
caractères, soit par la date de l'édition,
soit par la matière dont ils traitent : c'est

la bibliothèque d'un curieux. Ou enfin l'on rassemble les meilleurs livres dans un genre de connaissances, auquel on s'est entièrement donné, et quelques livres de choix sur les connaissances accessoires : c'est de cette dernière espèce que doit être la bibliothèque d'un Avocat. Peu considérable d'abord, elle s'étendra toujours sur le même plan : les livres de droit en formeront la base : il faut y joindre un peu d'histoire et de littérature.

Le Corps de droit, les Institutes de Vinnius, et les autres livres que j'ai nommés dans le cours de cette lettre, seront les premiers livres de la bibliothèque de celui qui se destine au barreau. On acquiert après cela Duplessis, les ordonnances de Néron, d'Héricourt, Van-Espen, les recueils de jurisprudence civile et canonique par Lacombe; Dumoulin et Cujas. Mais il serait trop long d'entrer ici dans le détail de tous les livres qu'un Avocat doit se procurer successivement. J'aime mieux envoyer à M. votre fils un catalogue, qui lui formera le plan d'une bibliothèque de droit complète, du moins suivant mes idées. Je ne lui donnerai pas le titre de tous les ouvrages de droit, parce que, dans le nombre, il y en a plusieurs qui ne lui seraient d'aucune utilité; il suffit de lui indiquer les meilleurs, ou ceux qui passent pour tels : je joindrai au titre de plusieurs livres, quelques notes ; et, autant qu'il me sera possible, je lui marquerai dans quelle année le livre a paru pour la première fois, et quelle édition est préférable.

Voilà, si je ne me trompe, monsieur, tous nos préliminaires établis. La première fois, nous nous occuperons sérieusement de l'étude du droit, d'abord de l'étude du droit naturel et public, et du droit romain.

J'ai l'honneur d'être, etc.

TROISIÈME LETTRE.

Sur l'Etude du Droit naturel et public, et sur celle du Droit romain.

LES lois les plus sages, celles dont l'application est plus universelle, ne sont, monsieur, que le développement de la loi naturelle, écrite dans nos ames par le souverain Législateur : de-là la nécessité d'étudier le droit naturel ; les conséquences de principes que l'on aura médités se saisiront beaucoup plus facilement. Avant d'arriver de la considération des lois naturelles, dictées à tous les hommes sans distinction , aux dernières conséquences qui déterminent les devoirs de chaque citoyen , il y a des nuances qui rendent insensible, en quelque manière , la dégradation de ces principes , depuis leur origine jusqu'à leurs conséquences les plus reculées. Ainsi l'on peut examiner les règles du droit , de nation à nation. Dans ce premier état, l'application des principes du droit naturel est plus générale et plus libre ; elle n'est point encore limitée par cette multitude de lois particulières , que des nations différentes n'ont pas le droit de s'imposer l'une à l'autre. C'est cette partie du droit que l'on appéle le droit des gens, et quelquefois aussi le droit public. L'appellation propre de droit public , me paraît cependant mieux convenir au droit général de chaque nation, aux lois qui règlent sa constitution. Sous ce point de vue , le droit public formera encore une nuance entre le droit des gens et les lois qui gouvernent chaque particulier , qui règlent ses propriétés et ses actions.

Enfin , on peut considérer les lois en général , abstraction faite de toute loi écrite , examiner quelles sont les meilleures lois , et quels inconvénients doivent résulter de telle loi particulière établie ou à établir. Cette étude forme , à proprement parler, la théorie des lois.

La méditation du droit naturel n'a point été étrangère aux auteurs anciens. Qu'est ce que traiter de la distinction du juste et de l'injuste, ainsi que Cicéron l'a fait dans son livre *des Devoirs*, et Platon dans sa *République*, sinon développer les principes du droit naturel, en les appliquant à la morale? La théorie des lois ne leur a pas été plus inconnue. N'a-t-on pas un traité des lois, de chacun des auteurs que je viens de nommer? Enfin, ils ont parlé aussi des lois qui doivent s'observer de nation à nation, et des principes constitutifs des gouvernements.

Dans des siècles moins heureux, ces belles connaissances, si dignes d'intéresser, ne fût-ce que par la vaste étendue de leur objet, ont été négligées. Des docteurs uniquement occupés à écrire des commentaires, des gloses et des distinctions prétendues philosophiques sur les lois qu'ils n'entendaient point, faute de lumières suffisantes relativement à la partie historique de ces lois, ne pouvaient pas s'élever à la contemplation sublime, ou du droit naturel, ou de la législation en général.

Grotius doit être regardé comme le restaurateur de ce genre d'étude. Son

*Traité du droit de la guerre et de la
paix* fut reçu avec un applaudissement
presque général ; il devint un livre classique que d'abord on se borna à commenter. Bientôt d'autres savants s'éle-
vèrent à la même hauteur que Grotius ;
et quelques - uns l'ont surpassé. L'ouvrage de Montesquieu suffirait pour au-
toriser à dire que la théorie des lois a
été traitée avec un succès égal. On a pareillement assez bien développé les principes du droit de nation à nation. Le droit
public seul, tel que je l'ai défini, demeure couvert encore, en grande partie, d'un voile qu'il est difficile de lever.
Indépendamment de l'étude exacte des
monuments fastidieux du moyen âge,
qui serait nécessaire pour y parvenir,
on conçoit que de grands intérêts s'oppo-
sent à ce que le voile soit absolument
levé, ou au moins qu'il est aisé de persuader qu'on ne doit pas permettre de
le tirer entièrement. Les hommes puis-
sants ont tant d'intérêt à entretenir dans
l'ignorance les hommes d'une classe infé-
rieure ! Voyons, dans les différentes espèces de droit dont je viens de parler,
ce qu'il peut être utile à un jeune Avocat
de connaître.

Il est à propos qu'il prenne une idée
du droit naturel. Je crois en avoir donné
une raison suffisante, en observant qu'un

grand nombre de lois ne sont que le développement des principes de ce droit. Par une suite de la même réflexion, je pense qu'il est avantageux d'acquérir de bonne heure ces connaissances. L'étude, au reste, peut n'en être pas longue. Le *Traité des devoirs* de Cicéron, dont j'ai déjà conseillé la lecture, servira d'introduction à cette partie. Qu'on lise ensuite le Traité de Grotius, *du Droit de la guerre et de la paix*; celui de Puffendorff, *des Devoirs de l'homme et du citoyen;* puis le *Traité philosophique des lois naturelles*, par Cumberland. Je crois que ces études seront suffisantes pour commencer : elles donneront du goût pour d'autres livres de même genre. On peut aujourd'hui choisir, dans cette matière, entre un assez grand nombre d'auteurs ; j'indiquerai leurs noms à M. votre fils, dans le catalogue que j'ai promis de lui envoyer.

Le droit des gens doit moins l'occuper; ce n'est ni un ministre, ni un publiciste que nous cherchons à former (1). Le droit public, toujours dans le sens que je l'ai défini, serait plus digne de ses études, sinon quant à la considération d'un gouvernement quelconque, au

____

(1) Voyez cependant la septième Lettre ajoutée à cette édition.

moins, quant à l'étude de celui sous lequel il vit; mais l'obscurité dont j'ai dit
qu'il était enveloppé, le détournerait
trop, dans ces premiers moments, d'autres études plus urgentes, et d'un plus
grand usage.

Je retranche encore de ces premières
années, ce que j'ai appelé la théorie
des lois. Il y aurait, sans difficulté, beaucoup de réformes à faire dans un grand
nombre de lois; et ce sont précisément
ces vices de la législation, qui font que
je ne permets pas à un jeune homme de
trop s'occuper de leur théorie. Imbu de
principes, dont quelques-uns sont d'une
vérité sensible, il se croira en état de
tout réformer; il n'étudiera plus les lois,
il les jugera à son tribunal; vous ne l'en-
tendrez parler que de projets et de changements : ils ne vaudront rien, parce
qu'un jeune homme n'a ni le sens assez
parfait, ni une expérience assez consom-
mée pour être législateur; mais tandis
qu'il se sera occupé à faire des lois qui
n'existeront jamais, il aura oublié de
s'instruire de celles qui existent. Tout
occupé à gouverner une république
idéale, il ne sera pas en état de répondre à ses concitoyens sur les lois qui les
gouvernent.

La théorie des lois ne doit nullement
être dédaignée; elle fournit, dans l'ap-

plication des lois particulières, des réflexions judicieuses; mais c'est l'étude
d'un jurisconsulte déjà instruit. Remet-
tons donc à un autre temps la lecture de
l'*Esprit des lois*, et des livres qui traitent de la même matière. Attachons-
nous aux sciences pratiques; et, après
avoir pris des éléments du droit naturel, livrons-nous à l'étude du droit
romain.

Le nom de droit romain annonce,
monsieur, un corps de lois étrangères;
mais ce nom ne doit pas en imposer,
ni faire croire qu'il ne s'agisse ici que
d'un objet de curiosité ou d'érudition.
Sans entrer dans la question de savoir
si le droit romain est le droit commun
de la France, pour les cas où les coutumes sont muettes, j'observe seulement que le droit romain est la loi de la
plupart des provinces méridionales de la
France; et que même dans les pays cou-
tumiers, c'est là que l'on puise les principes exacts, soit sur les conventions,
soit sur les questions testamentaires;
matières importantes, dont les coutumes
ne disent ordinairement rien, ou presque rien. La connaissance des lois romaines est donc essentielle, soit parce
qu'elles sont encore aujourd'hui en vi-
gueur dans les provinces que nous appelons de droit écrit, soit parce qu'elles

fournissent à un jurisconsulte des axiomes certains, des principes constants, qui feront un jour la base de démonstrations savantes dans les questions les plus abstraites. Il semblerait, pour me servir des expressions de M. d'Aguesseau, que la justice n'ait dévoilé pleinement ses mystères qu'aux jurisconsultes romains. (13. *Merc. tom.* 1 *de ses œuvres*, *p.* 157.)

Le corps du droit romain est composé de quatre parties; les Institutes, les Pandectes ou le Digeste, le Code, et les Novelles. L'étude des Institutes est entrée dans le plan des études de la première année, et je vous ai parlé de ce livre dans ma seconde lettre; mais il est à propos de le reprendre ici, à cause des éclaircissements et des additions qu'il contient à quelques décisions des autres parties du droit romain.

Les Pandectes, suivant leur étymologie, devraient comprendre l'universalité du droit romain; c'est une compilation d'extraits des ouvrages des jurisconsultes les plus célèbres qui ont vécu sous les empereurs, à laquelle Justinien a donné force de loi. Chaque extrait d'un jurisconsulte est appelé une *loi* : ces lois sont rangées sous différents titres, et les titres sont distribués sous cinquante livres. Le Code est une autre compilation, ayant également force de loi, et dans laquelle on a fait entrer les rescrits émanés de l'autorité impériale, dont Justinien a jugé à propos de conserver les dispositions. Ils sont rangés sous différents titres, comme les lois du Digeste, et le total des titres est partagé en douze livres. Enfin, les Novelles sont des édits de Justinien, qui changent et interprètent les décisions du Digeste et du Code, ou qui ont été donnés sur des matières dont il n'avait été fait mention dans l'un ni dans l'autre de ces recueils. On trouve ordinairement, dans le corps du droit, à la suite des novelles de Justinien, d'autres novelles ou édits des empereurs Justin, Léon, etc. : mais ces édits méritent par eux-mêmes peu d'attention ; on ne les regarde pas comme faisant partie du droit romain, et ils n'ont point force de loi dans les provinces où le droit romain est suivi. Il en est de même du traité des fiefs que l'on joint au corps de droit, et qui n'est que l'ouvrage d'un particulier, écrit dans le XIIe. siècle par *Obert de Orto*. On peut prendre une notice plus détaillée des différentes parties qui forment le corps du droit romain, de la manière de les citer, des titres qui composent le Digeste et le Code, et de leur rapport, dans le *Manuel* de Jacques Godefroi.

La science du droit romain est donc

la connaissance parfaite des Institutes,
des lois du Digeste, du Code et des Novelles. Or, monsieur, qu'est-ce que connaître les lois ? Elles l'ont elles-mêmes
défini : ce n'est pas avoir retenu dans la
mémoire leurs expressions, mais en avoir
pénétré l'esprit et le sens ; autrement on
s'écarterait de leur disposition, dans le
moment même où l'on s'imaginerait la
suivre le plus scrupuleusement. Saisir
l'esprit, le sens, l'ensemble des lois,
voilà le but que l'Avocat doit se proposer.

Le Digeste est le recueil où le droit
romain est traité avec le plus d'étendue,
et où les principes abondent davantage ;
il doit donc être la base de l'étude du
droit romain, et l'on y rapportera les
autres parties du corps de droit : c'est-à-
dire, que l'on joindra à chaque titre du
Digeste, ce qui peut y être relatif, dans
le Code, dans les Novelles, et dans les
Institutes. On ajoutera, en leur lieu, les
questions qui se trouvent décidées, soit
dans les Institutes, soit dans les Novelles,
et qui ne sont pas dans le Digeste. Par
exemple, après ce qui est dit, dans ce
livre, sur les contrats que le consentement suffit pour rendre parfaits, et sur
ceux qui exigent de plus, ou la tradition, ou une certaine formule de paroles, on verra dans les Institutes ce
qui est dit sur les contrats qui ne deviè-

nent parfaits qu'après avoir été rédigés par écrit.

L'ordre du Digeste a été souvent critiqué ; il a été sévérement condamné, même par des personnes qui, suivant les apparences, le connaissaient peu. On a blâmé l'arrangement des matiéres, la forme des extraits des jurisconsultes ; enfin, la disposition des lois sous les différents titres. Un grand nombre de lois ont paru hors de leur place, et on a attribué à ce désordre la difficulté que l'on avait à les entendre. D'autres ont prétendu que certains endroits n'avaient de l'obscurité, que parce que les extraits dont ils étaient formés étaient trop décousus, de façon que ne connaissant ni ce qui précédait, ni ce qui suivait, il était impossible de saisir le sens du jurisconsulte. Une observation, qui peut-être vous surprendra, monsieur, c'est que les deux Français qui ont le mieux connu le droit romain, ont suivi une méthode diamétralement opposée, pour en faciliter l'étude. Cujas, en expliquant les lois dans ses écoles, réunissait tous les extraits du même jurisconsulte qui sont dispersés dans le Digeste : ce n'était pas, à proprement parler, le digeste qu'il faisait lire, c'était Ulpien, Paul, etc. Au contraire, M. Pothier, dans ses Pandectes, a multiplié les divisions ; il a

conservé la même distribution et la même
suite de livres et de titres, mais il a
changé l'ordre des lois rapportées sous
ces titres; souvent il a coupé ce qui ne
fait qu'une loi dans le Digeste, et il en
a distribué les différentes parties sous
plusieurs titres. La manière de Cujas est
plus propre à faire saisir le vrai sens
des jurisconsultes; celle de M. Pothier
réunit, sous un seul point de vue, tout
ce qui est relatif à la même question. Il
faut, dans la pratique, profiter des avantages de l'une et de l'autre.

Comme Tribonien a eu des accusateurs,
il a eu des défenseurs. L'ordre qu'il a
suivi peut n'être pas exempt de défauts,
mais il a son utilité. Je pense que dans
une profession où l'on n'aurait d'autre
étude à faire que celle du droit romain,
et dans une province dont le droit romain serait la seule loi, on ferait bien
de suivre exactement l'ordre des titres
du Digeste : mais par rapport à un Avocat, je ne lui donne pas absolument le
même conseil; 1°. parce qu'il est difficile
qu'il prène le temps nécessaire pour voir,
avec la même étendue, et avec une égale
attention, toutes les parties du droit romain; 2°. parce qu'il n'est pas possible
qu'il attende que ses études soient entièrement achevées pour en faire usage.
Il faut donc qu'il commence par les ma-

tières les plus importantes et d'un usage plus fréquent.

Toutes les lois se rapportent à la conservation et à la tranquillité de la société pour laquelle elles sont établies. La société s'entretient par les engagements que ses membres contractent entre eux : elle se perpétue par les successions, qui transmettent sans cesse à de nouveaux possesseurs les différentes portions de la masse de biens dont la société jouit.

L'ordre de la société est troublé par les délits de ceux qui la composent ; il est rétabli par la punition de ces délits.

Enfin, dès que l'on suppose des lois, il faut nécessairement des juges qui soient chargés de leur exécution, et devant lesquels on puisse agir, soit pour faire punir ceux qui violent la tranquillité publique, soit pour contraindre ceux qui refusent de se soumettre d'eux-mêmes aux lois qui règlent les conventions, et qui déterminent l'ordre des successions.

Ainsi tout ce qui est recueilli dans le Digeste et dans les autres parties du droit romain, se rapporte, ou aux engagements qui se forment entre les hommes, ou aux successions qui font passer à de nouveaux membres de la société les biens des membres que la mort lui enlève ; ou aux juges devant lesquels on porte les actions relatives à ces différents

objets ; ou enfin , aux délits dont la punition fait rentrer les coupables dans l'ordre
qu'ils avaient interrompu.

Tel est le plan général que je conce-
vrais pour l'étude du droit romain , et
suivant lequel les traités les plus considérables et les plus essentiels , occuperaient
le temps où un jeune avocat peut se livrer plus librement à l'étude , sans être
encore détourné par les affaires. A l'é-
gard des différents tribunaux de l'empire
romain , de la forme dans laquelle on
y suivait les actions qu'on avait inten-
tées , et des peines qu'on y prononçait
contre les délits , ces matières seraient
étudiées successivement. Elles ne sont
point indifférentes ; on en aurait même
pris une notice , soit dans les Institutes ,
soit dans quelques autres livres dont je
parlerai ; mais on ne s'y livrerait qu'a-
près avoir commencé par se faire un
fonds de principes , sur les parties du
droit romain les plus analogues aux questions qui se présentent parmi nous.

Il sera facile de subdiviser ce plan
général , et de ranger , sous les subdivi-
sions, chacun des titres du Digeste. Ainsi,
pour connaître les lois relatives aux engagements , on commencera par traiter
des engagements qui naissent des contrats ; après cela , des engagements qui
sont la suite de ce que les Romains

appelaient des *quasi-contrats* : on s'occupera ensuite des engagements que l'on contracte par d'autres, puis des accessoires des obligations; enfin, des causes qui annullent les obligations, et des différentes manières de satisfaire à celles qui ont été contractées conformément aux lois.

Ce qui regarde les successions sera divisé en deux parties : car, ou l'ordre des successions est réglé par la volonté de l'homme, suivant le pouvoir que lui en donne la loi; ou bien, la volonté de l'homme demeurant muette, cet ordre est déterminé par la loi seule. On commencera par discuter ce qui est nécessaire pour avoir la capacité de tester, et les conditions requises pour le faire d'une manière valable; ensuite viendra l'examen de ce que les lois romaines décident sur les différentes clauses des institutions, des substitutions et des legs particuliers. La seconde partie sera relative aux successions *ab intestat*.

On se formera un plan pareil pour ce qui regarde les actions, les juges, les délits. On disposera, suivant cet ordre, tous les titres du Digeste et du Code; et l'on parviendra ainsi méthodiquement à voir les différentes parties du droit romain, en commençant par ce qui est le moins difficile, savoir, les principes des conventions : passant de-là aux questions abstraites, mais importantes, de l'interprétation de la volonté des testateurs, et finissant par les objets qui, quoique d'un usage moins fréquent parmi nous, doivent néanmoins être connus, pour savoir parfaitement le droit romain.

Le Digeste contient deux titres, l'un, *du sens des expressions, De verborum significatione* : l'autre, *des règles du droit, De regulis juris*, qui paraissent être des titres généraux. On demandera peut-être pourquoi je n'en recommande pas d'abord la lecture. L'ordre dans lequel Tribonien les a placés, suffirait pour me justifier, car ce sont les deux derniers titres du recueil : et voici, monsieur, pourquoi ils ont été placés à la fin. Il est dangereux, en droit, de vouloir poser des règles générales. Ce sont les circonstances qui décident de l'application des lois. On s'exposerait à prendre des idées fausses, si l'on commençait par charger sa mémoire des principes renfermés dans les deux derniers titres du Digeste, en les regardant comme des axiomes toujours également susceptibles d'application. Il faut d'abord étudier les principes, mais en voyant en même temps leurs exceptions, et le détail des circonstances dont le concours est nécessaire pour en faire usage. Lorsqu'on est ainsi parvenu

à saisir le vrai sens des principes, il est
bon alors de les faire repasser sous ses
yeux, et de les recueillir comme des
maximes importantes; c'est ce qui a été
exécuté en partie, dans les deux titres du
Digeste, *de verborum significatione* et
de regulis juris. Mais ce recueil est
bien plus complet dans les Pandectes de
M. Pothier, surtout par rapport au titre
de regulis juris. Un Avocat peut terminer l'étude du droit romain par la méditation de cette partie de l'ouvrage de
M. Pothier; ce sera pour lui un résumé
de tout ce qu'il aura vu d'essentiel dans
le corps du droit.

Après avoir donné à M. votre fils,
monsieur, une idée générale de tout ce
qui compose le droit romain, parlons-lui
de la manière d'étudier. Se bornera-t-il
au texte des lois? Feuillètera-t-il tous
les commentateurs? En choisira-t-il un
certain nombre? Auxquels s'attachera-
t-il? En un mot, par quelle route par-
viendra-t-il au but qu'il connaît déjà?

Je le suppose instruit, en général, de
l'histoire de la république et de l'empire
romain; mais il y a certains traits particuliers, des usages anciens, utiles à
l'intelligence des lois, et dont les auteurs
qu'il aura lus n'ont point parlé, ou
sur lesquels ils ont passé trop légèrement. Il faut encore être bien au fait des

révolutions que le droit romain a éprouvées, et de tout ce qui regarde les jurisconsultes, leur autorité, leurs différentes
sectes, le fond de leur systême. Plusieurs
auteurs ont recueilli les *Antiquités romaines* relativement à l'étude des lois ;
d'autres ont donné l'histoire du droit romain ; mais personne ne me semble
avoir rempli ces deux objets avec autant de succès, et en même temps avec
plus de brièveté que Heineccius. Ce célèbre professeur Allemand, qui s'était
nourri de la lecture des plus savants jurisconsultes, et particulièrement de celle
de Cujas, a réuni dans ses doctes écrits,
les plus importantes de leurs observations ; il y a joint ses propres réflexions,
toujours intéressantes.

Nous avons de M. Terrasson une Histoire du droit romain en français : elle
contient d'excellentes choses ; mais elle
forme un volume *in-folio.* C'est trop
pour un ouvrage qui n'est destiné qu'à
une étude préliminaire (1). A la vérité
les préliminaires sont essentiels ; et je
desirerais qu'on pût faire de telles études
préliminaires, qu'ensuite on entendît les
lois aussi facilement que les entendaient

----

(1) Voyez dans le catalogue des livres l'indication d'un abrégé que cette phrase a déterminé
à composer.

ceux qui les ont écrites : mais si les préliminaires sont trop longs, il ne restera plus de temps pour l'étude à laquelle on se sera trop longuement préparé.

Les Antiquités romaines et l'Histoire du droit romain, de Heineccius, ne sont cependant pas les seuls préliminaires dont je voudrais faire précéder l'ouverture du Digeste ; il me semble qu'il est à propos de lire encore l'introduction que Domat a placée à la tête de ses lois civiles : elle rappèlera des principes généraux, qui ne sauraient être trop profondément gravés dans l'esprit.

Enfin, avant d'étudier une partie quelconque du Digeste, n'est-il pas à propos de prendre une idée générale des matières contenues dans ce recueil, et de la disposition des lois romaines ? Il suffit pour cela de lire la partie du *Manuel* de Jacques Godefroi, intitulée *Series Digestorum et Codicis*. On consultera aussi avec beaucoup de fruit Heineccius sur le Digeste ; c'est une espèce d'abrégé du Digeste, très-méthodique. L'auteur y procède, autant qu'il est possible, à la manière des géomètres. Il établit, soit sur un axiome de droit, soit sur le texte d'une loi, un petit nombre de principes féconds, desquels il fait naître, comme autant de corollaires, toutes les décisions que renferme le titre qu'il analyse.

Vous vous êtes mis en état , par ces premières lectures, d'entendre les lois ; prenez leur texte , et étudiez. Les auteurs qui ont écrit sur le texte , n'ont eu pour objet ni de le changer , ni d'y ajouter , mais seulement d'en faciliter l'intelligence ; c'est-à-dire , d'en éclaircir les obscurités ; de mettre dans un plus grand jour des principes qui ne sortent pas suffisamment ; de concilier les décisions qui paraissent contraires. On ne doit consulter les auteurs , qu'en suivant les vues qui les ont déterminés à écrire : seulement lorsqu'on a quelque difficulté à entendre le texte , ou lorsqu'on veut s'assurer si l'on en a pris le vrai sens , ou enfin lorsqu'on craint de n'avoir pas assez bien senti , soit la force des expressions, soit l'étendue des décisions qu'elles prononcent.

Une multitude de jurisconsultes ont donné , les uns des commentaires généraux , les autres des traités particuliers sur le droit romain. Il y en a plusieurs dans les ouvrages desquels on profitera beaucoup ; chez les autres même , il n'est pas que l'on ne trouvât dans leurs écrits volumineux quelque découverte utile. Mais à l'égard de ces derniers , ce serait payer trop chèrement les avantages modiques qu'ils peuvent apporter , que de lire leurs ouvrages immenses ; il suffit de connaître leurs noms, pour les consulter dans des cas extrêmement difficiles. Je mets dans la classe de ceux auxquels il suffit qu'on sache recourir dans l'occasion, tous les anciens jurisconsultes qui ont précédé Cujas. Plusieurs avaient un esprit propre à interpréter les lois; mais le goût des études et de la science était mauvais lorsqu'ils ont écrit : la moindre décision est accablée sous un fatras de citations et de passages, rapportés souvent mal-à-propos : les meilleures réflexions sont enveloppées d'une multitude d'inutilités. Le temps est trop précieux et trop court pour le prodiguer à lire et Bartole, et Balde, et Jason, et Decius, et Alciat même, quoique son érudition ne soit pas d'un genre commun.

Le siècle de Cujas est l'époque d'un nouvel âge dans la jurisprudence. On voit venir après lui les deux Godefroi, Jacques et Denis; Duaren, Fabrot, Mornac, Vinnius, Perezius, J. Voët, Binkershoëck, Wisembach, Heineccius, Averanius, Noodt, Sculthingius. Je pourrais alonger cette liste, mais j'en ai déjà nommé un trop grand nombre, pour qu'il soit possible de lire en même temps les ouvrages de tant d'auteurs ; il faut choisir et se fixer à quelques - uns, au moins pour les cas ordinaires.

Cette multitude de commentateurs, des

lumières desquels leur nombre excessif nous met hors d'état de profiter, me fait naître une réflexion. C'est que les gens de lettres ont montré plus de désintéressement et moins d'amour propre, lorsqu'ils ont voulu procurer l'intelligence de leurs livres classiques, que nos jurisconsultes, lorsqu'ils se sont proposé d'éclaircir les difficultés qui se trouvent dans les sources du droit romain. Les gens de lettres, voyant que leurs auteurs commençaient à être accablés sous une multitude de commentaires difficiles à réunir, et, en grande partie, inutiles à lire, ont cessé de faire de nouveaux commentaires ; ils ont extrait ce que chacun des commentateurs avait dit de plus nécessaire et plus sensé ; ils en ont composé un commentaire continu, qui présente, sur les différentes parties du texte, des éclaircissements commodes, et qui expose sur les endroits douteux, le sentiment opposé des savants. C'est là ce qui a donné naissance à cette collection d'auteurs, connue sous le nom de *Variorum*, qui cependant promettait peut-être mieux qu'elle n'a donné ; et dans la suite, à l'édition si estimée des ouvrages de Cicéron, par l'Abbé d'Olivet. Au contraire, nos jurisconsultes, sans s'effrayer du nombre des commentateurs qui les avaient précédés, ont voulu en grossir

le

le nombre; ils ont été jaloux de donner des ouvrages qui portassent leur nom, et qui fussent regardés comme leur appartenant. Souvent néanmoins une grande partie n'était que l'extrait ou même la copie exacte de ce qu'ils avaient lu ailleurs. De-là il résulte que, quoique le Corps de Droit soit un des livres sur lesquels on ait le plus écrit, ce ne serait pas un ouvrage immense que le résultat de la collection des commentateurs réunis sur le plan des *Variorum*. Mais combien de temps, et même combien de dépense, un pareil choix épargnerait-il aux jurisconsultes ? Leur bibliothèque pourrait diminuer d'un millier de volumes, sans rien perdre pour le fonds des choses. Au reste ce n'est pas ici le lieu de faire des projets, encore moins d'attendre, pour étudier, qu'ils soient exécutés.

Cujas est le plus sûr interprète des lois romaines, et en même temps il est facile à entendre. Il ne serait pas mal, dans les premiers temps surtout, de l'avoir toujours, autant qu'il est possible, ouvert à côté du texte. On commencerait par lire le texte seul, et ensuite on s'assurerait, en voyant l'interprétation de Cujas, si l'on a saisi le sens de la loi, et si l'on a fait attention à tous les principes qu'elle contient ; on saurait en même temps quels sont les textes à opposer à celui qu'on a lu, et la solution qu'on peut y donner. Je crois que le commentaire de Cujas doit suffire pour les lois qu'il a expliquées; on peut seulement jeter encore les yeux sur les notes de Godefroi, qui indiquent exactement les textes semblables à conférer, et les textes contraires à concilier.

Par rapport aux lois qui ne sont pas commentées par Cujas, si les réflexions que l'on est en état de faire soi-même, ne suffisent pas pour en saisir le sens, on peut avoir recours d'abord à la glose, pour y voir l'espèce de la loi, c'est-à-dire, l'exposition du cas auquel la réponse du jurisconsulte s'applique. Ces espèces sont souvent bien faites, et elles facilitent l'intelligence de la loi ; mais c'est là à peu près tout ce qu'il faut chercher dans Accurse. Autrefois l'autorité de sa glose était excessive : elle l'emportait sur le texte. Depuis, elle est tombée dans un discrédit total : on y trouve des contradictions perpétuelles. Quelques personnes ont cherché à disculper Accurse de ces contradictions : on prétend qu'elles viénent de ce qu'en rapportant le sentiment de ceux qui l'avaient précédé, il s'était contenté d'y joindre les lettres initiales de leur nom, lettres qui par la suite ont été oubliées, et sont ainsi disparues de l'impression ; mais il n'en est pas moins vrai que les contradictions existent. C'est un mauvais guide que celui qui vous conduit sans cesse à la tête de deux chemins, sans vous indiquer les motifs de préférer l'un à l'autre.

Après avoir vu l'espèce de la loi, on consultera les notes de Denis Godefroi : elles sont bonnes, quoiqu'il y ait quelques inutilités ; elles seraient bien plus importantes, si Godefroi avait concilié les textes qu'il cite comme opposés. Le sens de la loi reste-t-il encore douteux, ou bien cite-t-on une loi contraire qui paraisse diamétralement opposée, il faut avoir sous la main Perezius : dans son ouvrage sur le Code, il interprète souvent les lois du Digeste comme celles du Code ; Averanius, jurisconsulte Italien, qui a travaillé assez heureusement à concilier plusieurs textes, qui semblaient contraires ; et Noodt, jurisconsulte Allemand : celui-ci a souvent des solutions savantes et adroites, mais par fois trop subtiles. Nous lisons dans le Digeste plusieurs lois relatives aux peines qui furent prononcées, par les empereurs, contre les célibataires, et qui sont devenues difficiles à entendre, parce que les jurisconsultes y parlent des moyens et des fraudes que l'on employait alors pour se soustraire aux lois, moyens dont il est difficile de se former actuellement des idées bien nettes : Heineccius a beaucoup aidé l'explication de ces lois, sur lesquelles il a donné un ouvrage particulier. Les questions choisies de Vinnius fournissent des lumières abondantes sur les objets particuliers qu'il a traités. Si les textes, dont on cherche l'interprétation, sont tirés, ou des institutions de Gaïus, ou des maximes de Paul, ou des fragments d'Ulpien, on consultera Sculthingius. Son ouvrage est un recueil de commentaires sur Gaïus, Paul et Ulpien, à peu près dans le goût des *Variorum*, dont je vous parlais il y a un moment. Enfin, on peut lire avec fruit Bynkershoëk, J. Voët, Mornac, Duaren et Gundeling sur les Novelles. Mais si après avoir feuilleté ces auteurs on n'y trouve point la solution de ses difficultés, je serais assez d'avis qu'on ne la cherchât pas ailleurs. Ces difficultés insolubles sont en fort petit nombre ; et il est bon de savoir que les plus savants jurisconsultes conviénent qu'il y a dans le Corps de droit des textes inconciliables.

Lorsqu'on aura médité en particulier chaque loi du titre que l'on étudie, soit dans le Digeste, soit dans le Code, avec ce qui y est relatif dans les Institutes et dans les Novelles, on doit relire de suite tous ces textes, et voir dans les Pandectes

de M. Pothier le même titre, afin de ras-
sembler toutes les décisions qui s'y peuvent rapporter, et qui sont répandues
sous des titres étrangers. Enfin, pour se
fixer dans l'esprit les principes qui résultent des lois, on terminera l'étude des
différents titres par la lecture de Perezius
sur le Code, ou de J. Voët sur les Pandectes. L'un et l'autre de ces auteurs ont
fait sur chaque titre, l'un du Code, l'autre
du Digeste, des traités, dans lesquels ils
ont réuni et développé tous les principes
qui ont rapport à l'objet du titre. Perezius
est plus connu et plus ancien que J. Voët,
mais on a un reproche à lui faire : c'est
qu'il est très-facile de le mettre en con-
tradiction avec lui-même, en rappro-
chant ce qu'il dit sur les Institutes, de
ce qu'il dit sur le Code. J. Voët est un
peu plus étendu, mais il a beaucoup de
clarté.

M. Pothier, ce profond jurisconsulte
d'Orléans, que je vous ai déjà nommé
bien des fois, nous a donné d'excellents
traités sur plusieurs parties du droit : sur
les Obligations en général, sur la Vente,
le Louage, la Société, le Prêt, etc. Lorsque M. votre fils étudiera ces matières,
il peut fermer ses autres livres, excepté
toujours son Corps de droit et Cujas : la
lecture attentive des traités de M. Pothier suppléera à tout le reste, et ne lui

laissera rien ignorer de ce qu'il doit savoir. Quand il sera arrivé aux titres *des
Servitudes*, il étudiera le traité que M. de
la Laure a donné sur ce sujet. Il faut encore qu'il trouve le moyen de placer
dans le cours de ses études la lecture de
certains traités particuliers, très-impor-
tants : par exemple, celui de Hauteserre
sur les fictions de droit; et celui de
Dumoulin *sur la différence des obligations dividuelles et individuelles* : ce
dernier vient naturellement à l'occasion
du titre du Digeste *de obligationibus.*

 Voilà, monsieur, un plan d'étude
étendu. Le zèle de M. votre fils, son
assiduité au travail, me répondent qu'il le
remplira facilement. J'avoue que pour
un jeune homme qui veut prendre part
à tous les plaisirs, être de toutes les sociétés, ne donner au travail que les restes
d'une matinée, dont la plus grande partie a été absorbée par la paresse ou par
le délassement de la fatigue de la veille,
mon plan ne vaut rien; mais aussi je ne
saurais me persuader qu'avec de pareilles dispositions on parviène jamais à
être bon orateur et savant jurisconsulte.
Je compte environ quatre ans de travail
modéré, mais réglé et constant, pour
parcourir, de la manière que je l'ai
conçu, toutes les parties du droit romain.
Un jeune Avocat, qui, après quatre

années d'étude, saurait parfaitement le droit romain, aurait fait de grands pas dans la carrière qu'il se propose de parcourir.

Laissez-moi, monsieur, quelques jours de réflexion, et je vous exposerai mes vues sur l'étude du droit français. Je croirai avoir employé les vacances plus utilement qu'aucune portion de l'année, si les observations qu'elles me laissent le loisir de rédiger, contribuent à faire fructifier les talents que M. votre fils consacre à une si belle profession.

J'ai l'honneur d'être, etc.

QUATRIÈME LETTRE.

Sur l'Etude du Droit Français.

L'ÉTUDE du droit français comprend, monsieur, la connaissance des coutumes, des ordonnances, et de la jurisprudence établie par les arrêts. Non seulement elle a pour objet le droit qui a lieu de particulier à particulier, mais même une partie du droit public du royaume ; la distribution des différents tribunaux, leur compétence, leur subordination, l'étendue de leur ressort. Cette étude a des difficultés qui lui sont propres. Nous n'avons aucun recueil complet qui renferme toutes les parties dont est composé le droit français : ce recueil serait néanmoins d'autant plus nécessaire, que, suivant l'observation judicieuse de M. d'Aguesseau, « le droit français consiste plus » en usages et en décisions particulières, » que dans des principes immuables, ou » dans des conséquences directement ti- » rées des règles de la justice naturelle. » (*Quatrième instr. tome I , pag. 595.*) Les ordonnances sont éparses, ainsi que les arrêts, dans une multitude de volumes : chaque province a sa coutume particulière , quelquefois diamétralement opposée à celle d'une province voisine , et la même variété a lieu , jusqu'à un certain point, pour les ordonnances. Tel édit enregistré à Paris , ne l'aura point été ou à Toulouse ou à Rouen, et n'y fera point loi par conséquent ; ou bien, il n'aura été enregistré qu'avec des modifications qui en restreignent les dispositions.

Comme il n'existe point de collection qui renferme toutes nos lois, nous n'avons pas non plus de traité général où toutes les parties de notre droit soient discutées de suite, et où la variété de jurisprudence, dans les différentes provinces, soit indiquée. On a , par conséquent, besoin ici , et de plus de recherches , et de plus de lecture que dans l'étude du droit romain; mais comme le temps que l'on peut donner à l'étude du droit Français a nécessairement des bornes , il faut en mettre aussi aux connaissances que l'on se propose d'acquérir.

Qu'exige-t-on d'un Avocat , même de celui qu'on regarde déjà comme savant , quoiqu'il lui manque encore cette habitude et cette connaissance de détails que l'expérience seule , fruit d'une longue pratique, peut acquérir? Ce n'est pas qu'il soit en état , sur la première question qu'on lui proposera , de citer toutes les dispositions différentes des coutumes , de rapporter le sentiment de chacun des commentateurs, et tous les préjugés donnés sur la question. De même pour les ordonnances , on ne demande pas qu'il cite de mémoire les articles des ordonnances sur les aides, sur la marine, sur le commerce, et tous les règlements particuliers du Conseil sur ces matières. Ce que l'on attend d'un Avocat , c'est qu'il connaisse en général les différences que les coutumes, dont le ressort est étendu , ont entr'elles ; qu'il n'ignore pas qu'il existe des règlements , soit généraux , soit particuliers , sur telles et telles matières , et quel est leur objet. A l'égard des détails, on veut qu'il sache dans quel

4.

lieu les trouver , et qu'ensuite il soit en
état , au moyen des principes dont il s'est
pénétré, d'en saisir et d'en établir le
vrai sens. Ainsi pour étudier les coutumes , par exemple , il n'est pas question
de lire de suite le Coutumier général, ou
la Conférence des coutumes , et de noter
toutes les dispositions dans lesquelles ces
coutumes diffèrent d'avec celle de Paris ,
ou toute autre que l'on aura prise pour
terme de comparaison ; il faut réduire
la multitude des dispositions des coutumes
à des points principaux , qui seront la
base d'autant de traités distincts : c'est ce
que Duplessis a fait sur la coutume de
Paris : ensuite bien méditer les principes
généraux relatifs à chaque traité , et finir
par noter les différences des coutumes
dont le ressort est le plus étendu.

Si M. votre fils n'a point travaillé dans
l'étude d'un procureur , il doit commen·
cer l'étude du droit français par la partie
de la procédure , étudier l'Ordonnance
de 1667, qui règle la procédure civile, et
celle de 1670, qui règle la procédure criminelle. Les commentaires de M. Jousse
me paraissent les plus commodes , pour
faciliter l'intelligence de ces deux ordonnances.; mais il faut avoir soin de consulter le Procès-verbal de leur rédaction
lorsqu'il y renvoye , et les Règlements
dont il a fait imprimer le recueil pour

être joint à son commentaire. Comme l'ouvrage de M. Jousse est récent, on y trouve les interprétations et même les changements que l'usage a apportés à la disposition littérale des ordonnances. Les *committimus* et les évocations ont donné lieu à deux ordonnances particulières, l'une de 1669, l'autre de 1737 : elles sont une suite et un accessoire de l'Ordonnance de 1667. De même il faut réunir à l'Ordonnance de 1670, celle du mois de juillet 1737, sur l'instruction du faux, tant principal qu'incident. Je ne vois pas de moment plus propre pour prendre une idée générale des matières criminelles, que celui où on étudiera l'Ordonnance de 1670. Ainsi il sera bon de parcourir en même temps le Traité de la justice criminelle de M. Jousse, et le *Code pénal.*

Ce n'est pas assez de savoir les règles à suivre dans les actes de procédure ; il est à propos, pour les bien appliquer, d'en voir des modèles. Mais lorsqu'on n'a pas à les rédiger soi-même, je pense qu'il est inutile de lire les *styles* où l'on trouve tous les actes possibles, et dont par cette raison, le volume est trop considérable : on peut se contenter des formules de procédure que M. Sallé a placées à la fin de chaque titre des ordonnances, dans le commentaire intitulé

Esprit des ordonnances, ou de celles qui se trouvent dans un volume *in-12*, imprimé plusieurs fois, sous le titre d'*Instruction pour les procédures* (1).

Dans le temps où un jeune Avocat se livre à l'étude du droit romain, il lui suffit de suivre les grandes audiences. C'est même alors plutôt pour se former à la plaidoirie, que pour s'instruire de la jurisprudence, que je lui conseille de le faire. Les questions que l'on traite aux autres audiences, auraient rarement du rapport avec ses études ; et son assiduité à ces audiences ne lui serait pas aussi profitable qu'elle le sera, lorsqu'il aura commencé à s'appliquer au droit français. La jurisprudence fera alors une partie de ses études , et on ne saurait la connaître plus sûrement qu'en assistant soi-même à la prononciation des arrêts , et en s'instruisant, par la lecture des Mémoires, des moyens qui ont été capables de faire pencher la balance.

Si l'on veut profiter de ce que l'on entend aux audiences, on ne doit pas manquer de noter exactement l'espèce des questions qui sont plaidées, le sommaire des moyens, et les jugements. Autrement

______

(1) Voyez dans le catalogue des livres l'indication d'ouvrages plus modernes et meilleurs , ceux de M. Pigeau, entre autres.

la multitude des causes, à la plaidoirie
desquelles on assiste, ne laissera que des
idées confuses.

L'assiduité aux audiences remplit une
partie de l'étude du droit français ; dé-
terminons l'ordre selon lequel on s'appli-
quera aux autres parties.

J'ai déjà dit que le droit français com-
prenait trois objets, les coutumes, les
ordonnances et les arrêts. Les coutumes
sont plus générales que les ordonnances,
dans ce sens, que leurs dispositions embrassent plus de questions de notre droit.
Les ordonnances, sous le nom desquelles
je comprends les édits, déclarations et
lettres-patentes, peuvent être divisées en
trois classes : celles qui statuent sur des
matières dont il est parlé dans les coutumes, par exemple, sur les donations,
les testaments, etc.; celles qui sont relatives à des objets généraux, appartenants,
soit au droit public, soit au droit particulier, telles que les ordonnances d'Orléans et de Blois; enfin celles qui concernent des matières que l'on peut dire, en
quelque sorte, isolées : telles que l'ordonnance de la marine, du commerce,
des eaux et forêts. Les ordonnances de
la première classe doivent être étudiées
en même temps que les coutumes : celles
des deux autres classes viendront chacune à leur rang. A l'égard de cette partie

de la jurisprudence, qui s'apprend dans les recueils d'arrêts, elle accompagnera chaque objet particulier auquel ces décisions peuvent avoir rapport.

L'étude des coutumes doit passer la première, par la raison que j'ai touchée, qu'elles s'appliquent à un plus grand nombre de questions, et parce que d'ailleurs l'étude d'une partie considérable et des ordonnances et des arrêts, peut y être rapportée. En concevant les dispositions des coutumes distribuées en plusieurs traités, suivant le modèle que fournit l'ouvrage de Duplessis sur la coutume de Paris, on étudiera d'abord le traité des fiefs; c'est le plus important, soit parce qu'il tient à tous les autres traités, soit parce qu'il donne lieu à des questions très-multipliées et très-fréquentes, soit enfin parce que les principes que l'on y apprend sont la clef d'un très-grand nombre d'articles de coutumes. Au traité des fiefs succédera celui des censives; celui des retraits féodal, censuel et lignager; des meubles, des immeubles et de leur différente nature; des hypothèques, de la communauté, des donations, des successions, etc.

On peut consulter deux genres d'ouvrages sur notre droit français. Les uns sont des traités singuliers sur un objet unique; les autres, au contraire, sont

des traités que l'on peut appeler généraux, en ce qu'on y réunit les principaux objets que le droit renferme. La
plupart des auteurs qui ont donné de ces
derniers traités, au lieu de se rendre
maîtres de leur plan, pour le disposer
selon l'ordre qui leur paraîtrait le plus
naturel, ont, je ne sais à quel propos,
préféré d'écrire des commentaires sur
le texte d'une coutume. Ils ont été, par
cela même, gênés, et engagés soit à des
redites, soit à des inutilités : néanmoins,
faute d'auteurs plus méthodiques, on est
forcé d'avoir recours à leurs livres : seulement on évitera d'en lire un trop grand
nombre ; car, vrais commentateurs en
ce point, ils se sont souvent copiés les
uns les autres.

Cela posé, voici la marche que je propose pour l'étude de chaque matière en
particulier. Lire d'abord un traité exprès
sur cette matière : autant qu'il en existera
dont les principes soient assez sûrs, et
qui ne soient pas trop diffus pour servir
d'introduction. Il serait à desirer qu'il y
en eût sur toutes les matières de pareils
à ceux de Poquet de Livonnières *sur
les Fiefs* ; de Basnage *sur les Hypothèques* ; de Pothier *sur la Communauté* ; de Loyseau *sur les Seigneuries,
sur les Offices, sur les Rentes, sur le
Déguerpissement*. Ensuite on prendra

le texte de plusieurs coutumes, pour l'étudier avec leurs commentateurs ; on verra en général, dans la conférence des coutumes par Guenois, les différences qu'il y a entre les dispositions des coutumes : enfin on y joindra les ordonnances relatives au même objet.

Je parle d'étudier plusieurs coutumes, parce qu'un Avocat n'est pas consulté, ou obligé de plaider et d'écrire, seulement sur des questions relatives à la coutume de Paris : mais aussi, et très-souvent, sur des questions qui appartiènent à d'autres coutumes. Cependant, comme il est impossible d'étudier en même temps toutes les coutumes, il faut nécessairement faire un choix, dans lequel on aura égard à l'étude du ressort des coutumes, à l'importance des objets sur lesquels elles diffèrent, soit entre elles, soit avec la coutume de Paris : enfin, à la réputation de ceux qui les ont commentées. Ainsi, on peut avec la coutume de Paris, prendre celle de Normandie commentée par Basnage ; celle de Bretagne, par d'Argentré ; celle d'Anjou, par Dupineau, avec les observations de Poquet de Livonnières ; celle de Bourgogne, par le président Bouhier ; enfin l'une des coutumes d'Amiens, d'Abbeville ou d'Artois, avec son commentateur. On réunira ainsi les lois des provinces les plus considérables de la France, celles qui diffèrent le plus entr'elles, et, en y ajoutant le commentaire de M. Pothier sur la coutume d'Orléans, on connaîtra les meilleurs commentateurs.

La coutume de Paris a eu beaucoup de commentateurs : il n'est pas nécessaire de les étudier tous, mais il faut en réunir plusieurs, parce qu'ils ont des parties qui leur sont personnelles, et qu'il n'est pas possible de négliger. Dumoulin, le premier d'entr'eux, est au droit français, ce que Cujas est au droit romain. Son commentaire sur les fiefs et les censives nous fera à jamais regreter ceux qu'il avait, dit-on, écrits sur les autres titres de la coutume : il ne nous reste à cet égard que ses apostilles, qui formaient un ouvrage séparé, dans le plan duquel toutes les coutumes sont comprises. Au reste, le commentaire sur le titre des fiefs, en même temps qu'il rend la perte du surplus de l'ouvrage plus sensible, nous en dédommage en partie. Ce traité est si profond, qu'il contient tous les principes du droit français : c'est une mine inépuisable, qui devient plus riche à mesure qu'on la fouille ; et, des différents auteurs que j'ai à indiquer sur le droit français, je consentirais presque qu'on oubliât les deux tiers, pourvu que le temps destiné à leur lecture fût employé à méditer le traité des fiefs de Dumoulin.

On a reproché à Dumoulin qu'il est prolixe ; que ses périodes sont interminables , ses distinctions et ses limitations sans fin : de-là naît, ajoute-t-on , la difficulté de l'entendre. Ces reproches , le dernier surtout, annoncent des gens qui se sont contentés d'ouvrir Dumoulin , et qui l'ont condamné , peut-être après l'avoir parcouru , mais avant de l'avoir lu. Pour l'étudier avec fruit , il faut être au fait de sa manière. Ce profond jurisconsulte , instruit de toutes les parties de notre droit, ne concevait pas un principe, sans appercevoir en même temps les restrictions auxquelles il est sujet. D'ailleurs, de son temps c'était encore une gloire de traiter savamment les différentes questions pour et contre ; et on peut bien penser qu'un homme tel que Dumoulin , ne manquait pas de briller dans cette partie. Lors donc qu'il veut ou exposer un principe , ou développer une question , il commence par mettre ce principe , ou la question en thèse : il semble , dit-il ensuite, qu'on peut d'abord décider de telle manière ; et il expose les motifs qui mènent à cette décision : au contraire , on opposera , continue Dumoulin , telles et telles raisons , dont la déduction suit aussitôt. Le pour et le contre étant discutés , Dumoulin prononce ; et il le fait ordinairement dans le sens des moyens qu'il a développés en second : après quoi il répond à ceux qu'il avait présentés d'abord ; et comme il n'y a point en droit de règle générale sans exception, Dumoulin a soin de limiter sa décision, par le détail de toutes les exceptions dont elle est susceptible. En observant ainsi la marche de Dumoulin, et en la suivant avec quelque attention, rien n'est si facile que d'entendre ses ouvrages, et d'y trouver des décisions nettes et précises. On peut d'ailleurs se servir avec fruit de la traduction que M. Henrion de Pensey a donnée du traité des fiefs. La manière de Dumoulin n'est pas sans doute la plus méthodique, mais on peut dire aussi qu'elle n'est pas sans quelque avantage. Dans les raisons alléguées pour ou contre, réfutées ou développées ensuite, on voit quelle est l'étendue des principes, où il faut en arrêter les conséquences, et quelle est leur véritable application. C'est un des motifs qui doit engager à étudier d'Argentré sur la coutume de Bretagne, en même temps que Dumoulin. D'Argentré a pris en quelque sorte à tâche de le contredire ; Hevin lui reproche de *s'être séparé de lui, plus par émulation et par jalousie que par raison.* (Arrêts de Frain, tome I, page 167.) On trouve dans le quatrième volume des Œuvres de Henrys, une table des points principaux sur lesquels ces deux jurisconsultes célébres ont un systême différent. Quelquefois l'avis de d'Argentré doit être préféré ; mais plus souvent, les raisons qu'il emploie contribuent à persuader de la vérité du sentiment adopté par Dumoulin : on s'apperçoit que d'Argentré conduit trop loin les conséquences des principes dont il argumente. Ces exemples sont utiles à remarquer pour celui qui veut devenir jurisconsulte. Lorsqu'on lui proposera des questions nouvelles, il s'offrira à lui une multitude de motifs de décisions contraires : les principes se croisent à force de s'étendre. Il faut être accoutumé à les considérer dans le seul point de vue où ils sont vrais, et à saisir le lieu précis où leurs rayons divisés s'unissent et se confondent pour former un foyer de lumière.

Après Dumoulin, on peut consulter Brodeau avec fruit : les principes de celui-ci ne sont pas aussi féconds que ceux du premier ; ses raisonnements ne sont pas aussi développés, mais on y trouve beaucoup, soit de notre ancien droit, soit de jurisprudence : il est fâcheux que nous n'ayions son commentaire que sur portion de la coutume.

Auzanet et Duplessis sont encore deux

anteurs à étudier. Le commentaire d'Auzanet, indépendamment du mérite qui
lui est propre, renferme les projets de
réformation du droit Français, connus
sous le nom d'*Arrêtés* de M. le président
de Lamoignon. Ils étaient le résultat de
savantes conférences, tenues en présence de M. de Lamoignon par d'anciens
Avocats, du nombre desquels était Auzanet. Les principes de notre droit y
sont exposés d'une manière claire et précise; mais il ne faut pas oublier, par
rapport à l'application qui en est faite
dans les détails, que l'on n'a pas eu intention de montrer comment la loi sub-
sistante devait être entendue, mais plutôt comment elle pourrait être utilement
réformée.

A l'égard de Duplessis, c'est dans son
ouvrage, et dans les savantes notes de
Berroyer et de Laurière, qui l'accompagnent, que l'on peut s'instruire le
plus exactement de l'interprétation donnée par l'usage aux différentes dispositions de la coutume de Paris. On y trouve
l'application des principes à la pratique.
Les consultations, imprimées à la suite
du commentaire, renferment des discussions profondes sur les questions les
plus importantes. Plusieurs de ces consultations sont le résultat de conférences
célèbres, qui ont été tenues autrefois

dans la salle de la bibliothèque léguée par
M. de Riparfond. Les autres commentateurs, tels que Carondas, Tronçon,
Chopin, Lemaître, Tournet, etc., seront
consultés dans les occasions. On se servira de la compilation de Ferrierres,
comme d'un répertoire pour ce que les
autres ont dit; il n'y a d'estimé dans son
livre que ce qui n'est pas de lui.

Le terme même de *coutume*, qui dé-
signe les lois particulières de nos provinces, indique que ce ne sont pas des lois
établies par la volonté absolue et le propre mouvement du souverain; mais des
usages auxquels une pratique continue
a, par la succession des temps, donné
force de loi. En général, pour bien connaître ce qui n'a été établi que par l'u-
sage, il faut remonter à l'origine, et tâcher de découvrir ce qui s'est pratiqué
dans le commencement. Il est donc très-
avantageux de connaître les monuments
qui nous restent des anciens usages et des
premiers statuts qui ont précédé nos coutumes; ils ont fait naître une partie de
leurs dispositions.

Ces monuments sont les *Capitulaires*
ou ordonnances de nos rois de la première
et de la seconde race; les *établissements
de S. Louis*; les statuts rédigés par les
Français dans la terre sainte, sous le nom
d'*Assises de Jérusalem*; les *anciennes*

Coutumes de Beauvoisis, par Philippe de Beaumanoir; la *Somme rurale* de Bouteiller; les *Décisions de Jean Desmares*, imprimées à la fin du commentaire de Brodeau sur la coutume de Paris. On trouve encore plusieurs observations sur ces anciens usages et statuts dans le *Traité du Franc-Alleu* de Galland, dans le *Glossaire du droit français*, augmenté par de Laurière, et dans le *Glossaire de Ducange*. Ces deux derniers ouvrages ne sont pas faits pour être lus de suite; il n'en devrait pas être de même des premiers : néanmoins, comme il ne faut pas rendre les études sans fin, en cherchant à les perfectionner, ce serait peut-être trop d'exiger une lecture assidue et suivie de tous ces anciens recueils; mais il est essentiel de les connaître, de les avoir parcourus, et de savoir combien il est utile d'y avoir recours dans des questions importantes.

Vous n'ignorez pas, monsieur, que la Normandie a été assez long-temps occupée par les Anglais; ils y apportèrent plusieurs de leurs usages, qui ont ensuite passé dans la coutume de cette province. Ils y prirent aussi, et ils conservèrent ensuite dans leurs pays, d'anciens usages, soit de la Normandie, soit même des autres provinces de la France. Ainsi on

peut mettre au nombre des monuments
à consulter sur l'origine de nos coutumes,
les coutumes anglaises, recueillies par
Littleton, et celles de Bracton. M. Houart,
avocat à Dieppe, a donné, il y a quelques années, l'édition du texte et une
traduction des Institutes de Littleton. Le
recueil de M. Houart est particuliére-
ment utile pour l'intelligence de la coutume de Normandie ; mais il fournit
aussi des observations générales sur notre
droit coutumier.

Les principales ordonnances dont on
doit joindre l'étude à celle des coutumes,
sont l'ordonnance des donations en 1731,
des testaments en 1735, et des substitutions en 1747. Leur texte est clair, surtout pour une personne qui sait le droit
Romain : je serais d'avis, par cette raison, qu'on les lût sans autre commentaire que le recueil des *Questions de
Jurisprudence proposées à tous les
Parlements par M. d'Aguesseau, avec
la réponse du Parlement de Toulouse*:
c'est en quelque façon une partie du procès - verbal de ces ordonnances. Dans
des cas qui sembleront difficiles, on
consultera les commentaires de Boutaric
ou ceux de Furgole. Ce dernier n'est pas
autant estimé à Toulouse, sa patrie, qu'il
l'est à Paris ; on le regarde comme un
homme qui avait plus de connaissances

que

que de logique, et j'ai ouï dire que souvent à Toulouse ses confrères le consul-
taient sous des noms empruntés, pour se
faire indiquer tout ce que l'on pouvait
citer sur une question. La consultation
de M. Furgole était pour eux une table
de matières; ils vérifiaient les citations,
et raisonnaient ensuite (1). Lorsque la
première édition du commentaire sur
l'ordonnance des donations parut, M. Da-
mours, Avocat aux conseils, publia des
observations sur ce commentaire : plusieurs firent impression sur M. Furgole;
mais, en corrigeant son ouvrage, il ne
put se résoudre à abandonner tout-à-fait
ses premiers sentiments : de-là il est arrivé
que quelques endroits de sa seconde édition sont embrouillés, et que ses idées
paraissent obscures et incertaines : voilà

---

(1) Loisel nous a conservé une anecdote à-
peu-près semblable sur Dumoulin ; « Il était,
» dit-il, comme chacun sait, le plus docte de
» son temps en droit civil et coutumier, et toute-
» fois mal-habile en la fonction d'Avocat, prin-
» cipalement au barreau; ce qui faisait qu'il n'é-
» tait guère employé, ni tant estimé, à beau-
» coup près, pendant sa vie, qu'il a été depuis
» son décès, par ses écrits, tels.... que ceux qui
» sont venus depuis l'ont suivi comme leur maî-
» tre. Or, feu M. Seguier connaissant cela mieux
» qu'homme de son temps, il s'en aidait fort à
» propos aux plus grandes affaires, èsquelles il

Partie I. 5

du moins la manière dont on en parle à
Toulouse. On a encore d'autres auteurs
sur les mêmes ordonnances : du Rous-
seaud de la Combe ; Sallé ; Aymar , sur
l'ordonnance des testaments ; Claude
de Sersel , sur celle des substitutions ;
mais je pense que les deux premiers
doivent suffire.

Il reste à s'instruire de la jurisprudence relative au droit coutumier. Nos
recueils d'arrêts forment un nombre
considérable de volumes. Qu'il serait à
souhaiter que plusieurs n'eussent jamais
existé ! Des compilateurs ineptes ont rap-
porté , sans exactitude , des jugements
qui ne peuvent donner que des idées
fausses , ou jeter des nuages sur les principes. En général , les arrêts n'ayant pas
pour objet de décider un point de droit

» était employé ; prenant bien la peine de dresser
» lui-même un mémoire de ce dont il desirait
» s'instruire , et de le bailler à Dumoulin avec
» quatre ou cinq écus qu'il avançait de sa bourse ,
» sur lequel M. Charles Dumoulin donnait son
» avis par écrit , raisonné et fortifié d'autorités
» de droit, de doctrine, de docteurs et d'arrêts ;
» lesquels M. Seguier savait si bien ménager ,
» qu'avec ce qu'il y apportait de sa forme et de
» son jugement, qu'il avait excellent , il se ren-
» dait admirable en ses plaidoyers et écritures ,
» ainsi que je l'ai entendu de nos anciens. »
(*Dial. des Avocats , pag.* 510.)

isolé, mais de prononcer ce qui doit avoir lieu dans certaines circonstances particulières, sont susceptibles de variations infinies. On ne devrait jamais citer que des arrêts de règlement ; en alléguer d'autres, simplement comme des exemples et des préjugés, c'est un abus que les gens sensés devraient bannir, parce qu'un exemple ne saurait être concluant, qu'autant que les circonstances sont entièrement semblables : or, en supposant la possibilité de cette similitude parfaite, il reste à l'établir, ce qui est ordinairement une chose impossible. Mais le mauvais usage d'invoquer des arrêts subsistera long-temps, à cause de la facilité qu'il donne d'étayer par des exemples, bien ou mal rapportés, des systêmes contraires aux principes ; et il devient dès-lors absolument nécessaire de connaître la jurisprudence, pour écarter les préjugés que l'on oppose mal-à-propos ; pour combattre par des armes pareilles celles que nos adversaires employent. Il convient qu'après avoir exposé à ceux qui consultent, les vrais principes, on les avertisse des arrêts qui paraissent s'en écarter, et qui peuvent leur inspirer quelque défiance sur le succès que les principes seuls leur assureraient.

L'étude de la jurisprudence supposée nécessaire, la seule manière de parvenir

à une connaissance parfaite de cette partie, serait de réunir sur chaque question
tous les arrêts anciens et modernes qui
y sont relatifs. On les comparerait les
uns avec les autres ; on les interpréterait
réciproquement ; on saurait quelle a été
la jurisprudence ancienne ; quand elle a
changé ; par quels degrés ce changement
s'est opéré ; et enfin quelle est la jurisprudence actuelle. Mais de pareilles recherches emporteraient un temps immense ; c'est assez de les faire dans des
occasions importantes, où des questions
épineuses exigent un travail extraordinaire.

Les commentateurs des coutumes citent
beaucoup d'arrêts : ils enseignent ainsi
une partie de la jurisprudence. Il est bon
de chercher encore dans le *Journal du
Palais*, dans les derniers volumes du
Journal des Audiences ; et dans le Recueil d'Augeard, les arrêts qui ont rapport aux matières que l'on étudie. Presque tous les chapitres du *Journal du
Palais* forment une dissertation particulière sur les questions jugées par les
arrêts : les derniers volumes du *Journal
des Audiences*, la collection d'Augeard,
instruisent de la jurisprudence moderne,
ordinairement d'une manière fort exacte.
Le recueil de Denisard indique des arrêts plus modernes, mais il y a quelquefois

des inexactitudes dans son récit. On les
a corrigées dans une dernière édition,
mais en partie seulement, l'édition
n'ayant pas été terminée. Ces collections
suffisent pour se mettre passablement au
fait de la jurisprudence. On aura les autres recueils d'arrêts dans sa bibliothèque, pour les consulter au besoin. Il
faut en distinguer quelques-uns dans la
foule; par exemple, celui qui a été donné
par Berroyer, d'après les mémoires de
Bardet : il contient beaucoup d'extraits
intéressants des plaidoyers de deux magistrats célèbres, Omer Talon, et Jerôme
Bignon : les arrêts de Bretagne par Frain,
à cause des dissertations d'Hévin dont ils
sont accompagnés; et le recueil des nouveaux arrêts du même parlement, par
M. Poulain du Parc, qui contient un
grand nombre de plaidoyers d'un magistrat célèbre à juste titre, M. de la
Chalotais.

L'étude des coutumes, et de la partie
soit des ordonnances, soit de la jurisprudence, qu'on peut y rapporter, étant
terminée, il faut passer à la seconde
classe des ordonnances. Celles-ci sont plus
importantes en un sens que les premières; elles règlent en général l'état du
royaume, l'ordre des tribunaux, leur
compétence, leur jurisdiction; elles as-
surent les droits des citoyens et leur

tranquillité ; en un mot , elles forment le droit public de la France. Je vous ai annoncé pour exemple, monsieur , les ordonnances d'Orléans et de Blois ; elles concernent l'une et l'autre les trois états des citoyens : elles fixent les prétentions du clergé ; déterminent les privilèges de la noblesse ; conservent les droits du tiers-état : elles parlent ensuite des cours de justice , de l'abréviation des procès , de la punition des crimes. De pareilles matières sont bien intéressantes pour un Avocat. Il n'est pas toujours renfermé dans le cercle étroit des procès qu'un particulier suscite à un autre particulier ; il peut avoir à défendre des corps , des villes , des tribunaux, des communautés : quelquefois il s'élève , même à l'occasion de particuliers , des questions qui tiènent au droit public : il faut donc en connaître les sources.

J'ai déjà parlé des capitulaires , et j'ai conseillé d'y chercher l'origine de quelques-uns de nos anciens usages : c'est un trésor plus abondant encore pour les principes de notre droit public. On feuillètera ensuite le grand *Recueil des Ordonnances* des rois de la troisième race, commencé par de Laurière et Secousse. Mais cette savante compilation , qui exige des recherches et un travail infini , n'a pas encore atteint les derniers

siècles : on y suppléera par le *Recueil
de Néron*, où l'on trouve, quoique sans
beaucoup d'ordre, les principales ordonnances ; telles que l'édit de François
Ier., en 1530 ; l'édit d'Amboise, les ordonnances de Moulins, d'Orléans et de
Blois, l'édit de Melun, etc. On a joint
à quelques - unes de ces ordonnances,
des commentaires inutiles ; il faut excep-
ter celui de M. le procureur - général
Bourdin, sur l'ordonnance de 1539, qui
renferme d'excellents principes.

Dès que l'on se propose d'acquérir des
notions de notre droit public, il est indispensable de connaître les principales remontrances que le parlement a portées
en différents temps au pied du trône, et
les réponses dont elles ont été suivies.
Ces remontrances sont des mémoires,
dictés par l'amour de la patrie à des magistrats toujours pénétrés de respect et
de soumission pour leur roi, mais fidèles
défenseurs des lois qu'ils ont juré de conserver. Il est aussi un livre que l'on doit
consulter, soit comme le seul, pour ainsi
dire, qui ait traité de notre droit public,
soit à cause de l'immensité et de l'exactitude des recherches qu'il contient :
c'est, les *Maximes du droit public
français.*

Les ordonnances qui composent la troisième classe, et dont il me reste à parler,

sont relatives à des objets particuliers, à des matières isolées, que l'on ne saurait rapporter à aucun des traités qui partageront l'étude des coutumes. Je comprends dans cette classe les ordonnances et les règlements qui regardent le domaine, les aides, les tailles, la marine, le commerce, les eaux et forêts, les chasses, les commensaux, etc. Chacune de ces matières forme un sujet d'étude distinct et séparé ; quelques-unes d'elles sont même assez étendues pour occuper des personnes qui s'y livrent en entier, à l'exclusion des autres parties de notre droit. Mais l'Avocat que j'ai pour but de former, n'est pas celui qui a projeté de se fixer à une seule partie, en renonçant aux autres. J'écris en ce moment pour un Avocat qui se propose de connaître également toutes les branches du droit français, et de traiter indifféremment les questions qui appartiènent à chacune de ces branches. C'est dans ce point de vue que j'indique seulement les principaux ouvrages où l'on peut s'instruire, soit des lois qui concernent des matières isolées, soit des principes qui conduisent à l'intelligence de ces lois, et qui règlent leur application.

Sur le domaine, c'est le premier des objets particuliers que j'ai nommés, nous avons quatre traités principaux : celui de

Chopin, celui de Bacquet, un troisième dont j'ignore l'auteur, et le dernier qui est de M. le Fèvre de la Planche ; l'édition en a été donnée par M. Lorri, Avocat du roi à la chambre du domaine. Les ouvrages de Chopin et de Bacquet sont déjà anciens : c'est celui de M. le Fèvre de la Planche que je conseillerais de lire, sauf à consulter les autres.

La partie des aides est aujourd'hui d'une étendue sans bornes, par la multitude des règlements particuliers que les Traitants ont obtenus. C'est une matière trop vaste pour être bien connue par ceux qui ne veulent pas s'y arrêter et s'y fixer ; il est impossible de l'approfondir, si l'on ne consent à se livrer aux détails les plus minutieux, et en même temps les plus fastidieux. Hors le cas où des circonstances particulières déterminent à ce genre de travail, il suffit d'avoir lu les ordonnances de 1680 sur les aides et gabelles ; de savoir en gros les principaux règlements contenus dans le Mémorial des tailles, et d'avoir suivi quelques audiences de la cour des aides, pour ne pas ignorer tout-à-fait les principes et les usages de cette cour, si digne de nos respects par son zèle pour le bien public.

L'ordonnance de la marine, donnée en 1680, a été commentée par M. Vallin, procureur du roi à l'amirauté de la Rochelle. Les fonctions de M. Vallin, le lieu même de sa résidence, le mettaient à portée de connaître la jurisprudence maritime, ou les lois du commerce de mer : d'ailleurs, il a souvent interrogé, avant de donner des décisions, un jurisconsulte de Marseille, qu'il assure avoir été fort instruit dans la même matière. Le livre de M. Vallin est donc composé avec soin : il a cependant des défauts. Dans quelques endroits, l'auteur n'est pas tout-à-fait clair; dans d'autres, il semble se contredire lui-même : mais il serait plus imparfait encore, qu'il faudrait nécessairement y avoir recours : je le crois unique sur cette portion de notre droit. Le recueil intitulé *Les us et coutumes de la mer*, n'est pas tant un traité sur le commerce maritime, qu'une collection de règlements et d'usages relatifs à ce commerce, et en particulier aux assurances. M. Jousse a donné un commentaire assez abrégé sur l'ordonnance du commerce, de 1673; Boutaric en a publié un beaucoup plus étendu : mais le véritable interprète de cette ordonnance doit être Savari, auquel la rédaction en avait été confiée. J'ai déjà indiqué ses ouvrages : le *Parfait négociant*, et les *Parères.*

Tout ce qu'il y a d'important à savoir

pour un Avocat sur les eaux et forêts,
se trouve dans l'ordonnance de 1669;
elle a été interprétée d'abord par une
conférence dans laquelle on a rapproché
de ses dispositions celles des lois plus anciennes qui y sont conformes; ensuite
par un commentaire de M. Jousse.

La Jurisprudence des chasses est ré-
glée par un titre particulier de l'ordonnance des eaux et forêts. On a réimprimé
ce titre à part, avec les règlements qui
servent à l'expliquer : c'est ce qu'on appèle le Code des chasses. Nous avons
des codes pareils, ou collections de règlements, sur les priviléges des commensaux, sur les questions de police, etc.
La voie la plus simple pour s'instruire
de ces matières, est de parcourir ces
codes ou recueils de réglements, et de
faire l'extrait le plus court et le plus
méthodique qu'il sera possible des principaux points qui s'y trouvent décidés.

La multitude des parties dont le droit
français est composé, a exigé, monsieur,
plus de détails que le plan de l'étude du
droit romain; cependant je ne crois pas
qu'il faille beaucoup plus de temps pour
apprendre le droit français. Lorsqu'on
commence à étudier le droit romain, on
n'a encore que très-peu de notions sur
le droit; on trouve à chaque pas des difficultés. Quand on passe du droit romain

au droit français, on connaît les principes généraux du droit, et même les principes particuliers d'un grand nombre de matières. D'ailleurs, j'ai déjà indiqué à M. votre fils le moyen d'abréger ses études par des conférences. Plus il y a d'auteurs qui ont traité une même matière, plus ces conférences sont utiles. Six personnes qui étudient chacune deux auteurs, et qui se réunissent pour se rendre compte de leur travail, connaissent parfaitement douze auteurs, dans le même temps qu'une personne seule employerait à en lire deux seulement.

J'ai l'honneur d'être, monsieur, etc.

CINQUIÈME LETTRE.

Sur l'Etude du Droit Ecclésiastique et du Droit Etranger.

Les lois, dont je vous ai jusqu'à présent entretenu, monsieur, concernent la société purement civile ; elles considèrent les hommes comme membres d'un état politique, dans lequel ils doivent jouir paisiblement des droits qui leur sont acquis ; elles n'ont d'autre objet que de régler des intérêts temporels. Mais les hommes ne sont pas unis seulement

par les rapports qu'établissent ces intérêts. La nécessité de rendre un culte à
la Divinité, et l'identité de ce culte, forment entr'eux d'autres liens; en même
temps qu'ils appartiènent à une société
civile, ils appartiènent aussi à une société
religieuse. Or il est impossible de concevoir une société quelconque sans lois.
La religion, étant la base d'une société,
a donc nécessairement des lois qui lui
sont propres et essentielles.

L'état a reçu dans son sein la société
formée par la religion : c'est-à-dire, que
le souverain en a reconnu publiquement
l'existence et la légitimité. Il faut dès-
lors, et par le fait seul de cette admission,
qu'il ait permis l'exécution publique des
lois fondamentales, par lesquelles la société religieuse qu'il a reçue doit subsis-
ter. La plupart des princes, les nôtres en
particulier, ont été plus loin; ils n'ont
pas seulement laissé à la société formée
par la religion, le pouvoir de faire exé-
cuter ses lois fondamentales; ils y ont
ajouté différentes concessions, qu'ils ju-
geaient, sinon essentielles, au moins
utiles à son maintien et à son agrandis-
sement. Le premier n'eût été que l'effet
d'une simple tolérance : le second est
la conséquence de la protection qu'un
souverain doit à la religion qu'il croit la
seule véritable.

Ainsi, dans cette société dont la base est la religion catholique, et que nous appelons l'Eglise, les Pasteurs ont une jurisdiction qu'ils ne tiènent que de J. C. Mais c'est une jurisdiction purement spirituelle, dont les effets n'ont lieu que sur les ames; ceux qui l'exercent ne sauraient forcer de s'y soumettre extérieurement, parce qu'ils n'ont pas, par eux-mêmes, le pouvoir de prononcer des peines temporelles. Nos rois ont ajouté un appareil extérieur à cette jurisdiction; ils ont accordé aux ecclésiastiques des tribunaux dans lesquels ils connaissent de plusieurs questions; ils ont même ordonné aux juges séculiers de venir au secours des juges ecclésiastiques, pour forcer l'exécution de leurs sentences; et pour contraindre à rentrer dans l'ordre, par l'appréhension de la puissance séculière, ceux que les avertissements des pasteurs ne suffiraient pas pour y ramener.

C'est encore par les bienfaits de nos princes, que les pasteurs et les corps particuliers qui se sont formés dans l'Eglise, jouissent des priviléges dont nous les voyons en possession. La religion catholique, loin de soustraire ceux qui l'embrassent aux lois de l'état, les oblige à les observer, plus par l'amour du devoir, que par les craintes des châtiments;

et les ministres de cette religion demeuraient soumis, eux et leurs biens, à toutes les lois établies par les souverains dont ils sont nés sujets, s'ils n'en eussent été exemptés par des graces spéciales.

En même temps qu'on loue les princes de la protection qu'ils accordent à l'Eglise, il ne faut pas perdre de vue le motif qui les a déterminés à l'admettre dans leurs états, à s'en déclarer les protecteurs, et à multiplier ses priviléges. Ils ont voulu procurer le plus grand bien des sujets dont ils sont les pères en même temps que les souverains : et il est certain que les lois établies par Jésus-Christ et par l'Eglise, n'ont rien en elles-mêmes qui ne contribue à la tranquillité des états, au bien des peuples, à l'avantage et au bonheur de chaque particulier. Mais les ministres, auxquels l'exécution en est confiée, sont hommes ; par conséquent sujets à des faiblesses, à des erreurs, à des préjugés, à des passions. De-là, ce qui a eu pour objet, dans son institution, le bien des peuples, peut, dans des cas particuliers, être tourné contre eux. Or est-il permis au souverain de souffrir que ce qu'il a admis pour le plus grand avantage de ses sujets, soit employé pour leur nuire ; et n'est-il pas obligé de les défendre contre les vexations qu'ils éprouvent, quels qu'en soient les auteurs ?

Les mêmes causes, qui peuvent donner lieu à l'abus de la puissance ecclésiastique, établissent donc en même temps la nécessité et la légitimité du recours au prince. Il y a plus : arrêter les abus du pouvoir ecclésiastique, ce n'est pas seulement, de la part du prince, défendre ses sujets ; c'est réellement protéger l'Eglise. Quelle manière plus sûre de soutenir la religion, que de faire observer ses lois, et d'empêcher que ses ministres ne la déshonorent par une conduite opposée à son esprit ?

Pardon, monsieur, d'un langage qui a peut-être quelque apparence de métaphysique ; mais il fait entendre d'une manière précise, ce me semble, quel est l'objet de l'étude du droit ecclésiastique. C'est de connaître d'abord les lois de l'église essentielles à sa conservation, la nature et l'étendue de la jurisdiction inhérente au titre de pasteur ; de savoir ensuite ce qui a été ajouté par les princes à l'exercice de cette jurisdiction, les graces et les privilèges que l'église tient de leur libéralité ; enfin, de distinguer les cas où la puissance souveraine doit aider les supérieurs ecclésiastiques, les venger de ceux qui les méprisent, et les cas où, au contraire, elle doit réprimer et punir les abus de l'autorité.

Vous voyez, monsieur, quelle est l'étendue et l'importance du droit ecclésiastique. Ce serait se former une idée très-fausse que d'entendre par ce droit, uniquement ce qu'on appèle les matières bénéficiales : c'est-à-dire, les règlements qui établissent la capacité requise pour obtenir et posséder des bénéfices, les causes qui les font vaquer, les droits des patrons et des collateurs. La connaissance des matières bénéficiales n'est qu'une très-modique portion de l'étude du droit canonique, et certainement elle n'en est pas la partie la plus satisfaisante. On y trouve beaucoup de détails minutieux, qui ne peuvent être parfaitement possédés que par ceux qui se livrent tout entiers à ces matières, et auxquels une pratique journalière rappèle sans cesse des choses en elles-mêmes peu intéressantes, et d'ailleurs faciles à oublier. Je ne demande donc pas qu'un Avocat, qui ne fait point le capital de ses occupations des questions bénéficiales, sache le détail des pratiques de la cour de Rome ; des cas où un dévolutaire, trop souvent perfide, emportera un bénéfice, dans lequel les juges ne le maintiendront qu'à regret ; des circonstances qui donnent ouverture

à la nomination du roi pour cause de ré-
gale : il suffit qu'on connaisse, en général, ce qu'on entend par le *droit de ré-*
gale, en quoi consiste l'*expectative* des
indultaires, des *gradués*, et des *bré-*
vetaires ; ce que c'est que *la préven-*
tion, *le dévolut*, *la dévolution*, *les*
résignations, et autres choses semblables. Mais ce qu'aucun Avocat ne doit
ignorer, ce qu'il ne lui suffirait pas de
savoir imparfaitement, ce sont les principes sur la nature, l'autorité, le gouvernement et la jurisdiction de l'Eglise ;
les points fondamentaux de la discipline
ecclésiastique ; les principes qui déterminent l'autorité du prince relativement
aux choses ecclésiastiques. Il faut qu'il
connaisse ce que le prince ne saurait entreprendre, sans franchir les bornes qui
séparent le sacerdoce de l'empire ; et ce
qu'il ne saurait négliger ou souffrir, sans
oublier la protection qu'il a promise à
l'église, et celle qu'il doit à ses sujets.
Ces principes importants, rarement bien
connus, doivent être étudiés, médités,
et comparés de façon que les conséquences qui en résultent se trouvent dans un
équilibre parfait.

Le premier pas à faire dans l'étude
du droit canonique, est de s'instruire de
la nature de l'église, des caractères essentiels qui la constituent, et des attri-

buts qui lui sont propres. Il est indispensable, sur ces différentes questions, d'ouvrir quelques théologiens ; elles sont particulièrement de leur ressort. Je conseillerais qu'on vît d'abord le *Traité de l'Eglise* dans Opstraët ; l'entreprise n'est pas longue : ensuite, qu'on lût le *Traité* de M. Nicole *sur l'unité de l'Eglise*, ses *Préjugés légitimes* contre les *Prétendus-Réformés*, et les *Avertissements* de M. Bossuet aux mêmes. En même temps que l'on puisera, dans les écrits de M. Bossuet et de M. Nicole, les principes les plus exacts, on y trouvera des modèles parfaits pour se former à la pratique des lois immuables du raisonnement, à l'art de discuter les principes, d'enchaîner les conséquences, de presser un adversaire, de pulvériser ses difficultés, et de le convaincre par ses propres objections.

La lecture de ces ouvrages a encore un autre avantage : c'est d'écarter un reproche que l'on peut faire à quelques-uns de ceux qui ont tranché le plus hardiment sur les questions relatives à la distinction des deux puissances. On a plus d'une fois écrit sur cette matière, sans avoir assez réfléchi. Il est certain que les ecclésiastiques ont voulu reculer les bornes de leur autorité, et l'étendre au préjudice du pouvoir des princes.

Mais les défenseurs de la puissance séculière n'ont-ils jamais excédé de leur part ? La chose est-elle même vraisemblable, lorsqu'on réfléchit sur la difficulté que les hommes ont à tenir un milieu, dans quelque dispute que ce soit ?

Après s'être bien instruit de l'essence et des attributs de l'Eglise, on étudiera les ouvrages qui traitent de la nature et de l'étendue de l'autorité des princes dans les affaires ecclésiastiques. Un des premiers que l'on doit voir, est un écrit du P. de la Borde de l'Oratoire, intitulé *Principes sur l'essence, la distinction et les limites des deux puissances ;* quoique fort court, il remplit bien ce que son titre annonce; il donne des idées nettes et justes. On lira ensuite le *Traité de l'autorité des rois touchant l'administration de l'Eglise*, par M. le Vayer de Boutigni. On peut, en général, compter sur les principes qu'il établit. Les deux ouvrages du P. de la Borde et de M. le Vayer, serviront d'introduction au grand traité de M. de Marca sur l'accord du sacerdoce et de l'empire. Grotius, Hammer, et quelques autres auteurs Protestants, ont traité aussi du droit des souverains relativement aux choses ecclésiastiques : mais leurs systêmes portent sur des principes faux ; et les conséquences qu'ils en tirent, étendent les droits des princes à l'excès : nos auteurs Français sont ordinairement plus exacts.

Vous savez, monsieur, que le clergé de France s'est expliqué en 1682, par une déclaration composée de quatre articles, sur l'indépendance où la puissance séculière est de l'autorité ecclésiastique. Cette déclaration a donné lieu à deux ouvrages, qu'il faut nécessairement que M. votre fils connaisse : l'un est la défense de cette même déclaration, par M. Bossuet, qui était membre de l'assemblée où elle fut arrêtée, et qui la rédigea : l'autre est le traité de l'autorité ecclésiastique et de la puissance temporelle, par M. Dupin.

Ces deux ouvrages, ainsi que la déclaration de 1682, ne sont pas relatifs seulement à l'indépendance des souverains, mais aussi à l'autorité du pape. On y trouve les vraies notions sur les droits de sa primauté, et cette partie ne saurait être considérée comme étrangère aux questions de la distinction des deux puissances, et de l'indépendance des souverains. En effet, on aurait tort de regarder les entreprises faites sur les droits des rois, comme l'ouvrage du corps de l'église ; ce ne sont que des efforts téméraires de quelques prélats ambitieux. Si l'on détruit les principes erronés dont

leur orgueil s'est appuyé, tout se replace
dans l'ordre : l'autorité spirituelle et la
puissance temporelle exercent chacune
librement le ministère que Dieu leur a
confié pour le bonheur des hommes.

On achèvera de s'instruire des bornes
dans lesquelles l'autorité du pape doit
être renfermée, par la lecture du *Traité
du gouvernement de l'Eglise*, donné
sous le nom de *Febronius* : ce livre est,
à juste titre, un des plus estimés qui ayent
paru dans les derniers temps contre les
prétentions ultramontaines. On peut
joindre à l'ouvrage de Febronius, un
autre ouvrage du docteur Pereira, intitulé *Tentamen theologicum*, etc. : il
n'est guères moins célèbre. Parmi les
ouvrages du dix-septième siècle, un des
plus intéressants est le recueil des dissertations de M. Dupin, sur l'ancienne discipline ecclésiastique.

Je n'ai pas encore parlé, monsieur,
des recueils qui contiènent, soit les articles de nos libertés, soit les preuves de
ces articles : il n'est pas permis à un Avocat, je dirais presque qu'il n'est permis
à aucun Français de les ignorer. Il faut
lire d'abord les articles, mais ensuite on
doit les comparer aux preuves rapportées sur chacun d'eux séparément. Ces
preuves sont la démonstration de ce
qui est contenu dans les articles ; et la

comparaison est essentielle à l'égard de quelques-uns, qui se trouvent rédigés un peu différemment du résultat que donnent les preuves rapportées. L'écrit sur le *renversement des libertés de l'Eglise Gallicane*, par un certain décret de Rome trop connu, la bulle *Unigenitus*, et *l'Apologie des jugements rendus en France contre le schisme*, peuvent fort bien être regardés comme un *appendix* aux traités des libertés de l'Eglise Gallicane.

J'ai vu un auteur qui reprochait aux pasteurs du premier ordre, d'avoir voulu se dédommager sur ceux du second ordre de la domination que Rome avait exercée à leur égard. Quoi qu'il en soit du motif, il n'est pas moins constant que les pasteurs du second ordre ont eu plus d'une fois à venger leurs droits contre ceux qui auraient dû leur prêter la main pour les soutenir. Le second ordre fait partie de la hiérarchie, aussi bien que le premier : et un canoniste doit approfondir les droits de tous les membres de la hiérarchie. Il a paru en 1744 un volume assez considérable, intitulé, *Des pouvoirs légitimes du premier et du second ordre* : je n'en conseille pas la lecture, parce qu'il renferme des principes faux : l'auteur a mal établi les pouvoirs du second ordre ; pour parvenir à son but, il a trop rabaissé les droits du premier ordre. Ce traité contient beaucoup d'érudition, et ainsi il pourrait servir de répertoire et d'indication; mais on prétend que la très-grande partie des citations est fausse : on ne peut donc pas s'en servir, même comme d'une table, sans être attentif à vérifier les lieux qu'il indique. Corgne de Launay a publié une réponse aux *Pouvoirs légitimes*, en deux gros volumes *in-4°*. La réfutation est pire que le livre qu'elle attaque. Quoique l'auteur soit un prêtre, ce n'est certainement pas un zèle aveugle pour les prérogatives de son état qui lui a fait prendre la plume. J'hésiterais à citer cet ouvrage, même sur les questions qu'il décide en faveur des curés.

Il faut avoir recours à des sources plus pures : ce sont les ouvrages de Gerson, ceux du cardinal d'Ailly, et les censures de la faculté de Paris, relatives à la hiérarchie, imprimées en 1666. Les vrais principes sur l'état et les droits du second ordre sont réunis et bien développés dans trois consultations, l'une donnée aux curés d'Auxerre, en 1755; l'autre aux curés de Séez, en 1760; la troisième aux curés du diocèse de Lisieux, en 1774 : elles valent des traités complets. On a encore de M. l'abbé Gueret un écrit particulier sur le droit des curés, pour

commettre

commettre leurs vicaires et les confes-
seurs de leur paroisse.

Les auteurs que j'ai indiqués donnent
les principes fondamentaux du droit ecclésiastique : il faut passer de-là à l'étude
détaillée des parties les plus importantes
de ce droit. Elles sont traitées la plupart
dans le corps du droit canonique ; néanmoins je ne suis pas d'avis qu'on s'arrête
à cette compilation. Tout le monde sait
dans quel temps et par quel esprit elle
fut rédigée ; aussi n'a-t-elle point force de
loi en France. Il suffit d'être au fait de
l'ordre qui y est suivi, et de savoir y retrouver les textes que l'on cite, ou d'a-
près Gratien, ou d'après les Décrétales.
Par rapport aux textes importants qui
y sont insérés, et qu'il faut savoir, on
les cherchera dans leurs sources, et non
dans une compilation où ils sont trop
souvent tronqués et mutilés. Ainsi, au
lieu de feuilleter le corps du droit canonique, et de s'occuper de toutes les mi-
sères qui étouffent quelques décisions raisonnables de la glose, j'aime beaucoup
mieux que l'on étudie le *Code des Canons* de Denis le Petit : recueil précieux,
en ce qu'il contient les canons entiers
des conciles tenus dans les premiers siècles de l'Eglise. Cette collection est même,
à proprement parler, le corps de notre
droit ecclésiastique ; elle a été rendue

Partie I. 6

publique en France par Charlemagne, qui l'y avait apportée de Rome. Que l'on parcoure ensuite la grande collection des conciles du P. Labbe : les décrétales les plus importantes y sont conservées, et l'esprit général de l'Église s'y découvrira par la combinaison des canons arrêtés dans les différents temps et dans les différentes provinces. On apprendra ainsi beaucoup plus que par la méditation assidue du Décret et des Décrétales ; et on ne risquera pas de prendre les fausses idées que donneraient ces recueils ultramontains.

Pour bien connaître la discipline actuelle, on doit faire une attention particulière aux décrets du quatrième concile de Latran, et à ceux du concile de Trente. Mais, par rapport à ces derniers surtout, il y a des distinctions à faire ; ils ne sont pas tous indifféremment admis dans le royaume. On voit dans plusieurs écrits le détail des décrets auxquels nous nous conformons dans la pratique, et de ceux que nous rejetons, soit en tout, soit en partie : ce sont les *notes de Rassicod* qu'on doit préférer ; elles sont le résultat d'études profondes sur la discipline ecclésiastique. Il est encore nécessaire de lire la Pragmatique Sanction de Charles VII, et le Concordat fait entre Léon X et François I : on s'instruira dans ces deux pièces de ce qui a rapport au droit des gradués sur les bénéfices, et de la manière dont le roi nomme aujourd'hui aux bénéfices que l'on appèle consistoriaux. Enfin il faut connaître le règlement de 1695, et autres lois importantes que nos rois ont données, dans les dix-septième et dix-huitième siècles, sur des objets relatifs à la discipline ecclésiastique. On peut se servir de la collection qui se trouve à la fin du *Recueil de Jurisprudence canonique* par la Combe ; elle est la plus complète que nous ayions, quoiqu'elle ne soit pas absolument entière.

Ce n'est pas assez d'avoir vu, même dans une certaine étendue, les textes épars des lois ecclésiastiques : on ne saurait se fixer leurs dispositions dans la mémoire, si on ne les rassemble sous des divisions générales, auxquelles on rapporte chaque décision particulière. S'il existait un corps complet des canons et autres règlements ecclésiastiques, ce serait dans cette collection qu'on les étudierait ; et, les y trouvant dans l'ordre convenable, il ne resterait point d'autre travail à faire à cet égard. Mais de toutes les compilations de canons, rédigées à différentes époques, il n'y en a pas une à laquelle on puisse se fixer. Gibert lui-même, qui a tenté de nouveau l'exécution

de ce projet, n'a pas, à beaucoup près,
réussi. Il a annoncé son Corps de droit
comme un recueil de lois canoniques
tirées du Décret et des Décrétales, des
Conciles et des Pères, et disposées suivant leur ordre naturel : sa collection
n'est pas moins défectueuse en beaucoup
de parties, et cependant elle se trouve
très-étendue, parce qu'il y a renfermé
bien des textes inutiles. Une collection
de canons, telle que je la desirerais, est
non seulement un ouvrage très-difficile :
je le regarde même comme impossible.
La foi est une : mais il n'en est pas de
même de la discipline ; différentes causes
la font varier. Quelquefois deux usages,
quoique contraires, sont fondés l'un et
l'autre sur des raisons plausibles : l'un
prévaut dans un lieu, tandis que l'u-
sage opposé subsiste ailleurs. Quelquefois cette variété vient de ce qu'une province a conservé certains principes plus
scrupuleusement qu'on ne l'a fait dans
d'autres lieux. Les dispositions des conciles, relatives à la discipline, ont été
conformes aux usages des provinces où
ils étaient tenus : de-là, ce qui fait règle
dans un pays ne le fait pas dans un autre : de-là, par conséquent, l'impossibilité de composer un recueil de canons
qui convienne également à tous les états
catholiques, à moins que l'on n'y omette

les détails de la discipline, ou que l'on n'y réunisse des dispositions contradictoires. Dans le premier cas, le recueil serait incomplet, et par conséquent inutile : dans le second cas, il serait aussi étendu que les ouvrages mêmes d'après lesquels on l'aurait composé. Or ce n'est pas la peine de faire une compilation qui, sans diminuer le nombre des volumes, ne ferait qu'augmenter les difficultés ; comment se déciderait-on entre deux textes contradictoires ?

Les traités généraux et particuliers sont le vrai moyen de bien exposer le droit canonique. Dans un traité, un auteur savant, judicieux et méthodique, pose d'abord des principes qu'il établit sur des axiomes incontestables, ou sur les textes de lois universellement reçues. De-là il tire des conséquences qui mettent à portée de juger, entre deux coutumes contraires, laquelle est préférable et plus conforme aux principes. Les autorités qui appuient l'usage le moins bon, forment des objections qu'il dissipe en examinant de quelle source on les tire, et en faisant voir comment, en perdant de vue les règles primitives, on s'est insensiblement trouvé loin des vrais principes. Si les usages contraires sont indifférents, l'auteur les rapporte, et montre qu'étant également bons en eux-mêmes, la coutume ancienne suffit pour donner la préférence à chacun d'eux dans le lieu où il est reçu.

Ce plan, monsieur, a été parfaitement rempli par un célèbre auteur Flamand, Van-Espen, dans son *Droit Ecclésiastique universel.* Toutes les parties des Œuvres de ce savant canoniste sont intéressantes : la plus importante, est, sans contredit, son *Traité du Droit Ecclésiastique universel*; il est indispensable de l'avoir lu et étudié, pour savoir le droit ecclésiastique.

M. votre fils y trouvera l'application la plus exacte des principes qu'il aura déjà vus ailleurs, sur la nature et le gouvernement de l'Eglise, et sur la distinction des deux puissances : il y verra les règles et les canons opposés sans cesse aux abus que les passions des hommes ont introduits dans l'Eglise; il y apprendra à discerner des lois, les usages que l'Eglise tolère, jusqu'à ce qu'un temps opportun lui permette de ramener la pureté de l'ancienne discipline.

Si Van-Espen eût été Français, et qu'il eût pu connaître le détail de nos usages et de nos lois, aussi bien qu'il a connu nos libertés et leurs principes fondamentaux, je ne crois pas qu'il fût nécessaire de joindre à l'étude de cet auteur la lecture d'aucun autre; mais les

circonstances que je viens d'observer,
exigent que l'on y ajoute les *Lois Ecclésiastiques* de d'Héricourt. C'est, et à
juste titre, le plus célèbre des canonistes
Français. La forme qu'il a choisie n'ad-
mettait pas les profondes réflexions que
l'on trouve dans Van-Espen, et que
d'Héricourt n'était pas moins capable de
faire, à en juger par les préambules qui
sont à la tête de chacun de ses titres.
D'Héricourt est plus concis : Van-Espen
paraît plus savant ; d'Héricourt est parfaitement instruit de la discipline actuelle : Van-Espen, consommé dans
l'étude de l'ancienne discipline, ne laisse
passer aucune occasion de rappeler la
sévérité des règles, et de la faire con-
traster avec le relâchement amené par
des siècles d'ignorance et de corruption.
Chacun de ces auteurs pourrait passer
pour le premier des canonistes, si l'autre
n'existait pas. En les réunissant, M. votre fils acquerra la connaissance parfaite
du droit canonique, nécessaire à un Avocat, tel que je l'ai supposé, qui ne se
propose pas de faire son unique occupation des matières ecclésiastiques et des
affaires bénéficiales.

S'il arrivait qu'après avoir déjà donné
quatre années à l'étude du droit romain,
et autant à celle du droit français, les
affaires qui commenceront à occuper

M. votre fils, ne lui laissassent plus le loisir de consacrer à l'étude du droit ecclésiastique tout le temps qu'exige le plan que je viens de tracer, il sera possible de le réduire. Après l'étude des principes sur la nature et le gouvernement de l'Eglise, sur la distinction des deux puissances, et sur les droits des différents ordres de la hiérarchie, qu'il passe de suite à la lecture de Van-Espen et de d'Héricourt. Ces deux ouvrages suffiront, absolument parlant, pour lui donner des notions justes et des principes généraux; mais il faut ne laisser rien échapper de ce qu'ils contiènent l'un et l'autre.

Lorsqu'il a été question du droit français, je ne suis entré, monsieur, dans aucun détail particulier sur les études que l'on doit faire, supposé qu'on se propose de s'attacher à certaines matières isolées qui font partie du droit français, et dont je vous ai dit que quelques personnes faisaient leur unique occupation. J'ai pensé pouvoir garder le silence à cet égard, parce que ce sont ordinairement des circonstances particulières qui décident à se livrer à ces objets; et les mêmes circonstances mettent ordinairement en relation avec les personnes déjà instruites, dont la fréquentation devient beaucoup plus utile que la lecture des livres, peu multipliés d'ailleurs sur ces sortes de matières. Il n'en est pas absolument de même pour le droit ecclésiastique et les questions bénéficiales : on peut, indépendamment des circonstances, s'y livrer par goût. Les traités qui se présentent à étudier alors, sont en très-grand nombre. Voici quelques réflexions et quelques vues sur la marche qu'on peut suivre, dans le cas où l'on veut s'attacher au droit canonique.

Lorsqu'un Avocat se donne à une partie, privativement aux autres, ce qu'on attend de lui est différent de ce que l'on demande d'un jurisconsulte qui s'est proposé d'embrasser également toutes les parties du droit. L'immensité des études que ce dernier est obligé de faire, lui permet d'ignorer quelque portion des détails : ce sont les principes généraux qu'il a surtout approfondis. L'Avocat qui se livre à un objet particulier, doit d'abord connaître, dans les principes généraux du droit, ceux qui sont d'un usage plus étendu et plus fréquent. Quelque isolée qu'une matière soit supposée, il n'est pas possible qu'elle n'ait souvent des rapports avec les autres; qu'on n'ait, par exemple, à y faire usage, ou des principes sur les conventions, ou des règles des successions : il faut donc nécessairement les savoir. Mais si l'on veut ensuite se livrer spécialement à une partie déterminée du droit, ce ne sera pas assez d'en étudier les principes : il est indispensable de se livrer aux détails, et de les voir dans la plus grande étendue. Le public suppose que celui qui s'est donné à un objet particulier n'a rien négligé de ce qu'il a pu appartenir à cet objet, et qu'il y est tellement versé, que, quelque question qu'on lui propose, il sera en état, non seulement de donner son avis personnel, mais d'y ajouter en même temps ce que les auteurs ont dit, soit pour l'affirmative, soit pour la négative ; de rapporter les règlements particuliers intervenus sur la question, ainsi que les arrêts anciens et modernes qui déterminent la jurisprudence.

Si donc M. votre fils a dessein de se livrer au droit canonique, il faut qu'il abrége l'étude du droit romain et du droit français, pour se procurer le temps nécessaire aux détails du droit canonique. Il verra un moindre nombre de livres ; il retranchera les commentateurs, excepté le cas d'une difficulté insurmontable, pour se borner aux textes et à quelques auteurs essentiels, tels que Dumoulin, Duplessis sur la coutume de Paris, et Pothier. Dans tous les cas, il est à propos de commencer par l'étude du droit romain, parce que c'est dans cette étude seule que l'on peut puiser la connaissance des vrais principes du droit.

Avant d'arriver à l'étude du droit canonique, M. votre fils aura lu l'Histoire Ecclésiastique de Fleuri, que je lui ai conseillée dans ma seconde lettre; mais, si son point de vue était dès-lors arrêté, il n'aura pas manqué de faire une attention particulière à cette lecture. Il apportera le plus grand soin à la méditation des principes sur l'Église et son gouvernement; sur l'indépendance de la puissance séculière à l'égard de l'autorité ecclésiastique; sur l'étendue du pouvoir des princes relativement aux choses ecclésiastiques; enfin, sur les bornes de l'autorité du pape et des premiers pasteurs. Ces premières lignes du plan que je décris ici, sont les mêmes qui étaient déjà tracées pour le plan où le droit canonique ne formait qu'une partie considérable, sans cependant être la partie dominante. L'étude des principes est toujours la même; la différence ne devient sensible que dans les détails.

Etablissons d'abord entre les questions dont on s'occupera, un ordre que l'on puisse parcourir sans confusion. Je ne crois pas qu'il soit possible de voir les matières mieux distribuées qu'elles le sont dans Van-Espen. L'ouvrage de Van-Espen servira donc en même temps et de modèle pour l'ordre du travail, et d'introduction sur chaque matière : mais en y ajoutant d'Héricourt, M. votre fils étudiera ce qui concerne les personnes, les choses, et les procédures ecclésiastiques, en suivant pied à pied la marche de Van-Espen. Le titre ou le chapitre auquel il arrivera successivement, sera le premier objet de son étude, et il y rapportera ce qui est sur la même question dans d'Héricourt ; puis il cherchera dans les autres canonistes, et dans les recueils qu'il se sera proposé d'étudier, tout ce qui peut y être également relatif.

La *Collection des Conciles*, les *Mémoires du Clergé*, le *Commentaire* de Fagnan *sur les Décrétales*, la *Discipline Ecclésiastique* du P. Thomassin, le *Recueil de Jurisprudence* de la Combe, et le *Traité des matières bénéficiales* de Fuet, sont des livres qu'on doit consulter sur toutes les questions ; ils embrassent presque toutes les parties du droit canon, et ce qu'ils contiennent, les deux premiers surtout, est trop intéressant pour en rien négliger. Il y a ensuite des auteurs particuliers, qu'on verra sur les questions qu'ils ont traitées.

La première partie de l'ouvrage de Van - Espen est, *Des personnes ecclésiastiques*. Il reste peu d'auteurs particuliers à voir sur cette partie, après

l'étude que l'on aura faite des principes
que les évêques ont à opposer aux prétentions ultramontaines, et les pasteurs
du second ordre aux tentatives des prélats supérieurs. Néanmoins on peut encore, au sujet des évêques, parcourir
l'ouvrage donné sous le nom de *Petrus
Aurelius*, qui fut imprimé dans le siècle
dernier, par les ordres de l'assemblée
du clergé. Il y est traité de la mission des
évêques, de leur nécessité ; de la jurisdiction et des pouvoirs affectés au caractère épiscopal. Lorsqu'on en sera à l'article des curés, on peut ajouter aux livres
que j'ai déjà indiqués, et qui développent
leurs droits, le *Traité du gouvernement de l'Eglise en commun*, de Drappier, et un recueil de décisions très-
sommaires, publié en 1682, réimprimé
ensuite dans le *Code des Curés*. Ce code
serait lui-même un recueil fort utile,
s'il était bien fait. Le titre annonce une
collection générale des décisions relatives
aux curés, mais il contient bien d'autres
pièces qui n'ont aucun rapport à cet
objet : c'est une compilation informe qu'il
faudrait refondre. La subsistance des curés, et leurs droits contre les curés primitifs, sont fixés parmi nous par les déclarations de 1686, 1690, 1726, 1731,
et par l'édit de 1768. Il faudra ajouter la
lecture de ces lois, à ce que dit Van-Espen.

Duperrai a publié un traité sur les portions congrues ; mais une partie de ce qu'il a dit est devenue inutile depuis l'édit de 1768, qui a applani plusieurs difficultés, et qui, sur d'autres points, a changé ce que les anciennes lois avaient statué. Furgole a donné sur les curés primitifs un ouvrage assez considérable ; on peut le consulter dans les occasions.

L'examen des droits des curés, conduit naturellement à ce qui concerne l'administration entière des paroisses, les fabriques et les marguilliers. On a sur cet objet un traité de M. Jousse, imprimé en 1769 ; il contient tout ce qu'il est essentiel de savoir : il y est parlé en général du gouvernement spirituel et temporel des paroisses, des marguilliers, des biens laissés aux pauvres, des écoles de charité. Par rapport aux chapitres, Bordenave et Ducasse ont fait des traités exprès sur les droits qui leur appartiènent.

La seconde partie du *Droit Ecclésiastique* de Van Espen, traite des choses ecclésiastiques : ce qui comprend les sacrements, les bénéfices et les biens de l'église. Celui des sacrements, qui fournit le plus de questions aux canonistes, est le mariage. M. Pothier a donné un traité particulier sur cette matière : il est, comme tous ses autres écrits, plein de principes, d'une érudition sage, et de décisions sûres; on ne saurait se dispenser de le lire d'un bout à l'autre. Les meilleurs livres à consulter ensuite, sont les Conférences de Paris, et les Consultations Canoniques de Gibert. On a aussi sur cette matière un recueil de canons, d'ordonnances et d'arrêts, sous le titre de *Code Matrimonial.*

M. Gibert a donné sur le sacrement de l'Ordre, un recueil de consultations dans lesquelles il examine, comme dans ses consultations sur le mariage, un grand nombre d'espèces singulières et importantes.

Le lieu où Van-Espen traite des matières bénéficiales, est celui auquel on peut rapporter la lecture d'un plus grand nombre d'auteurs; et cela est même nécessaire en partie, parce qu'il y a plusieurs points relatifs à cet objet, que Van-Espen n'a point traités, ou qu'il n'a traités que légèrement, vu qu'ils sont particuliers à la France. Les ouvrages sur les matières bénéficiales sont trop multipliés, pour qu'il soit possible de les étudier tous: je conseille de préférer en général les plus nouveaux. Il est rare que l'on ne trouve pas dans les auteurs modernes, une grande partie de ce que les anciens ont dit. Ainsi on aura dans sa bibliothèque, Rebuffe, Flaminius

Parisius, Tonduti, Pastor et Solier, Guimier et Probus sur la Pragmatique, les Définitions canoniques de l'édition de Perard Castel, et ses Questions, seulement pour les consulter, et pour vérifier les citations ; mais on lira les Commentaires de Dumoulin, avec les additions de Louet, et les notes de le Vaillant sur les règles de la Chancellerie ; le traité de Fuet, celui de Gohard, les ouvrages de Duperrai, et ceux de M. Piales. L'étude des ouvrages de Duperrai demande plus de patience que de temps. Cet auteur savait beaucoup, mais il n'a mis aucun ordre dans ses écrits. Les questions y sont proposées comme elles se sont présentées à son esprit ; c'est ensuite un mélange de droit ancien et moderne, d'autorités citées bien ou mal, et de raisonnements. Quelquefois, au lieu d'une discussion et d'une décision telle que vous l'attendez d'un canoniste savant, vous ne trouvez ou que la simple proposition de la question, ou des mémoires faits par Duperrai dans des affaires particulières, et enfin un arrêt en forme, avec tous les détails du *vu* et de la *signification*. Les ouvrages de M. Piales sont dans un genre bien différent : vous pouvez juger de leur manière, par la juste réputation qu'ils ont acquise à leur auteur. Il y a encore d'autres traités relatifs à des questions particulières, qu'il faut également connaître ; par exemple, le *Traité des Indults accordés au roi*, par Pinsson ; le *Traité de l'Indult du parlement*, par Cochet de S. Vallier ; les *Principes sur les droits des Gradués*, par de Joui ; la *Pratique bénéficiale de la province de Normandie*, par Routier, *etc.* A l'occasion des bénéfices et du droit des patrons, Van-Espen parle des droits honorifiques qui sont dus aux patrons et aux seigneurs justiciers des paroisses. Nous avons deux traités exprès du patronage, l'un en latin, qui a de Roye pour auteur ; l'autre en français, il est de Ferrière : on y joindra le *Traité des Droits honorifiques*, de Maréchal ; et les observations de Guyot sur le même sujet : c'est le dernier volume de son Traité des Fiefs. L'examen de ce qui concerne les biens ecclésiastiques, rappèle les *Traités des Dîmes* de Dunod, de Duperrai, de le Mère, de Drappier, et de M. de Joui. Les questions relatives à l'entretien et aux réparations des bâtiments dépendants des bénéfices, sont discutées par M. Piales, dans le *Traité des réparations* : je crois qu'il est le seul qui existe sur cette matière. C'est encore en traitant des biens ecclésiastiques, qu'on doit s'instruire de la manière dont ces biens contribuent en France aux charges de l'état. Il faut voir d'abord ce qui en est dit dans les *Lois Ecclésiastiques* de d'Héricourt ; mais la forme de la contribution a changé à l'égard des particuliers, depuis le temps où d'Héricourt a écrit : on apprendra, dans les Procès - verbaux des assemblées du clergé, quel est l'usage actuel.

Enfin la dernière partie de l'ouvrage de Van-Espen est, des juges ecclésiastiques, des procédures qui se font devant eux, et de leurs sentences. L'objet le plus important de cette partie, est la compétence des juges ecclésiastiques. On peut consulter à cet égard le *Traité de l'abus*, par Fevret ; la *Pratique de la jurisdiction ecclésiastique volontaire, gracieuse et contentieuse*, par Ducasse ; le *Traité de la Jurisdiction ecclésiastique contentieuse*, qui a paru chez Desprez en 1769 ; et un autre ouvrage, qui porte à peu près le même titre, et qui a paru dans le même temps chez Debure. Ce dernier est de M. Jousse ; le premier est de l'abbé de Brezolles.

Le règlement obtenu par le clergé en 1695, contient beaucoup de dispositions sur la jurisdiction ecclésiastique : il en contient aussi sur les réparations des églises, et sur d'autres objets importants. Je ne les indique point en particulier, parce que l'auteur des Mémoires du

clergé ne manque pas de les rapporter
à l'occasion des questions qu'elles décident. Lorsqu'on trouve dans les Mémoires du clergé quelques uns de ces
articles, il faut y ajouter le Commentaire de M. Jousse, dans lequel on apprend, outre les principes, l'usage et la
pratique actuelle. Je ne parle pas non
plus en particulier de l'étude de la jurisprudence relative aux affaires ecclésiastiques, par la même raison que l'auteur
des Mémoires du clergé a rassemblé sous
chaque question, les arrêts les plus célèbres qui les ont décidées. Le *Recueil
de jurisprudence canonique* en indique
aussi plusieurs. On peut, si l'on a assez
de loisir, feuilleter encore les tables des
derniers volumes du Journal des Audiences, et des Arrêts d'Augeard ; recueils qui n'ont paru que depuis l'impression des Mémoires du clergé. La
jurisprudence la plus moderne s'apprendra en suivant les audiences : il n'est pas
nécessaire d'être assidu à toutes les audiences, lorsqu'on se fixe à une seule
partie ; mais il faut tâcher de ne manquer aucune de celles où l'on plaide des
causes qui appartiennent à la partie que
l'on a embrassée.

Je vous ai promis, lorsque je vous aurais parlé de l'étude du droit canonique,

de vous dire quelque chose de l'étude
du droit étranger.

Chez presque toutes les nations poli-
cées, il y a un droit public qui règle les
intérêts de la nation, tant entre elle considérée comme un individu moral, et ses
membres, qu'entre les différentes cor-
porations ou sociétés qui la composent;
un droit privé qui décide des droits des
individus les uns à l'égard des autres;
des lois de police pour le maintien de
l'ordre; des lois criminelles pour punir
ceux qui s'écartent de l'ordre; enfin,
chez beaucoup de nations il y a encore
un droit religieux correspondant à ce
que nous appelons, nous, le droit canonique.

Plusieurs motifs peuvent déterminer à
étudier le droit des nations étrangères:
la manière d'étudier varie comme les
motifs d'étudier sont différents.

L'homme qui se livre à l'étude des relations des peuples entre eux, étudiera
le droit public des divers peuples: leur
droit privé ne l'intéresse que sous le rapport des connaissances qu'il lui donne de
la constitution des peuples, de leurs habitudes et de leurs mœurs.

Si l'on était appelé à réformer quelque parti du droit, il serait convenable
d'étudier ce qui ce passe ailleurs relativement aux mêmes objets. Ainsi j'ai vu

qu'à une époque où, fatigué de la longueur de nos procès et de la multitude
des formes de nos procédures, on se
proposait d'y faire des changements : j'ai
vu, dis-je, alors qu'on étudiait le Code
Fréderic pour y puiser des lumières.
Ainsi encore, dans le cas où l'on chan-
gerait notre horrible et inquisitionnelle
procédure sur la poursuite des délits, il
faudrait étudier les lois anglaises, et apprendre, soit d'après les lois, soit d'a-
près les jurisconsultes, comment on pratique en Angleterre l'instruction par jury.

Un jurisconsulte qui se réserve, même
au milieu de grandes occupations, du
temps pour apprendre, parce que les
trésors les plus abondants s'épuisent lorsque l'on en tire toujours sans y rien
verser, se livrera volontiers à la lecture
de quelques codes ou des écrits de quelques jurisconsultes étrangers. C'est un
moyen d'étendre ses vues, d'appercevoir les règles sous différents jours, de
s'enrichir de nouvelles réflexions.

Enfin, il est indispensable de consulter les lois d'un pays, lorsque l'on est
chargé d'affaires qui se décident dans les
tribunaux français, mais dont le principe de décision doit, à raison des circonstances, être puisé dans le texte des
lois étrangères.

Hors ce cas particulier, ce sont les

règles générales du droit étranger et les bases sur lesquelles elles portent, qu'on étudie, plutôt que les décisions spéciales sur des points de fait.

Mais pour être en état de faire, selon que la nécessité ou l'occasion se présente, ces différentes études, il faut avoir des notions générales sur la composition du droit des peuples étrangers, de ceux surtout qui se sont rendus célèbres par leurs principes d'équité ou par la sagesse de leurs formes dans l'administration de la justice. Cette connaissance, en grande partie bibliographique, s'acquiert plus facilement par l'inspection d'un catalogue de livres choisis que par un discours. Je vous rapporterais ici le titre des codes qui forment la base du droit en Angleterre, en Espagne, en Italie, etc.; je vous nommerais leurs jurisconsultes; je vous indiquerais leurs principaux ouvrages, que vous n'entretiendriez pas plus que quand vous aurez lu un catalogue avec quelques notes : seulement un discours suivi aurait plus de prolixité, et il vous serait moins facile d'y retrouver, au besoin, les livres que je vous aurais indiqués. Renvoyons donc tout ce que j'aurais à vous indiquer à cet égard, au catalogue que je vous ai promis dans ma seconde lettre. Je serai exact à tenir ma parole.

Puis-je me flatter, monsieur, d'avoir rempli vos vues, et d'avoir indiqué à M. votre fils le chemin qui pourra le conduire à son but ? Je suis bien éloigné de croire qu'il n'y ait aucune autre route que celle que j'ai tracée, ni qu'il soit impossible de rien réformer ou ajouter à ce que j'ai dit. Je lui ai montré la voie qui me paraît la plus sûre, celle que je prendrais moi-même, si j'avais à recommencer le cours de mes études. Vous trouverez peut-être, monsieur, mon plan un peu étendu : je conviens qu'il ne faut guère moins de dix années pour le remplir ; mais cet espace de temps ne vous effrayera pas, si vous voulez faire attention que, parmi les Avocats aujourd'hui les plus employés, il n'y en a presque pas un qui ait commencé à être connu avant d'avoir passé dix années au palais. Le public est trop persuadé que la science et la prudence ne sauraient être que le fruit du temps et du travail. Les degrés que l'on a pris dans une université, le serment d'Avocat auquel on a été admis, ne suffisent point pour déterminer sa confiance. L'étude à laquelle on se livre, n'empêche pas d'ailleurs que l'on ne se charge de quelques affaires, lorsqu'il s'en présente. Leur examen distrait de l'ennui que cause à la longue un travail dont les fruits ne se produisent point au dehors : la manière dont on les traite, accoutume à faire l'application juste des principes ; et le succès qu'on peut y obtenir, forme peu à peu la réputation. L'ardeur pour l'étude croît alors ; l'honneur, la considération dont on commence à jouir, inspirent une nouvelle passion pour parvenir au rang des Avocats qui nous ont devancés. Il suffit de jeter les yeux vers ce terme, pour ne plus appercevoir ni la longueur, ni les dégoûts, ni les ennuis du chemin que l'on doit parcourir.

J'ai l'honneur d'être, etc.

SIXIÈME

SIXIÈME LETTRE.

Sur la manière d'exercer les différentes parties de la Profession d'Avocat, et en particulier sur les citations.

La lettre dont vous m'avez honoré, monsieur et cher confrère, m'annonce tout ce que le public est en droit d'attendre de vous. Vous me parlez des lois, non seulement en homme instruit, mais en homme passionné : il est impossible de ne pas réussir dans une profession que l'on embrasse avec tant d'ardeur. Un seul mot de votre lettre m'a fait de la peine ; c'est l'endroit où vous me demandez des avis : il vous appartient, à vous, d'en donner aux autres. Je n'ai écrit que trop, lorsqu'il s'est agi de vous engager à embrasser la profession d'Avocat. Vous voulez que je vous dise de quelle manière il faut traiter les différentes parties qui dépendent de notre profession : en vérité, c'est pure habitude, de me demander encore des conseils ; vous n'en avez nul besoin.

Le travail d'un Avocat peut être distingué en plusieurs parties : c'est ou un plaidoyer, ou un mémoire, ou une consultation, ou des écritures, ou un arbitrage. Chacun de ces genres se rapproche sous certains rapports ; il s'éloigne sous d'autres ; et tous se différencient à raison des objets qui sont à traiter, aussi bien qu'à raison de la forme : elle ne saurait être la même dans un plaidoyer et dans une consultation.

Le plaidoyer est un discours prononcé à l'audience pour le soutien d'une cause ; quelquefois il est suivi d'une réplique, c'est-à-dire, d'un second discours destiné à combattre les moyens de l'adversaire. Le plaidoyer de celui qui n'attaque point, mais qui se défend, et qui par cette raison ne parle qu'après son adversaire, doit ordinairement contenir les deux parties, le plaidoyer proprement dit et la réplique, dans un seul et même discours.

L'ame de tout plaidoyer est l'éloquence, mais, surtout, cette éloquence solide qui consiste plus dans la force du raisonnement, que dans les fleurs de l'élocution. Ses qualités essentielles sont la clarté et la concision. Rien ne saurait suppléer au défaut de clarté. Il n'est pas possible qu'un auditeur, qui hésite sur le sens des mots qu'il a entendus, revriène sur ses pas, et écoute une seconde fois ce qu'une prononciation rapide a

promptement entraîné. L'impression
doit se faire sur l'esprit du juge, à l'instant où la parole sort de la bouche de
l'Avocat : autrement, ce qu'il a dit est
perdu ; et, loin de servir à la cause, il
peut lui nuire.

La concision n'est pas moins importante. Comparez, mon cher confrère,
votre état lorsque vous lisez, avec ce
même état lorsque vous entendez parler.
Quand vous lisez, vous êtes en même
temps le juge et le maître de votre attention. Elle commence à se fatiguer, vous
fermez le livre, que vous reprendrez
dans un moment plus favorable : pareillement si, dans le cours de votre lecture, il se rencontre un endroit qui vous
semble ou diffus, ou prolixe, vous le
parcourez rapidement, et vous allez plus
loin à l'objet qui vous intéresse. Rien
de ceci n'a lieu quand on est réduit à la
fonction d'auditeur. C'est donc à celui
qui parle à employer tous ses soins pour
ne fatiguer l'attention du juge, ni par
un discours dont la durée soit trop longue, ni par des dissertations trop étendues. La mesure de l'attention est nécessairement bornée ; et, lorsqu'une fois
elle est remplie, tout ce que l'on ajoute,
bon comme mauvais, s'écoule et se perd.
Un client peu instruit dans les affaires
s'imagine que sa défense ne saurait être

trop ample. Dans le récit du fait , les moindres particularités lui paraissent importantes , parce qu'elles l'intéressent : dans le détail des moyens, les plus faibles raisonnements lui semblent décisifs , parce qu'ils sont à son avantage. Mettez-vous à la place du juge ; considérez ce qu'il sait, ce qui lui est familier, ce qu'il sera porté à croire par les impressions dont il peut être affecté ; ne vous appesantissez point sur des faits dont il est instruit , ne l'ennuyez point en l'instruisant de ce qu'il connaît ; mais faites usage de ces notions sur lesquelles il ne s'élève point de doutes dans son esprit : efforcez-vous de lui présenter vos moyens comme n'étant que l'application de principes sur lesquels il n'hésite pas.

Distinguez ensuite, mon cher confrère, les audiences où vous avez à plaider. Il en est de solemnelles , dans lesquelles vous avez à parler au public en même temps qu'aux juges. Votre discours, préparé avec soin, doit être alors plus orné ; mais n'oubliez jamais que le style diffus , la superfluité des raisonnements , le luxe des paroles , pour user de ce terme, ne sont point des ornements mais des vices. Dans d'autres audiences, l'unique préparation doit consister à s'être instruit parfaitement de l'affaire qu'on va plaider, à l'avoir envisagée sous toutes les faces dont elle est susceptible : les moyens, les raisonnements, l'art, en un mot, que l'on emploiera, doivent être l'effet de la réflexion du moment. Présentez rapidement le fait ; voyez les circonstances qui font impression : tâchez de les rappeler adroitement dans la suite de votre discours ; oubliez les autres. De même par rapport aux moyens : tâtez, si je peux parler ainsi, l'esprit du juge. Vous avez annoncé un moyen : il n'a pas fait impression ; passez promptement à un second ; et si le premier ne doit pas être négligé, qu'il ne reparaisse que sous une forme absolument différente de celle qu'il avait : au contraire, voyez-vous que l'on soit frappé du moyen que vous développez ? insistez-y, portez votre raisonnement jusqu'à l'évidence ; et, au moment où la conviction est opérée, cessez de parler : que le juge prononce, tandis qu'il est plein des idées qui l'ont ému.

Le genre d'éloquence que vous employez ne doit pas moins varier, selon les sujets que vous avez à traiter. Vous défendez un citoyen que l'on calomnie : parlez pour lui avec la fierté et la grandeur d'ame qui appartiènent à un homme dont la conduite est irréprochable ; terrassez la calomnie en vous élevant au-dessus d'elle ; rendez votre adversaire vil comme le mensonge qu'il a eu la bassesse d'employer. Demandez - vous une grace? intéressez la compassion, la pitié : mais évitez de vous rendre méprisable. Un adversaire que vous avez eu le malheur de blesser, par légèreté plutôt que par envie de nuire, aggrave-t-il vos torts pour obtenir une vengeance plus sévère? vous avez deux armes à employer contre lui ; le ridicule, dont il s'approche lui-même, en exagérant des fautes légères ; le sang-froid, par lequel vous glacerez bientôt les esprits qu'il a échauffés contre vous. C'est dans des causes de ce genre que les ressources de l'art oratoire peuvent être employées avec plus de succès : usez-en ; mais rejetez ces ressources communes, ces figures triviales, dont l'effet est nul sur l'esprit des personnes éclairées.

Ne s'agit-il plus d'une question de fait, mais d'un point de droit digne de fixer l'attention des juges ? que les faits et leurs circonstances s'expliquent en un mot : n'en parlez qu'autant qu'il est nécessaire pour poser exactement les termes du problême à résoudre : puis attirez toute l'attention du juge sur la démonstration de la solution que vous proposez. C'est alors qu'il faut de la gravité sans pesanteur, de la science sans érudition ; discutez, et ne dissertez point ; montrez le vrai, sans qu'il paraisse qu'on ait été obligé de le chercher ; enfin , que par la manière même dont vous vous exprimez , il semble qu'il n'y ait pas une de vos preuves qui ne puisse , au besoin , être soutenue de nouveaux raisonnements plus pressants que ceux que vous avez développés.

Je passe à la composition des *Mémoires*. Loisel nous a conservé le nom de celui qui introduisit au palais l'usage des mémoires ou *factums* : ce fut un Avocat nommé de la Vergne , gendre de M. le premier président Lemaître , qui vivait du temps de Pasquier. Aujourd'hui l'usage des mémoires est devenu très-commun ; il est peu d'Affaires importantes où l'on n'en imprime : mais leur objet varie selon les circonstances ; et la forme qu'on doit leur donner varie aussi , soit selon ces mêmes circonstances , soit selon la nature de l'affaire que l'on doit traiter.

Quelquefois un mémoire a pour objet de faire connaître au public une affaire importante , dont l'instruction est secrète ; de justifier , par exemple , un accusé. Il faut alors plus de détails ; le mémoire doit contenir le récit entier des faits ; il doit développer tous les moyens. Les mémoires que l'on distribuera dans une affaire qui a été plaidée publiquement , seront plus courts : ce seront des précis et des sommaires ; leur objet

unique est de rappeler à l'esprit des juges les principaux points de la défense
qu'ils ont entendue , et l'on ne doit pas
leur faire l'injure de croire qu'il soit nécessaire de leur répéter par écrit tout
ce que l'on a dit de vive voix. Il est
d'ailleurs à propos de considérer pour
quelles personnes on écrit. C'est pour
des hommes instruits , dont tous les moments sont partagés entre les différentes
fonctions de la magistrature : quoi de plus
raisonnable que de respecter leurs ins-
tants, précieux au public? Ne leur mettez
donc sous les yeux que ce qui est absolument décisif, et mettez-le en peu de
mots. Si vous faites un mémoire pour
le public moins instruit, ne donnez au
magistrat qu'un sommaire abrégé.

Un mémoire est-il destiné à approfondir une question de droit ? c'est le
moment où il faut montrer que vous avez
à votre disposition , principes , textes ,
autorités , tout ce , en un mot , dont la
connaissance forme le grand jurisconsulte. La facilité de jeter dans les notes
une partie de l'érudition , qui pourrait
fatiguer si elle se trouvait dans le corps
même du mémoire , vous permet d'en
employer davantage que dans une plaidoirie Que dans votre discussion savante,
la question soit épuisée : démontrez rigoureusement votre proposition ; et si la

matière ne vous permet pas de persuader, convainquez : forcez à ne pas conserver d'autre sentiment que celui que
vous avez embrassé.

Celui qui traite une question de fait
d'une certaine étendue, développera des
talents d'un genre différent. Ce n'est pas
assez qu'une plume sage raye des détails
fastidieux, des longueurs qui rendent le
récit traînant. Il faut semer l'intérêt dans
tout ce que l'on dit ; faire à propos certaines particularités, en présenter d'autres dans le jour et dans le lieu qui leur
conviènent. Qu'un début noble, mais
sans emphase, excite la curiosité du lecteur : que l'intérêt que vous lui inspirez
aille toujours croissant : qu'on ne sus-
pende sa lecture qu'au moment où vous
terminez votre récit, et que bientôt on
la reprène avec une ardeur nouvelle,
pour suivre l'ordre de vos preuves. Si
vous avez atteint, dans le récit des faits,
le but auquel vous deviez tendre, ce n'est
plus, s'il est permis de le dire, pour se
convaincre qu'on lit vos moyens ; c'est
pour se donner la satisfaction de voir
avec quel avantage vous établissez ce
dont on est déjà persuadé par l'intérêt
que vous avez fait naître.

Mais quelque question que vous trai-
tiez, n'oubliez jamais que vous êtes l'or-
gane de la justice, non le ministre des

passions de votre client ; vous devez défendre sa cause, vous ne devez pas servir sa vengeance. Songez aussi, lorsque vous écrivez, que c'est pour ses intérêts que vous tenez la plume, non pour les vôtres : écartez ce qui ne pourrait être utile qu'à vous personnellement. Votre succès sera toujours assez grand pour vous faire un nom, dès que la défense de votre client sera complète.

S'il m'eût été donné, dit un jeune homme à peine entré au palais, et qui lit un mémoire où il ne trouve que de la raison et de la vérité : s'il m'eût été donné de traiter la même affaire, combien j'aurais su la rendre piquante ! ma réputation était acquise, l'occasion seule m'a manqué. Plein de ces ambitieuses idées, à peine a-t-il lu le récit de l'affaire que voilà un plan tracé. Ici ce sera une ironie amère, là une peinture voluptueuse, plus loin un tableau capable de faire impression ; son adversaire sera impitoyablement déchiré ; sur le moindre prétexte, sa vie entière va être racontée au public : et malheur à lui, si dans quelque moment il a prêté au ridicule ou à la censure ! Mais cet écrit si chéri de son auteur, que sera-t-il ? un mémoire, un roman, ou un libelle ? Ce ne saurait être un mémoire ; il n'a pas cette décence qui ne doit jamais abandonner le sage jurisconsulte ; le peintre s'est occupé à orner de couleurs vives ce qu'il devait voiler : nulle trace de cette probité, de cet amour de la justice, qui fait craindre de blesser, même avec les armes qu'elle met entre les mains. Si l'écrit est agréable, ce ne sera qu'un roman ; s'il est méchant, ce sera un libelle. Roman ou libelle, qu'il ait le sort dont ces écrits sont dignes : qu'il acquière à son auteur le nom d'écrivain frivole ou dangereux : il me semble que ce nom, quelque prix qu'on y veuille mettre, est bien différent de celui d'Avocat. Les affaires où l'on a principalement des faits à raconter ne sont pas rares : mais voulez-vous des modèles de la manière de les traiter ? lisez les mémoires de M. de Gennes pour M. de la Bourdonnaye.

Ce n'est pas que je prétende bannir du mémoire d'un Avocat, ou une raillerie fine qui punisse la sottise d'un fat, ou une anecdote piquante qui démasque à propos un hypocrite, ou un mot qui rappéle quelque trait connu, par lequel l'adversaire que l'on combat se soit peint autrefois lui-même ; tout ce que j'exige, c'est que l'intérêt de la cause soit le seul motif qui fasse écrire, et que l'on respecte toujours également la décence et la vérité.

Cette éloquence qui touche et qui

émeut, n'est point le ton de la consultation ; la réflexion et la prudence doivent s'y montrer seules ; ce n'est pas uniquement dans la sagesse de la décision qu'elles doivent paraître, c'est dans la manière même d'exposer les motifs qui appuyent le parti auquel on se détermine.

Les consultations quelquefois ne consistent qu'en un mot. Telles étaient celles de plusieurs jurisconsultes romains, et entre autres du jurisconsulte Scevola. L'exposé du fait est exprimé d'abord aussi brièvement que clairement; la réponse suit en deux mots : *Respondi secundùm ea quæ proponerentur, posse,* ou *non posse.* On peut quelquefois encore donner des consultations aussi courtes, lors, par exemple, qu'on ne demande à un jurisconsulte célèbre, que l'affirmative ou la négative sur une question. Il me semble plus conforme à la modestie de ne pas présenter son sentiment avec cette précision d'oracle ; de ne le hasarder qu'en l'appuyant de quelques motifs. Cette forme est plus avantageuse pour les parties elles-mêmes ; la consultation qu'on leur donne sert, lorsque les motifs en sont expliqués, à l'instruction de la cause : quelquefois même les parties la demandent pour la distribuer aux juges, comme mémoire; les consultations doivent, en ce dernier cas, ne pas seulement annoncer et indiquer les moyens, mais les développer. Nous avons des consultations de Cujas et de Dumoulin qui peuvent servir d'exemple.

Dans tous les cas, le style de la consultation doit être le même : ce doit être une dissertation claire, tranquille, impartiale, savante ; un peu plus ou un peu moins de développement dans l'exposé des moyens que l'on propose, et dans la réponse aux objections principales qui se présentent, doit faire la seule différence. Vous demande-t-on quelle route on suivra pour une opération quelconque ? n'indiquez que la voie la plus sûre, celle qui est littéralement conforme à la loi ; avertissez de toutes les précautions qui sont à prendre : leur multiplicité ne doit pas effrayer lorsqu'il est question d'agir : on ne saurait acheter à trop grand prix l'avantage de ne pouvoir être inquiété sur ce que l'on aura fait. Si l'on vous consulte, non plus pour agir, mais pour défendre la validité d'une opération, dans laquelle, sans appercevoir aucun vice essentiel, vous craindrez néanmoins qu'on ne relève quelques légers défauts de forme, quelques omissions peu considérables, ce sera alors que vous userez de votre génie et de vos lumières, pour défendre ce que l'on a fait avec justice et avec raison, mais avec trop peu de précautions.

Il en est de même lorsqu'on vous demande si l'on entreprendra un procès. Instruit mieux que personne, par les procès mêmes dans lesquels vous serez chargé de travailler, combien de maux ils entraînent; convaincu d'ailleurs de l'incertitude des jugements humains, hésitez toutes les fois qu'il s'agira de conseiller d'entreprendre un procès; n'hésitez jamais à répondre pour l'affirmative, lorsqu'on vous demandera s'il faut le terminer par une transaction. Vient-on vous consulter sur un procès déjà entrepris, et vous paraît-il juste? réunissez tous les efforts de votre esprit pour suggérer des moyens de réussir honnêtes et conformes aux lois.

Les écritures sont, sans contredit, la portion la moins agréable du travail de l'Avocat. Il n'y paraîtra point, mon cher confrère, tant que vous aurez présentes à l'esprit les vues de probité et d'honneur qui vous conduisent. Sans être autant polies et limées que des mémoires que l'impression produit au grand jour, elles doivent avoir au fonds les mêmes qualités, et surtout la même précision. Comme d'ailleurs je ne pourrais que vous répéter ici ce que je vous ai dit sur les mémoires, je crois inutile de rien ajouter.

Je n'aurai pas besoin d'être plus long sur ce qui concerne les arbitrages ; vous concevez de vous-même que s'il est une occasion où la probité ne puisse être trop délicate, trop scrupuleuse, et en même temps trop éclairée, c'est celle où joignant à la fonction d'Avocat celle de juge, votre décision va faire la loi des parties qui vous ont donné leur confiance. Une fois nommé arbitre, vous ne devez plus connaître que l'affaire seule, sans distinguer ni client ni adversaire. Quoique vous ayiez été choisi par une des deux parties, regardez-vous comme nommé également pour l'une et pour l'autre ; condamnez sans hésiter celui qui vous a choisi, si, dans l'examen que vous ferez avec votre confrère, vous découvrez que le bon droit n'est pas en faveur de la personne qui vous a nommé.

Je ne vous ai point parlé, mon cher confrère, dans tout ce que je vous ai dit jusqu'à cette heure, des *citations*, genre d'autorité dont on peut faire un grand usage et un grand abus. Permettez-moi de vous faire part de quelques réflexions sur cet objet, en vous avouant qu'elles m'ont été suggérées, en partie, par l'extrait d'un mémoire que j'ai lu dans l'Histoire de l'Académie (1). M. Fourmont,

____

(1) Hist. de l'Acad. des inscript., *tom. V*, p. 74, édit. *in*-4°. ; *tom. III*, *pag.* 107, édit. *in*-12.

auteur de ce Mémoire, commence par
remarquer que l'usage des citations est
fort ancien : des auteurs d'un siècle fort
reculé, citent des auteurs qui les avaient
précédés. Personne n'ignore l'abus qu'on
en a fait dans les siècles qui ont suivi
l'époque de la renaissance des lettres.
Les anciens étaient tellement admirés,
il était si rare de les connaître, que d'un
côté on osait à peine se donner la liberté
de penser autrement que l'on avait fait
en Grèce ou à Rome ; et que d'un autre
côté, ceux mêmes qui avaient le courage
de créer leurs pensées, évitaient d'employer d'autres expressions que celles
d'un auteur Grec ou Latin : c'était, au
moins dans leur idée, unir le mérite
de l'érudition à celui du génie. De-là,
ces discours qui ne sont qu'un tissu bi-
zarre de grec, de latin, et quelquefois
d'hébreu, lorsque l'auteur a été assez
heureux pour savoir le lire (1). Ce mauvais goût a subsisté jusques dans le siècle
dernier. Il n'est auteur sacré ou pro-
fane, grec ou latin, que M. Lemaître
ne cite dans ses plaidoyers ; mais au
moins il ne met leur texte qu'en note,
il le traduit ordinairement, pour l'incor-
porer dans son discours. Nous ne voyons
plus aujourd'hui de ces sortes de bigar-

____

(1) Voyez la satyre de Rabener, intitulée :
Notes sans texte.

rures ; c'est un bien sans doute. On ne
doit point citer sans objet ; et c'est le
faire, que de transcrire un texte seulement pour montrer qu'on l'a lu. L'usage
que l'on peut faire de ses lectures pour
orner son style, ne doit consister que
dans quelques allusions à ce que les anciens ont dit ; encore, pour que l'allusion
ait de la grace, faut il qu'on y apper-
çoive quelque chose de plus que l'érudition de celui qui en use : si elle n'a pas
quelque finesse, si elle n'indique pas un
rapport agréable, elle déplaît, parce
qu'elle ne montre que de la vanité. Elle
est inutile d'ailleurs, et elle ne produit
aucun effet, si elle est le fruit d'une érudition trop recherchée ; si elle est telle
que le commun des auditeurs ne soit pas
en état de la sentir.

M. Fourmont, dans le mémoire que
j'ai indiqué, appèle les allusions des citations indirectes ; il en est d'autres di-
rectes. On conçoit que ce sont celles qui
consistent à répéter une chose qui a déjà
été dite ou écrite, en indiquant le lieu
où elle se trouve. A l'égard de ces citations, je crois qu'on doit en distinguer
de trois espèces, celles qui forment *autorité*, celles que l'on peut appeler des
témoignages, et des troisièmes que je
nommerai des *suffrages*.

Une question de droit s'agite ; on cite

le texte d'une loi à l'empire de laquelle
les parties qui contestent se reconnais-
sent soumises : voilà une citation qui
forme une autorité plus ou moins pres-
sante, selon que le sens du texte est plus
ou moins clair, mais toujours décisive
par sa nature. Loin qu'il soit possible de
condamner de pareilles citations, ce serait une faute grave de les omettre, puisque le texte de la loi est la règle d'après
laquelle le juge doit prononcer.

Les citations qui ont l'effet du témoignage, peuvent être aussi indispensables
que les premières ; mais elles n'ont pas,
par elles-mêmes, autant de force que
celles-ci. Il faut, pour juger du degré
de considération qu'elles méritent, savoir quelle confiance on doit avoir dans
l'écrivain dont on cite le nom.

Ces sortes de citations sont indispensables, lorsqu'il est question d'établir un
fait contesté. Il faut citer des témoignages
de ce fait, rapporter le texte des historiens qui nous en ont transmis la mémoire ; mais il faut en même temps avoir
présentes à l'esprit les règles de critique,
suivant lesquelles tel historien doit être
jugé plus ou moins digne de foi. Si le
fait que l'on rapporte est constaté par un
acte dont l'authenticité ne puisse être
méconnue, il n'y a point d'argument à
proposer contre la certitude d'un pareil

témoignage. Si ce n'est qu'un simple historien que l'on indique, sa déposition
peut être combattue par d'autres dépo-
sitions contraires, ou par des circonstances qui lui sont particulières, et qui
diminuent la force de son témoignage.
La prudence demande que l'on ne cite
point alors sans bien connaître son auteur : un adversaire plus instruit, tirerait
des inductions avantageuses de particularités qu'on aurait ignorées.

Enfin, j'ai dit que l'on citait des auteurs pour s'appuyer de leur suffrage :
c'est ici où l'abus est plus à appréhender,
et où l'on doit être fort réservé à citer.
Deux motifs peuvent justifier l'usage de
ces citations. Il y a des auteurs dont la
réputation est telle, qu'il semble qu'on
ne puisse, sans une sorte de témérité
ou d'imprudence, combattre leur sentiment. Le nombre de ces auteurs est infiniment petit ; ce sera, par exemple,
Dumoulin sur les questions de droit coutumier. Il est constant que c'est un avantage réel d'avoir pour soi le sentiment
de pareils jurisconsultes, et qu'on ne doit
pas négliger d'user de cet avantage en
les citant.

Les autres auteurs, et c'est le plus
grand nombre, n'ont point acquis ce haut
degré de considération : ils ne le méritent pas. On peut cependant quelquefois

tirer avantage de leur texte, et voici quels en sont les fondements. Le défenseur d'une partie est naturellement regardé comme suspect dans ce qu'il dit pour l'intérêt de son client. Pose-t il un principe? on se demande s'il n'est pas fait pour la cause. Hasarde-t-il une décision, on appréhende qu'il n'eût prononcé le contraire, si les rôles eussent été changés. Un juge parfaitementéclairé trouve dans ses connaissances personnelles le principe et le motif de décision ; il adopte ou il rejéte le moyen qu'on lui propose, par l'examen qu'il en fait ; jamais on n'obtiendra sa voix, qu'en lui démontrant rigoureusement la vérité de ce qu'on lui propose. Mais tous les juges n'ont ni cette même pénétration, ni cette même aptitude à prendre d'eux-mêmes un parti; ils hésitent entre les raisonnements opposés de deux défenseurs ; et c'est lorsqu'ils sont dans cet état d'incertitude que, pour les fixer, on transcrit les textes des auteurs qui se sont expliqués sur la matière que l'on traite. Si aucune circonstance particulière n'a conduit la plume de ces auteurs, s'ils ne peuvent être accusés de partialité, il est naturel qu'on rapporte leur décision comme le suffrage d'un homme instruit et de sang-froid. Ces deux titres réunis méritent l'attention du juge ; et,

toutes choses égales d'ailleurs, il est naturel qu'ils le déterminent. Voyons maintenant les abus à éviter; il y en a deux,
l'un relatif au point dont on veut confirmer la vérité par une citation, l'autre
relatif aux auteurs dont on se permet
d'invoquer le suffrage.

La citation n'est utile, ainsi que je l'ai
observé, qu'autant qu'il y a un doute
réel à lever, ou une incertitude à fixer.
Si la proposition que l'on met en thèse
est un de ces axiomes dont la vérité est
tellement constante, que l'adversaire
même n'entreprendra pas de la contes-
ter, il est inutile de l'appuyer de citations; ce serait une érudition superflue.
Il faut également du choix dans les auteurs que l'on invoque; autrement, et
si l'on croit qu'il suffise qu'une opinion
soit avancée dans un livre pour se permettre de la soutenir, il y aura peu de
questions sur lesquelles il ne soit facile
de s'opposer réciproquement des autorités contradictoires. On ne doit pas
appeler sans distinction quiconque porte
le nom de jurisconsulte : il en est un
certain nombre, dans chaque genre, qui
se sont acquis, par des ouvrages mûrement réfléchis, une réputation méritée;
ce sont ceux-là seuls dont on doit s'appuyer. Évitez surtout d'allonger vos citations d'une liste d'auteurs qui n'ont

fait que se copier les uns les autres. Il
est quelques ouvrages principaux , dont
la foule des autres ouvrages n'est que des
abrégés ou des compilations. Ainsi je
suppose que vous ayiez pour vous un
texte précis de Dumoulin ; vous joindrez
facilement huit ou dix noms au sien ,
mais sans aucun mérite comme sans aucun fruit. De même, dans le droit ecclésiastique, pouvez-vous citer d'Héricourt ?
il sera rare que vous ne puissiez pas citer
tous les auteurs qui , depuis lui , ont
traité les mêmes matières.

Par une suite du choix que je vous
conseille, ne manquez pas , si la question
que vous avez à traiter s'élève dans une
province qui ait ses usages ou sa jurisprudence particulière , de consulter les
auteurs propres à cette province ; leur
avis est alors souvent plus qu'une simple
opinion : ils attestent comme témoins , le
fait de l'usage que vous avez intérêt d'é-
tablir.

Je diminue, comme vous voyez , mon
cher confrère , le nombre des citations :
je rejète toutes celles qui sont vagues et
superflues. Il me semble observer deux
causes de cette multitude de citations dont
on surcharge quelquefois un écrit. On
se propose d'approfondir une question ;
on fait des recherches : il n'est pas un
auteur que l'on soupçonne d'avoir traité

la question, que l'on n'ait ouvert et
feuilleté ; et peut-être, après ce travail
si pénible, ne trouve-t-on qu'un ou deux
auteurs qui ayent parlé de la manière
qu'on le desirait. Le fruit de tant de
peines va donc s'évanouir ; on n'aura pas
même la satisfaction de montrer qu'on a
fait beaucoup de recherches. On cite
donc, et on cite des textes fort peu con-
cluants, seulement pour faire voir qu'on
les a connus.

D'autres fois on se forme un systême ;
on veut établir sur un point de droit une
sorte de tradition universelle , tantôt
pour la durée des temps, tantôt pour
la généralité des lieux dans lesquels on la
suppose répandue. On ramasse des auteurs de tout siècle, de tout pays ; on les
force de déposer en faveur du sentiment
que l'on a embrassé : souvent ils ne le
font que malgré eux ; et , lorsqu'on les
examine , on s'en apperçoit assez à l'air
de contrainte que porte leur témoignage.
L'auteur est satisfait ; il voulait citer, et
il y est parvenu. Mais a-t-il prouvé ce
qu'il avait mis en thèse ? nullement. Son
travail est donc perdu, ou plutôt un adversaire adroit en tirera avantage. Il
observera avec raison, que si tant de
doctes recherches n'ont pu produire ces
témoignages décisifs que l'on avait trop
légèrement annoncés , c'est une preuve

de la fausseté de l'opinion qu'on n'osait mettre en avant qu'avec la promesse de nombreux suffrages en sa faveur.

S'il est quelque circonstance où l'on puisse tolérer des citations un peu plus fréquentes, c'est dans une consultation. Celui qui vous consulte annonce nécessairement des doutes, puisqu'il demande avis ; votre manière de penser doit le rassurer : mais si vous êtes en état de lui faire voir que le sentiment que vous embrassez ne vous est point particulier ; que c'est également la manière de penser de tel et tel excellent jurisconsulte, il est sensible que la personne qui s'est adressée à vous prendra plus de confiance dans votre décision. D'ailleurs, ce ne sont pas seulement les auteurs favorables à celui qui consulte qu'il faut nommer, il faut indiquer aussi ceux qu'on lui opposera, afin qu'il se décide en pleine connaissance de cause sur le parti qu'il voudra choisir, et qu'il ne soit point surpris lorsque, dans le cours de l'instruction, on lui fera des objections qui n'auraient point été prévues.

Continuez donc, mon cher confrère, à étudier les jurisconsultes ; lisez leurs ouvrages, pour vous pénétrer de la science des lois, et non pour faire parade d'une vaine érudition. C'est dans l'ensemble des raisonnements, et dans le plan

plan entier de vos ouvrages, qu'on doit reconnaître que vous avez médité les livres du droit, et non dans des citations qu'il est facile d'accumuler, souvent avec plus de patience que de savoir.

J'ai l'honneur d'être, monsieur et cher confrère, etc.

SEPTIÈME LETTRE.

Sur l'Étude des principes de l'Économie sociale, et des bases, tant de l'Administration intérieure, que des Relations extérieures.

Je ne me serais pas flatté, monsieur, lorsque j'écrivais, il y a déjà longues années, à M. votre père sur l'ordre de vos études, que quelque jour vous me consulteriez encore sur celles de M. votre fils. Vous me marquez qu'après avoir relu avec lui mes premières lettres, vous croyez que, dans l'état actuel de notre gouvernement, elles laissent un vuide sur des objets de grande importance. Dans l'ancien ordre de choses, la magistrature et ses dignités étaient le terme le plus élevé auquel l'étude des lois pouvait conduire. Aujourd'hui cette

même étude ouvre l'entrée d'une autre
carrière; elle introduit dans les assemblées nationales, dans les conseils de la
république; alors on n'a pas à décider
seulement des questions particulières, ni
même à faire des lois proprement dites,
mais souvent on doit, ou réfléchir, ou
s'expliquer sur des actes d'administration, soit intérieure soit extérieure;
on peut être appelé à administrer soi-
même. Vous vous imaginez, monsieur,
qu'il m'est facile, parce que j'ai été membre de plusieurs assemblées, de vous
présenter quelques observations, fruits
précieux, ou de l'étude, ou de l'expérience.

Je conviens avec vous que les études
de nos jeunes gens doivent être plus vas-
tes qu'elles n'étaient par le passé; qu'il
nous faut quelque chose de mieux que
des légistes, et que les hommes qui se
livrent dans leur jeunesse à l'étude des
lois et aux discussions publiques devant
les tribunaux, doivent former, dans un
âge plus avancé, le séminaire des hommes d'état. Mais je ne conviens pas avec
vous que je sois fort en état de vous donner des instructions sur ce sujet. Ce que
l'expérience m'a principalement appris
dans les assemblées nationales, c'est les
suites fâcheuses du vuide que laissaient
nos études ordinaires relativement à l'ad.

ministration publique. J'ai beaucoup regreté, quant à moi, de ne m'être pas livré d'avance à ces études : et à l'égard des autres, j'ai souvent apperçu les funestes effets du vuide dont je me plains.

Les connaissances relatives à l'administration publique, connaissances dont la réunion forme l'homme d'état, me semblent devoir être divisées en trois parties : la première est composée presque uniquement de principes et de méditations générales ; la seconde consiste dans l'application des principes au gouvernement intérieur d'un état, d'une contrée, d'une ville; la troisième, dans l'application des principes aux relations extérieures des états les uns avec les autres. J'appéle la première de ces trois parties *économie sociale* : cette science est le résultat de l'examen de ce qui forme les liens sociaux et de ce qui entretient les sociétés dans l'état le plus florissant. J'entends par l'état le plus florissant de la société, celui où chacun de ses membres jouit de la plus grande somme de bonheur dont ses facultés intellectuelles le rendent susceptible. Cette première partie est donc la théorie de la science, dont l'application se partage en deux branches, administration intérieure, administration extérieure.

Permettez ici une courte explication sur le mot *théorie* que je viens d'employer. Je serais très-fâché qu'il vous donnât l'idée de méditations abstraites, que j'appèle, moi, des rêves ; car je ne saurais supposer qu'on soit bien éveillé lorsqu'on élève des plans pour bâtir avec des matériaux qui n'existent pas, ou que l'on n'a pas la faculté de façonner à sa volonté. Ma théorie est la considération des choses existantes, et non celle des fantômes qui se présentent à l'imagination. Ainsi j'étudie la formation et le maintien des liens sociaux à l'égard des hommes qui existent, des hommes tels qu'ils existent ; je les prends tels, parce que je n'ai pas le pouvoir de créer une nature humaine, à laquelle je donnerais sans doute pour premier attribut la docilité de se prêter subitement et aveuglément à toutes mes volontés.

Ces théories arbitraires, ces romans sur la société, entraînent, lors des révolutions que les états éprouvent, des maux affreux : nous en avons été témoins : ceux mêmes qui s'y laissent aller en sentiraient l'absurdité, s'ils n'étaient pas aveuglés par leur amour-propre. Vous projetez une opération pour laquelle il vous faut des coopérateurs, des agents et des fonds : et vous imaginez que votre projet va réussir, parce que vous l'avez écrit sur le papier. Mais songez donc que les hommes dont vous demanderez le concours ont leur volonté aussi ; qu'ils ne se réuniront avec vous qu'autant que leurs volontés seront conformes à la vôtre ; et qu'ils ont leurs motifs de détermination comme vous avez les vôtres. J'ai bien des fois entendu l'amour-propre donner d'autres leçons: dire qu'on maîtrisait les volontés ; qu'un homme habile conduisait les autres où bon lui semblait : j'ai vu en effet, qu'avec de l'adresse on se formait un parti ; qu'avec des crimes on rendait ce parti dominant ; qu'avec de la terreur on étouffait les plaintes ; qu'avec de l'effronterie on obtenait des acclamations ; mais j'ai vu aussi qu'à la longue tout s'usait, adresse, crimes, terreur, effronterie : et qu'alors on périssait misérablement, étouffé de remords et chargé de l'indignation publique. Les évènements m'ont convaincu qu'il n'y avait qu'un moyen d'administrer ; savoir : d'employer les facultés de ceux que l'on gouverne, ou de ceux avec lesquels on est en relation, telles qu'elles existent ; qu'il n'y avait qu'un moyen de bien administrer, soit au dedans, soit au dehors : au dedans, en ne voulant se rendre heureux que par la masse du bonheur que l'on verse sur les autres ; au dehors, en prenant la prudence comme un guide pour marcher sur les voies tracées par la justice.

Le premier livre d'un administrateur est donc l'*Histoire des hommes* : cette partie de l'histoire qui fait connaître les hommes en général, et plus particulièrement les mœurs, les habitudes, la capacité, le degré de force, le degré d'instruction, les préjugés et les défauts, soit des hommes que l'on peut avoir à gouverner, soit des peuples avec lesquels on doit traiter; la nature des lieux qu'ils habitent; leur industrie; en général les choses dont l'impression met leurs facultés en mouvement. Son manuel, c'est Tacite.

Faites lire à M. votre fils des écrits sur les fondements et les attributs de la société civile; sur les sources d'où la richesse et la puissance des nations découlent; mais, croyez-moi, donnez plus de confiance aux livres qui contiènent l'énoncé de faits positifs et authentiques. Par dessus tout, monsieur, gardez votre fils de l'esprit de système. J'appèle système le plan que l'on forme dans sa tête d'un ensemble d'opérations que l'on fait découler de certaines idées que l'on nomme *principes*, auxquelles on rapporte tout ce qui a été fait et tout ce qui est à faire; plan que l'on trouve admirable, d'abord parce qu'on l'a créé, ensuite parce qu'on a la vue trop courte pour appercevoir les obstacles qui s'opposeront à son exécution ; en troisième lieu , parce qu'on a la témérité de croire qu'on est assez fort pour renverser le peu d'obstacles que l'on découvre.

Ce serait une chose admirable qu'un systême créé par un homme dont l'ame serait toute en *clairvoyance* , passez-moi cette expression , sans aucun mélange de prévention ni de partialité ; d'un homme qui , après avoir tout vu , aurait médité sur tout ; et qui , dans le silence de toute passion , planant au dessus de toutes les idées secondaires , aurait ordonné d'un seul jet l'ensemble de toutes les parties de l'administration. En attendant un pareil systême , nous sommes obligés de nous contenter de plans levés sur le terrain.

J'ai parlé dans la troisième de mes anciennes lettres, de l'*Etude du Droit naturel et public* ; j'ai fondé cette étude sur celle des principes de la morale : nous n'avons, jusques-là, rien à changer dans les études du jeune homme qui veut se former à la partie administrative. Les règles inaltérables du juste et de l'injuste doivent être la base de toute administration. C'est après ces premières études qu'il y a des changements ou des additions à faire aux études dont j'ai développé l'ordre. La publication du Code civil a rendu inutile pour l'avenir, l'étude d'une infinité d'ordonnances et de coutumes, que ses dispositions font disparaître. Avec les textes des ordonnances et des coutumes abrogées disparaissent la plupart de leurs commentateurs. Le temps qu'on aurait destiné à les lire sera plus avantageusement employé à l'étude des ouvrages qui peuvent mettre en état d'administrer.

Ce sont des faits et du positif surtout que je veux qu'on rassemble. Les premières études ont dû former un sens droit, enseigner la manière de voir, et composer l'habitude de réfléchir.

Le rassemblement des faits qui donnent une connaissance exacte des lieux, des hommes, des moyens que fournissent les hommes et les choses, est ce que nous appelons aujourd'hui *Statistique.* Le mot est nouveau; ce qu'il signifie ne l'est pas. Nous avons des descriptions anciennes des lieux et des peuples; je conviens qu'elles n'étaient pas rédigées avec autant de méthode qu'elles le sont aujourd'hui, et que l'art de soumettre tout au calcul, de disposer toutes les observations en tableaux, est extrêmement avantageux pour étudier. Mais en même temps que je donne beaucoup d'éloges à cette statistique moderne, je me permettrai deux observations : l'une sur un défaut dans la manière dont on la traite ; l'autre, sur le travail personnel indispensable à celui qui veut tirer des livres de statistique une utilité réelle.

Dans la plupart des livres de statistique, l'homme, cet être dont les facultés et le bonheur sont le but de toute bonne administration, me paraît considéré trop *matériellement*, et, à mon avis, dans la plus petite moitié seulement de son existence. Dans plusieurs livres de statistique, on dénombre les hommes comme l'on dénombre les moutons dans un parc; on sait combien, dans un temps donné, ils rapportent d'enfants mâles ou femelles ; combien ils consomment de boisseaux de blé ; et si l'on ne joignait à ces calculs la quantité d'étoffes nécessaire à leur vêtement, on ne s'appercevrait pas qu'il s'agit d'hommes et non d'animaux. Tous ces détails sont bons, mais ils ne complètent pas la description de l'homme. On a oublié la partie qui est le mobile de toutes : son intelligence et les modifications nombreuses qu'elle éprouve. Toutes ces choses matérielles, le sol plus ou moins fertile, les troupeaux, les laines, les rivières, les canaux, les chemins, le corps même de l'homme, ne sont que des instruments auxquels l'intelligence imprime une action plus ou

moins rapide, plus ou moins parfaite,
selon le degré d'action et de perfection
qu'elle possède elle-même. Ce ne serait
pas, au reste, remplir mes vues, de répéter ce qu'on lit dans des livres anciens
de géographie : tels peuples sont vifs,
adroits ; tels sont pesants ou intéressés.
Je demande sur leurs caractères et leurs
manières d'agir, des détails comme l'on
en donne sur leur territoire et sur leurs
possessions.

Quant au défaut que je remarque dans
l'usage des livres de statistique, c'est
qu'on croit avoir acquis quelque connaissance en ce genre, parce qu'on aura lu :
peut-être seulement parce qu'on aura
acheté des livres de statistique. Dans
l'état actuel de cette science, dont les ré-
sultats n'ont pas encore été publiés, il faut
presque autant de travail, de calculs et
de combinaisons pour profiter d'une statistique, qu'il en a été besoin pour la
rédiger. Ce n'est rien savoir d'utile que
de connaître isolément combien, dans
un département, il y a, soit d'ares de
terre, soit de têtes de bestiaux. L'utilité
de la science naît des comparaisons et
des combinaisons : voici de quelle manière.

Les sciences n'arrivent à quelque
exactitude qu'autant qu'elles se rapprochent des opérations mathématiques et

de leur précision. Un des attributs les plus importants de la géométrie, c'est la faculté qu'elle donne de procéder du connu à l'inconnu ; de découvrir sûrement l'inconnu par le connu. Dans la solution de ses problêmes, plusieurs données certaines conduisent à la chose que l'on cherche : on la découvre si elle existe déjà ; on la construit si elle n'existe pas encore. Ainsi dans la statistique, supposons que les objets qui la constituent sont l'étendue du sol, sa nature, sa culture, ses produits ; les débouchés des produits ; l'exportation et l'importation ; la population : la science sera parfaite, lorsqu'une partie de ces points étant connue, on en déduira avec certitude ce qui regarde les points inconnus. L'avantage de la science portée à ce degré est manifeste. Soit un département dont la population est faible et a besoin d'être augmentée. On ne peut pas agir directement sur la population ; mais si l'on sait que la population est en raison déterminée avec la division des terres, avec la nature de leur produit, avec les débouchés pour faire sortir les denrées, on agira sur tous ces objets, qu'il est plus facile de diriger ; et l'on sera assuré d'obtenir, après des soins continués pendant plusieurs années, le degré de population que l'on desirait.

L'état des contrées dont on étudie l'administration étant bien connu, il faut s'instruire des règles par lesquelles elles sont administrées. Cette connaissance est indispensable ; autrement chaque administrateur introduisant à sa fantaisie des nouveautés, le pays ne tarderait pas à être bouleversé et ruiné. Mais il ne suffit pas de connaître les règlements qui existent ; il faut apprendre, en étudiant les lieux, les hommes, quelles opérations sont à faire. Il n'en est pas d'un administrateur comme d'un légiste : celui-ci revendique la loi, ou bien il l'applique telle qu'elle est écrite ; il n'a pas d'autre pouvoir : au lieu que l'administrateur a devant les yeux une plus grande perfection vers laquelle il doit tendre ; il est dans la nature des choses humaines qu'elles se détériorent par cela même qu'on ne s'occupe plus à les améliorer.

Mes observations sur les études nécessaires à l'admistration d'une contrée ou d'un état, s'appliquent à l'étude des relations extérieures d'un état avec d'autres états : seulement il faut étendre ses vues et ouvrir un champ plus vaste à ses recherches. Bien connaître les relations politiques des états les uns avec les autres, c'est réellement se rendre capable d'administrer une grande contrée, non pas dans les détails intérieurs de chaque gouvernement, mais quant à la masse pour laquelle ils entrent dans le corps des puissances en relation les unes avec les autres. Ainsi, au lieu d'étudier les règles de police particulières à un état, on étudiera les traités qui rapprochent les nations entre elles. On méditera sur les forces absolues de chaque puissance considérée en elle-même ; sur ses forces relatives, résultantes de ses liaisons avec d'autres puissances ; et l'on s'attachera surtout à découvrir la force de l'intérêt personnel qui les unit entre elles : car, il ne faut pas s'y tromper, si l'on voit quelquefois les particuliers sacrifier leur intérêt personnel à des considérations qui leur paraissent prépondérantes, cela n'arrive pas entre les puissances. Ce ne sont pas les mots d'*amitié constante*, *de paix perpétuelle*, qui font la durée des traités ; c'est l'intérêt que les états ont à les entretenir.

Après avoir acquis par l'étude des principes, par la lecture de l'histoire, par la connaissance des règles d'administration intérieure, ou par celle des traités pour les relations extérieures ; enfin, par la méditation de tous ces objets, l'habitude de penser par soi-même et la capacité nécessaire pour juger ce que les autres ont dit : alors seulement je permets et engage qu'on lise les écrits des hommes qui ont traité de la politique, de ceux même qui, comme Machiavel, ont déshonoré leur nom par l'immoralité de leur politique. Il y aurait du danger à les lire plutôt, parce que n'ayant acquis encore, par soi-même, aucune idée, on serait exposé ou à s'arrêter à des futilités, ou à prendre des maximes pernicieuses pour des principes. Mais lorsqu'on a formé son jugement par ses propres réflexions, il est bon de connaître ce que les autres ont écrit : leurs réflexions peuvent en suggérer de nouvelles, et confirmer les conséquences auxquelles on s'est arrêté. D'ailleurs il est fort utile de connaître les sources dans lesquelles beaucoup de personnes puisent trop facilement les règles de leur politique : on devinera plus facilement le but où ils veulent arriver, lorsqu'on connaîtra la carte d'après laquelle ils disposent leur campagne.

Après l'étude de tout ce qui peut être connu, de tout ce qui est vraisemblable et conforme à la raison, il faut laisser une large part pour les évènements qui peuvent être amenés, soit par des accidents imprévus; soit par la sottise, la déraison, l'étourderie des personnes que l'on doit conduire, ou avec lesquelles on a à traiter; soit par ses erreurs personnelles. On doit être bien persuadé qu'on n'en sera pas exempt. C'est à raison de ces événements que je proscris en administration ainsi que dans les relations avec l'étranger, les systèmes auxquels on tient comme à des principes dont on se fait honneur de ne jamais dévier, et qui ne conduisent dans la réalité qu'à un funeste entêtement. L'administration, soit intérieure, soit extérieure, doit nécessairement avoir quelque chose de la flexibilité propre à la nature des hommes et aux événements qui varient sans qu'il dépende de nous de les fixer. Il est beau à un homme, toutes les fois qu'il ne s'agit que de ses intérêts personnels, de les sacrifier à son indépendance et aux principes qu'il s'est faits pour sa conduite : mais l'administrateur qui n'agit que pour les intérêts des autres, jamais pour les siens propres, ne se permet pas d'immoler à ses idées particulières ce qui ne lui appartient pas. Le plus grand bien des personnes confiées à son administration, est le terme vers lequel il dirige toutes ses voies.

L'administration et les relations extérieures ont, comme les autres sciences que l'on réduit en action, leur pratique et leurs formules. C'est une partie nécessaire à connaître, mais facile à saisir, lorsqu'on s'est déjà pénétré des principes de la science. Pour se former à la pratique de l'administration, on lira les mémoires des administrateurs qui se sont acquis une juste réputation ; pour les relations extérieures, on lira les actes de négociations fameuses, avec l'attention de ne pas confondre les temps, et de ne pas prétendre adapter aux négociations à faire dans le dix-neuvième siècle, les formes de négociations conclues dans le dix-septième. On lira aussi ce qui regarde l'état, les droits et les obligations des agents publics. Je m'arrête peu à ces objets, parce que ces lectures méritent à peine le nom d'études, quand on est déjà imbu des principes de la science et de l'administration.

Je me propose au reste, d'étendre dans le catalogue que j'ai fait autrefois des livres de droit pour vous aider dans vos études, l'article qui concerne le droit public ; ou plutôt de refaire absolument cet article pour suppléer à la briéveté des réflexions que j'écris ici. Je vous indiquerai les meilleurs livres qui sont parvenus à ma connaissance, et qui me paraissent propres, soit à l'administration intérieure, soit aux relations extérieures.

J'ai l'honneur de vous saluer.

3o floréal an XI.

Fin de la première partie.

BIBLIOTHEQUE

CHOISIE

DES LIVRES DE DROIT.

« Le vrai savoir ne consiste pas tant dans une
vaste et immense lecture, que dans une étude
réfléchie des meilleurs ouvrages, avec le discer-
nement propre pour consulter les autres livres,
et savoir y trouver le point fixe de la question
contestée. »

LENGLET, Tablettes chronol., *tom. I*,
p. cliv (154), édit. de 1763.

BIBLIOTHÈQUE

CHOISIE

DE LIVRES DE DROIT.

*Catalogue raisonné des Livres de Droit qu'il est
le plus utile d'acquérir ou de connaître.*

« Vous ne devez jamais lire un livre, que vous ne sa-
» chiez quel en a été l'auteur, le temps auquel il a
» écrit, sa vie, l'estime qu'on en fait, et quelle en
» est la bonne impression. » *LAMI*, *Entret. VI sur
les Sciences.*

IL est à propos de voir sur ce Catalogue, ce
que l'on a dit à la fin de la seconde et de la septième Lettres où il est annoncé. Ce n'est point un
Catalogue universel, mais un *Catalogue choisi* :
les livres les plus essentiels sont indiqués par
une *. On a seulement tâché de compléter deux
articles, celui des *Commentateurs des Coutumes*, et celui des *Arrétistes*, parce que ces
deux Collections n'ont de prix qu'autant qu'elles
sont entières.

La plupart des anecdotes que l'on rapporte
sur les livres indiqués, consistent dans des faits
que l'on ne peut savoir, que parce qu'on les a
lus ailleurs. On avouera donc volontiers, que l'on
doit beaucoup aux meilleurs bibliographes. Le
nom de ceux auxquels on a principalement eu
recours, sera dans le §. 2 du titre I du Catalogue.
Il faut y joindre la *Table des Matières* du Journal
des Savants, qui est du plus grand usage pour ces
sortes de recherches. On s'est attaché principalement à remarquer la première et la dernière

édition de chaque ouvrage. Lorsqu'il n'y a point de note contraire, c'est, en général, la plus nouvelle édition qu'on doit préférer. L'addition des lettres G. P. ou P. V., annonce aux curieux qu'il existe des exemplaires du livre en grand papier, ou en papier velin.

TITRE PREMIER.

PRÉLIMINAIRES.

I. *Introduction à l'étude du Droit en général.*

II. *Auteurs qui indiquent les Ouvrages composés sur le droit.*

III. *Vies des hommes célèbres dans la science ou la pratique des lois.*

§. I. *Introduction à l'Etude du Droit en général.*

N°. 1. Leibnitii, Methodus nova discendæ docendæque Jurisprudentiæ. *Francofurti*, 1668, *in*-12. — *Lipsiæ*, 1748, *in*-8°. Dans le Thesaurus Jurispr. Juvenilis. *Neapoli*, 1754, *in*-8°., 2 vol. Dans le recueil de ses Œuvres, par Dutens. *Genève*, de Tournes, 1768, *in*-4°. Tom. IV, part. 3, p. 159.

Godefroi-Guillaume Leibnitz est né à Leipsic le 23 juin 1646, mort le 14 novembre 1716.

2. Considérations sur l'étude de la Jurisprudence, par M. Abraham Perrenot. *Berlin*, 1775, *in*-8°.

3. * Burc. Gotthelff Struvii, Historia Juris Romani, Justinianei, Græci, Germanici, Canonici, Feudalis, Criminalis et Publici, ex genuinis monumentis illustrata. Accesserunt

prolegomena de scriptoribus Historiæ Juris. *Ienæ*, vid. Mayer, 1718, *in* 4°.

4. De Litteris elegantioribus jurisprudentiæ studium mirificè adjuvantibus. Auctore J. M. A. Baumann. *Lipsiæ*, Schultze, 1794, *in*-8°.

5. Martini Husson, de Advocato, Lib. IV. *Paris*, 1666, *in*-4°.

6. L'Eloge et les Devoirs de la profession d'Avocat. *Paris*, Nicolas Blaquel, 1713, *in*-12, pp. 283, 11 chapitres.

7. Tableau de l'Avocat, divisé en six chapitres, qui traitent de l'esprit, de l'étude, de la science, etc., par Timothée-Fr. Thibault, Avocat en la cour de Lorraine. *Nancy*, P. Antoine, 1737, *in*-12.

8. Règles pour former un Avocat.... avec un *Index* des Livres de Jurisprudence les plus nécessaires à un Avocat, par Biarnoy de Merville. *Paris*, 1711, *in*-12.— *Ibid.* 1740; — *Ibid.* 1778, *in*-12.

Biarnoy de Merville mourut au mois de décembre 1740. Antoine-Gaspard Boucher d'Argis retoucha ses Règles, tant pour le style que pour le fonds; il y joignit une Histoire abrégée de l'ordre des Avocats et des prérogatives attachées à cet ordre, et il publia ces deux ouvrages, sans nom d'auteur, en 1753. Une nouvelle édition revue, corrigée et considérablement augmentée, a paru en 1778 à Paris, chez Durand, *in*-12 de 492 pp., y compris l'avertissement, sous ce titre : « Règles pour » former un Avocat, tirées des plus célèbres auteurs, » auxquelles on a joint une Histoire abrégée de l'ordre » des Avocats, etc. par Ant. Gasp. *Boucher d'Argis*, » Avocat, avec un *Index* des principaux livres de juris- » prudence. » L'Histoire de l'ordre des Avocats est partagée en vingt-un chapitres, dont le huitième traite de l'habillement; elle finit à la page 218. Les règles finissent à la page 422. L'*Index* des livres de jurisprudence dressé par Drouet, bibliothécaire des Avocats de Paris, finit à la page 457; *Index* assez mal digéré, où ne se trouve pas la date des livres dont les titres ne sont pas toujours exacts. On y renvoie au surplus à la Bibliothèque publiée à la suite des lettres sur la Profession d'Avocat.

§. II. *Auteurs qui indiquent les ouvrages composés sur le Droit.*

9. Index Librorum omnium Juris, tàm Pontificii quàm Cæsarei; per J. B. ZILETTUM VENETUM, 3ᵉ. edit. *Venet.* 1563, *in-4°.* — *Ibid.* 1566, *in-4°.*

Autre édition donnée par Jean WOLFGANGUS FREYMONIUS, *docteur en Droit à Oberhausen, sous le titre de* Elenchus, omnium auctorum sive scriptorum qui in Jure, tàm civili quàm canonico, vel commentando, vel quibuscumque modis explicando et illustrando, ad nostram ætatem usque claruerunt.... nomina et monumenta.... complectens. Initio quidem à cl. Jurisc. Jo. NEVIZANO, Lud. GOMESIO, Jo. FICHARDO et Jo. B. ZILETTO collectus. *Francofurti ad Mœnum*, 1574, *in-4°.* — *Ibid.* 1579, *in-4°.*

Table d'Auteurs assez mal digérée, sans indication des éditions. Dans l'une et dans l'autre édition, on trouve, au rang des conseils, un Conseil de *Oldradi de Ponte Laudanensis* (du pont de Lodi), dont le sommaire est: *Libros multos expedit habere.* Ensuite, sous le titre des *Questions*, deux petites Dissertations de Jean DE NEVIZANIS, auteur du *Sylva nuptialis.* La première : *An oporteat habere plures libros? Et respondetur*, dit-il, *Quod in tanta temporum egestate, sufficit quantum legere possumus, ... sed hòc intellige in scholare.... in doctore autem dic quod debet habere plures libros: etenim liber librum aperit.* —La seconde : *Quomodo posset reservari tanta librorum multitudo?* Il veut que l'on fasse des édits à ce sujet.

Les Conseils d'Oldrades de Ponte *Lodensi* ou *Laudensi*, (et non *Laudunensis*), professeur de droit à Bologne et à Padoue, et enfin Avocat consistorial, mort en 1335, furent imprimés à *Rome* par A'am Rot, en 1472 ; dans la même ville par Puecher, 1476 et 1478 ; à *Venise*, 1499, peut-être 1490. Autres éditions sans nom de ville et d'imprimeur, l'une de 1481. L'édition donnée à *Lyon*, par Vinc. de *Pontonaus*, contient aussi les Conseils de Jean Calderin, contre *Auldradus de Ponte de Laude*.

10. Martini Lipenii, Bibliotheca realis juridica. *Francof. ad Mœnum*, 1679, *in-fol.* Cura Bruckneri, 1720, *in-fol.* — *Lipsiæ*, 1730, cura Ienichenii ; et post plurima supplementa, 1757, 2 vol. *in-fol.*

— Martini Lipenii Bibliothecæ realis juridicæ, supplementa ac emendationes. — Collegit et digessit D. Augustus Fridericus Schott, antiquitatum juris in academia Lipsiensi prof. publicus. *Lipsiæ*, 1775, 1 vol *in-fol.* Suppl. ac emend. vol. II, collegit et digessit Ren. K. L. B. de Senkenberg. *Lipsiæ*, Fritsch, 1789, 1 vol. *in-fol.*

Lipenius est mort à Lubeck, le 6 novembre 1692. Il a donné de semblables Bibliothèques de Théologie, de Médecine et de Philosophie. On les appèle *réelles*, parce que les livres y sont disposés selon l'ordre alphabétique des choses, et non suivant l'ordre du nom des auteurs. Ainsi, voulez-vous connaître ce qui a été écrit sur les Annates ? cherchez *Annatæ*, et vous y trouverez le titre de tous les ouvrages que Lipenius, ou ses nouveaux éditeurs ont connus. Le nombre des livres indiqués dans cette Bibliothèque, est immense. Il y a deux défauts. Le premier, que l'ouvrage ayant été composé en Allemagne, on y indique une multitude de traités que l'on ne saurait se flatter de trouver en France : l'autre, que les noms des auteurs Français sont absolument défigurés.

11. * Burc. Got. Struvii, Bibliotheca Juris selecta. *Ienæ*, prim. 1703. — 1705, 1710,

in-8°. ; editio quinta , curante Budero, *ibid.*
1720; sexta , *ibid.* 1725; septima, *ibid.* 1743 ;
octava , *ibid.* 1756; nona , *ibid.* 1758 , 2 vol.
in-8°.

Struve était professeur de droit public et féodal à
Iena , où il est mort le 15 mai 1738 ; il était né en 1671.
Sa Bibliothèque de Droit est le meilleur des ouvrages
de ce genre , soit à raison des livres qu'il indique ,
soit à raison des notices abrégées qu'il en donne.

12. * Dan. Nettelbladt Icti Halensis initia His-
toriæ litterariæ juridicæ universalis. *Halæ
Magd.* 1764. Editio secunda auctior. *Halæ
Magd.* off. Rengeriana , 1774 , *in*-8°.

D. Nettelbladt, prof. de droit à Halle , et directeur
de l'Université , est né à Rostock en 1719. Il a beaucoup écrit sur les matières de droit , particulièrement
en ce qui concerne les préliminaires des études de
droit. Cet essai d'Hist. litt. du Droit est bon et d'un
usage commode. A l'ouvrage même sont joints trois
Appendix : 1. Specimen bibliot. scriptorum juridicorum anonymorum et pseudonymorum ; 2. Specimen
Catalogi scriptorum juridicorum rariorum ; 3. Index
alphabeticus scriptorum in Tractatu tractatuum juris ,
nec non Ottonis atque Meermanni Thesauris con-
tentorum.

13. Georg. Beyeri Notitiæ auctorum juridicorum et juris arti inservientium tria specimina. *Lipsiæ* , 1698 , 1701 , 1705 , *in*-8°.
3 cahiers *in*-8°. Nouvelle édition augmentée ,
ibid. 1726 , *in*-8°. Gott. Aug. Ienichen con-
tinuatio notitiæ. *Lipsiæ* , 1738. Car. Ferd.
Hommelii continuat. secunda , 1749 ; tertia
et quarta , 1750 ; Henr. Gottl. Franckii cont.
quinta. *Lips.* 1758 , *in*-8°.

G. Beyer , de Wittemberg, est né en 1665 , et mort
en 1714. C'est le premier qui ouvrit à Wittemberg , en
1698 , un cours de bibliographie de droit.

14. Nouvelle Bibliothèque historique et chronologique des principaux auteurs et interprètes du Droit civil, canonique et particulier de plusieurs états et provinces, depuis Irnerius, avec les caractères de leurs esprits et des jugements sur leurs ouvrages.

Ensemble l'Idée d'un bon Juge, et une Dissertation touchant les Coutumes : par Maître Denis Simon, conseiller au présidial et assesseur en la maréchaussée de Beauvais. Nouvelle édition. *Paris*, Robert Pepie, 1692, 1 vol. *in*-12. 2me. vol. *Ib.* 1695, *in*-12.

Le titre du second volume est le même que celui du premier, excepté qu'au lieu de l'annonce de l'Idée d'un bon Juge, c'est dans le second, l'*Idée d'un bon Maire.*

15. Bibliotheca classica, sive Catalogus officinalis ; usque ad annum 1624 inclusivè ; colligente ac disponente Georgio Draudio. *Francofurti ad Mænum*, 1625, 2 vol. *in*-4°.

C'est un Catalogue de livres de toute Faculté, rangé par ordre de matières, Théologie, Droit, etc. ; et ensuite, dans chaque matière séparée, les titres des livres sont indiqués selon l'ordre alphabétique des objets auxquels ils se rapportent. On peut le regarder comme une première édition, ou comme le germe de la Bibliothèque de Lipenius. C'est un relevé des catalogues des foires de Francfort.

Outre les ouvrages qui viènent d'être indiqués sur la connaissance des livres de droit, on peut consulter avec fruit les auteurs qui ont donné des catalogues de livres sur plusieurs parties des sciences, tels que celui de Draudius, que j'ai cité spécialement parce qu'il a servi de modèle à beaucoup d'autres. Ainsi on feuilletera le Polyhistor de Morhorr, les Répertoires de la gazette d'Iena, les catalogues des grandes bibliothèques, entr'autres de celle de Bunau, où les articles sont bien détaillés. Les Allemands ont publié dans ces derniers temps, beaucoup de Bibliothèques et d'Introductions à la connaissance des livres de droit: mais la plupart de ces Bibliothèques et Introductions sont écrites en langue allemande.

On consultera encore la Bibliographie instructive de Debure. *Paris*, Debure, 1764, *in-8°*. et *in-4°*.; le Dictionnaire typographique d'Osmont. *Paris*, Lacombe, 1768, 2 vol. *in-8°*.; le Dictionnaire de Cailleau (fait par Duclos ou en commun avec Duclos). *Paris*, 1790, 5 vol. *in-8°*. Supplément. *Paris*, an X, 1 vol. *in-8°*. Il faut cependant observer que ces Bibliographes, le premier surtout, indiquent plutôt les livres rares que les livres utiles.

On a un Catalogue des livres de Droit canonique, à la suite de l'édition du Commentaire de Dupui sur les Libertés de l'Eglise Gallicane, donnée par l'abbé Lenglet; il a joint quelques notes au titre des livres: et un autre catalogue, sans aucune note, dans le second volume de la dernière édition de l'Institution au Droit ecclésiastique, par Fleuri. J'indiquerai sur quelques divisions spéciales, des catalogues particuliers à ces divisions.

§. III. *Vies des hommes célèbres dans la science ou dans la pratique des Lois.*

Un grand nombre d'auteurs ont écrit de la vie de Jurisconsultes tant anciens que modernes et des sectes philosophiques auxquelles les Jurisconsultes romains ont été attachés. On trouve d'ailleurs des notices sur les Jurisconsultes, comme sur les autres hommes célèbres et sur les savants, dans les Dictionnaires bibliographiques, et dans les Eloges ou les portraits d'hommes célèbres. Mon intention n'est pas de nommer ici tous les Jurisconsultes avec le renvoi aux auteurs qui en ont parlé. Je dirai seulement en général, que les auteurs qui ont écrit sur la vie des Jurisconsultes et sur les sectes auxquelles ils se sont attachés, sont indiqués par Struve dans sa Bibliothèque de Droit, (ci-dev. n°. 11.) par Nettelbladt, *Initia Historiæ litterariæ juridicæ,* ci-devant n°. 12.). Je n'ai pas besoin d'avertir qu'on peut consulter les Dictionnaires biblio-graphiques, mais j'observerai qu'on doit con-sulter aussi les Éloges de Papire Masson, les *feriæ forenses* de Mornac, les *Promptuaria ico-num*, etc.

Après ces indications générales, je donne ici la note de quelques recueils principaux des Vies de Jurisconsultes ; et celle des Vies et Éloges particuliers d'hommes célèbres dans la légis-lation. J'ai choisi ces Vies, ou parce qu'elles sont l'histoire de personnages importants, ou parce qu'elles présentent des leçons et des exemples dignes de remarque. Je me suis atta-ché à faire connaître celles qui forment des pièces détachées ou qui sont dans des recueils auxquels on ne songerait pas d'abord. Je n'ai pas indiqué dans cet article les vies des Jurisconsultes qui sont imprimées en tête de leurs ouvrages. Rien de si naturel que d'ouvrir le premier vo-lume de ces recueils, pour y chercher la no-tice de l'auteur des écrits qu'on y a rassemblés.

16. Les Vies des plus célèbres Jurisconsultes de toutes les nations, (près de cinq cents, dont quatre-vingt-dix Français) tant anciens que modernes, tirées des meilleurs auteurs qui en ont écrit ; par M. Taisand, trésorier de France à Dijon. *Paris*, Sevestre, 1721, *in-4°.* — Augmentées par Joseph de Ferriere. *Paris*, Prault et le Clerc, 1737, *in-4°.*

Il n'y a presque rien d'historique : ce sont des *testi-monia*

Les additions de Ferrière sont presque toutes prises des Mémoires du P. Niceron.

Pierre Taisand, auteur de plusieurs ouvrages de droit, dont j'indiquerai une partie, né le 7 janvier 1644, est mort le 12 mars 1715. Sa vie, écrite par son

fils , est la première du volume que j'indique , et qui
a été publié par ce même fils, religieux de l'ordre de
Citeaux.

17. Melchioris Adami , Vitæ Germanorum Jurisconsultorum et Politicorum , qui sæculo
XVI claruerunt. *Heidelb*. 1620, *in-8°*. *Francof*.
1705 , *in-fol*.

18. Jo. C. Ph. Frankii, Vitæ tripartitæ Jurisconsultorum veterum , à Bernardino Rutilio ,
Jo. Bertrando et Guil. Grotio conscriptæ...
nunc emendatiores editæ. *Halæ Mag*. typis
Grunerianis, 1718 , *in-4°*.

19. Guidi Panziroli , de claris legum interpre-
tibus , libri IV. Accessere Joh. Pichardi
Vitæ recentiorum Jurisconsultorum , Marci
Mantuæ epitome virorum illustrium ; Joh.
Bapt. de Gazalupis Historia interpretum et
glossatorum juris ; Catellani Cottæ recensio
brevis insignium juris interp. et DD. Matth.
Gribaldi Mophæ catalogus interpretum juris civilis ; Alberici Gentilis de juris inter-
pretibus Dialogi sex. Cura Chr. Godofr.
Hoffmanni, *Lipsiæ*, Gleditch , 1721 , *in-4°*.

La première édition de Pancirole a été donnée à
Venise en 1637, *in-4°*.

20. Josephi Aurelii de Januario , (*aliàs* A.
S. Januario) Respublica Jurisconsultorum.
Neap. 1731, *in-4°*. *Lipsiæ*, 1733, *in-8°*. Cura
Frider. Ottonis Menckenii. On peut y joindre
*Feriæ auctumnales post reditum à Republica
Jurisconsult. Neapoli* , 1752, *in-8°*.

— La République des Jurisconsultes, ouvrage
de M. Gennaro, traduit par l'abbé Dinouart,
Paris , Nyon, 1768 , 1 vol. *in* 12.

Cette traduction a été faite, ou, si l'on veut, imprimée avec une grande négligence, surtout pour

les noms propres et pour les titres des livres. *Voyez*
pour exemple la page 90. Le livre de Gennaro est un
Dialogue où les interlocuteurs font passer en revue les
plus fameux Jurisconsultes modernes, et leur distri-
buent, d'une manière assez piquante, la louange et
le blâme.

21. Frid. Jac. Læickhéri , Collectio veterum
   clarissimorumjurisconsultorum. *Lipsiæ,* 1686,
   in-8°.

22. Joh. Strauchii, Vitæ aliquot veterum jurisconsultorum. Conquisivit, recensuit, indice instruxit et præfationem præmisit Chr.
   Gottl. Buder. *Ienæ* , Boetticher , 1723 ,
   in-8°.

22 *bis.* Elogia sanctorum quinquaginta Jur007iscon-
   sultorum. *Leodii* , 1632 , *in-*12.

23. Vies et Ouvrages de ceux des jurisconsultes français qui ont écrit sur le Droit Romain , par Ant. Terrasson : dans son *His-*
   toire de la Jurisp. Rom. Paris, 1750 , *in-fol.,*
   pages 446 — 484.

24. Eloge de d'Aguesseau, chancelier de France :
   Journal des Savants , juillet 1755 ; Mém. de
   l'Acad. des sciences , année 1751 ; — par
   Thomas , *Paris* , veuve Brunet , 1760 : réimprimé à la tête du Recueil des œuvres du
   chancelier, et dans les Œuvres de Thomas ,
   édit. de 1773 , tom. III , pag. 61 ; — par
   Bourlet de Vauxelles , *Paris* , Brunet,
   1760 , *in-8°.* ; — par de Morlhon , *Tou-*
   louse , 1760 , *in-8°.* 56 pag., réimprimé à la
   tête des Œuvres du chancelier ; — Galerie
   Française , septembre 1770 et 1771 , *in-fol.* ,
   6°. cahier.

25. And. Alciati vita , auct. Hier. Cardano.

Dans le Recueil des œuvres de Cardan. Paris,
1663, tom. IX, p. 569, 570.

Ce n'est presque rien.

26. Vie et Ouvrages de Fr. BACON, grand
chancelier d'Angleterre : traduit de l'Anglais. *La Haye*, 1742, *in-*12. Voyez ci-dessous, n°. 69.

— La Vie du chancelier Fr. BACON, traduite de
l'Anglais, avec un Essai sur la reine Eliza-
beth, et Eloges du chancelier Fr. Bacon.
Amst. 1755, 308 pag. *in-*12. Voyez n°. 69.

27. Vita Fr. BALDUINI ab HEINECCIO scripta.
Dans le Recueil des œuvres d'Heineccius,
avant *Jurisprudentia Romana et Attica.*

28. Fragmentum de vitâ, moribus et scriptis
Steph. BALUZII ex ipsius autographo. En tête
du catal. de la bibl. de Baluze. *Paris*, 1719,
*in-*8°.; traduit en français dans le N. Mercure;
juillet 1719, p. 21.

29. Mémoire sur la vie et sur les écrits de J.
BARBEYRAC, composé par lui-même et envoyé à E. L. Rathlef, 1739; Nouvelle Bibliot.,
tom. XIX, p. 271 — 304.

30. Eloge de Claude BERROYER; Mercure de
France, 1737, juin, part. 2.

31. Eloge de Guil. BLANCHARD; Journal des savants, 1725, mai.

32. Guil. BUDÆI vita, per Lud. REGIUM (LE
ROY.) *Paris*, 1540, *in-*4°. — 1577, *in-*4°.

— Mémoires pour la vie du même, par J. Boi-
VIN; Mém. de l'Acad. des inscr. et bel. lettres,
tom. V, pag. 350.

— Notice sur la vie de Guill. BUDÉ. Journal des
savants, décembre 1786, pag. 868, *in* 4°.

33. Vie de Chasseneuz, par Bouhier. En tête
de la Coutume de Bourgogne. *Dijon*, 1717,
in-4°.

34. Eloge de Jean Doujat; Journ. des sav., Février 1689.

35. Eloge de Doulcet, Avocat au parlement
de Paris, par Hochereau. Dans le Nécro-
loge qui a paru en 1767, *in-*12, pag. 7.

36. Vita Fr. Duareni, Icti Bitur. ex germ. D.
Nettelbladt, in linguam latin., translata à
Car. Seb. Zeidlero. *Lucæ*, 1768, *in-8°.*

37. Vie de Pierre Dupuy. Elle a été composée
en latin, par Rigault, insérée au tom. VII
de l'Histoire de de Thou; édition de *Londres*,
1733, *in-fol.* Il y en a un extrait en français
dans le troisième vol. de la Bibliot. hist. de la
France, par le P. le Long. *Paris*, 1771,
in-fol., p. lj.

38. La Vie de maistre Charles du Molin, Avocat au parlement de Paris, par M°. Julien
Brodeau. *Paris*, Denys Bechet, 1654, 1 vol.
in-4°.
Elle contient des notes intéressantes sur les éditions
de ses ouvrages. A la page 201, l'auteur nomme les
autres écrivains qui ont publié ou la vie ou l'éloge de
Dumolin.
Cette vie est réimprimée à la tête du premier vol.
du Recueil des Œuvres de Dumoulin, 1681.

— Eloge du même, par Henrion de Pensey,
Genève. (*Paris*) 1769, *in-8°.*

39. Eloge de Jean-Pierre Gibert, canoniste,
par Goujet. *Paris*, 1736, *in-4°.*

40. Accessiones ad vitam Melch. Goldasti, cùm
multis ejusdem epistolis. Dans Senckenbergii
Selecta juris et historiar. anecdota. *Ffurti*,

1754, *in-8°.*, tom. I, p. 295 — 420. La vie
de Goldast, par le même Senckenberg,
est imprimée à la tête de la Collection des
Scriptores rerum alamannicarum, édit. de
1730, *in-fol.*

41. Hug. GROTII Belgarum phœnicis manes ab
iniquis obtrectationibus vindicati. Accedit
scriptorum ejus tum editorum tum inedito-
rum conspectus triplex. *Delphis batav.* 1727,
2 vol. *in-8°.*

— Vie de GROTIUS, par DE BURIGNY. *Paris*,
Debure, 1752, 2 vol. *in-12.*

42. Eloge historique de Joh. Gott. HEINECCIUS,
avec le Catalogue de ses ouvrages. Nouv.
bibl. germanique, tom. II, p. 51 — 64.

43. Th. HOBBES, Angli, vita. *Carolopoli*, 1682,
1 vol. *in-4°.*

44. Quæstiones de IRNERIO historicæ, à Juris
Pont. et Cæs. collegiis Bononiensibus ex-
cussæ. Decemb. an. 1641. In Herm. CONRINGII
de Origine Juris Germ. *Helmst.*, 1720, p.
313, et dans la Collection des Œuvres de
Conringius, tom. VI, p. 199.

45. Huberti LANGUETI (Litterarum J. Bruti,
seu Vindiciarum contra tyrannos auctoris)
vita, edente Jo. Petr. Ludovico; impensis
Dussarra, Bibl. Gallensis, 1700, 1 vol.
in-12. Voyez ci-après n°. 181.

46. Eloge de DE LAURIÈRE, par SECOUSSE : à la
tête du 2°. volume des Ordon. du Louvre.
On y remarquera la note de tous ses ouvrages
et de leurs différentes éditions.

47. Elogium Godofr. Guil. LEIBNITII, in actis
erudit. *Lipsiæ*, 1717, pag. 322 — 336.

— Eloge par Fontenelle : dans les Œuvres de
Fontenelle, et dans les Mém. de l'Acad. des
sciences, 1716 ; réimprimé à la tête de l'édition des Œuvres de Leibnitz, par Dutens ; et
à la tête de l'Esprit de Leibnitz. *Lyon*, 1772,
2 vol. *in*-12.

(Avec peu de soin : on y marque la naissance de
Leibnitz en 1649 au lieu de 1646.)

— Europe savante, tom. VI, part. I, pag. 124
— 129.

— Mém. de Trévoux, août 1721, pag. 1350
— 1368.

Voyez la Vie de Leibnitz, par Brucker, à la tête du
Recueil de ses Œuvres, par Dutens. *Genève*, Detournes, 1768, 6 vol. *in*-4°. ; et la Vie de Leibnitz, par le
chevalier de Jaucourt, à la tête de l'édition qu'il a
donnée des Essais de Théodicée, 1760, (2ᵉ. édit.)
2 vol. *in*-12. Le chevalier de Jaucourt est mort le 3
février 1780.

48. Vie de Michel l'Hôpital, chancelier, par
Lévesque de Pouilly. *Paris*, Debure, 1764,
in-8°.

— Eloge historique de Michel de l'Hôpital,
par un vieux Avocat retiré du service. *Edimbourg*, 1776, 193 p. *in*-8°.

— Eloge du chancelier de l'Hôpital, (par Pé-
rault). *Paris*, Moutard, 1777, *in*-8°. 32 p.

— Par Garat. *Paris*, Demonville, 1778, *in*-8°.
94 pag.

— Par (de Bruny, ancien syndic de la compagnie des Indes). *Londres*, 1777, *in*-8°.
100 p. et 2 feuillets.

— Par Doigni (du Ponceau). *Paris*, Demonville, 1777. *in*-8°., 54 p.

— Par l'abbé Talbert. *Besançon*, Charmet,
1777, *in*-8°.

— Par (le marquis de Condorcet). *Paris*,

Demonville, 1777, *in-8°*. 124 p. Lettre à l'auteur de cet Eloge. *Paris*, 1778, *in-8°*. L'objet principal est de défendre le garde des sceaux Bertrand, contre les assertions de l'auteur de l'Eloge.

— Par (GUIBERT), 1777, *in-8°*., 125 p.

— Par l'abbé REMY. *Paris*, Demonville, 1777, *in-8°*.

L'Académie française avait proposé l'Eloge de l'Hôpital pour prix d'éloquence. Les discours qu'on vient d'indiquer sont ceux des concurrents. L'abbé Remy obtint la couronne ; mais son discours donna lieu à une *conclusion de la Faculté de Théologie* de Paris, à l'occasion de l'approbation accordée à l'éloge par deux de ses docteurs. La conclusion, en date du 10 novembre 1777, a été imprimée chez Clousier, 28 pp. *in-8°*.

—— Essai de traduction de quelques Epîtres et autres poésies latines de Michel de l'HÔPITAL, avec des éclaircissements sur sa vie et son caractère. *Paris*, Moutard, 1778, *in-8°*.

49. Cl. Virorum Antonii et Vidi LOISELLORUM patris ac filii vitæ. *Parisiis*, 1643, 53 pag. *in-8°*.

5o. Abrégé de la vie de François LORRY, professeur en droit; Galerie française, 1771, *in-fol.*, 5ᵉ. cahier.

51. De Nic. MACHIAVELLO libri III, in quibus de vita et scriptis, item de secta ejus viri ; atque, in universum, de politica nostrorum post instauratas litteras temporum, ex instituto disseritur, historiæque civilis et rei litterariæ passim ratio habetur. *Lipsiæ* et *Halæ*, Krebsius, 1731, *in-4°*. Voy. ci-après n°. 171.

5 2. Eloge de MONTESQUIEU, à la tête du 5ᵉ. vol

de l'Encyclopédie , édit. *in-fol.* Réimprimé
dans les Mélanges de littérature, d'histoire,
et de philosophie, par d'ALEMBERT, tom. IV,
pag. 83.

— Par SOLIGNAC. *Nanci ,* 1756, *in-4°.*

— Par DE MAUPERTUIS. 1755, *in-8°.* — Voyez
aussi le Mercure, 1755, juillet.

53. Everh. OTTONIS Papinianus , sive de vita
studiis , scriptis, moribus et morte Æmilii
Papiniani Ictorum coryphæi diatriba. *Lugd.
bat.* Luchtmanns , 1718 , *in-8°.* — *Bremæ ,*
G. Wil. Rump. 1743 , *in-8°.*

54. Cel. PELETERII vita , P. PITHŒI ejus proavi
vitæ adjuncta , accurante J. BOIVIN. *Paris ,*
Fr. Jouenne , 1716 , 1 vol. *in-4°.*

— La Vie de Pierre PITHOU, avec quelques
Mémoires sur son père et ses frères, par
GROSLEY. *Paris ,* G. Cavelier , 1756 , 2 vol.
in-12.

Le second vol. contient, entre autres objets, la Vie
de François Pithou, frère de Pierre.

— Vie du même, extraite du tom. V des Mém.
du P. Niceron : au 3°. vol. de la Bibl. hist. de
la France, par le P. LELONG. *Paris ,* 1771 ,
in-fol.

55. Eloge de POTHIER, par LE CONTE DE BIERRE.
Orléans , 1772 , 24 p. *in-12 ,* avec un Catalogue de ses ouvrages.

— Autre, par Antoine BRETON. *Orléans ,* veuve
Rouzeau , 1773 , *in-8°.*
— Par ROBERT DE MASSI , (en latin).
— Par le TROSNE.

Ces deux derniers sont réimprimés à la tête des
Œuvres de Pothier.

56. Eloge historique du baron (Samuel) DE
    PUFFENDORF. A la tête de son Introduction
    à l'Hist. Universelle. *Paris*, 1753, 8 vol. *in*-4°.

57. Eloge d'Etienne RASSICOD, Avocat au Par-
    lement de Paris. Journ. des Savants, 1718,
    n°. 25.

58. De Vita Dion. SALVAGNII BOESSII, auctore
    Nic. CHORIER. *Gratianop.*, 1680, *in*-12.

— La même, par LANCELOT. Hist. de l'Acad.
    des Inscr. et B. L., tom. XII, p. 316.

59. Elogium Ant. SCHULTINGII; in Actis erud.
    Lipsiens., 1736, p. 46 — 48.

60. Eloge de SECOUSSE, par VILLEVAULT, à la
    tête du tom. IX des Ordonnances du Louvre ;
    et par BOUGAINVILLE, dans le XXV volume
    de l'Histoire et Mémoires de l'Académie des
    inscrip. et belles-lettres, p. 289.

L'Eloge fait par M. de Villevault est réimprimé
dans le 3e. volume de la Bibl. de la France, par le
P. LELONG, tom. III, p. xciij.
On a encore une Notice de la vie de Secousse à la
tête du Catal. de sa Bibliothèque. *Paris*, 1755,
in-8°.

61. Vita, fata et scripta Chr. WOLFII, philo-
    sophi. *Lips.* et *Uratisl.* Richterus, 1739,
    in-8°.

TITRE II.

*Traités généraux sur les Lois, leur origine et
leurs principes.*

62. De l'Origine des lois, du progrès des arts
    et des sciences, pour servir d'introduction
    à l'Esprit des Lois, par GOGUET. *Paris*,
    1758, 3 vol. *in*-4°. — 1778, 6 vol. *in*-12.

Cet ouvrage a été réimprimé plusieurs fois. Goguet, né en 1716, est mort à Paris le 2 mai 1758. Il était conseiller au parlement de Paris.

63. Essais historiques sur les Lois, traduits de l'anglais, par Bouchaud ... docteur-aggrégé de la faculté de droit. *Paris*, Vente, 1766, *in*-12.

Le traducteur annonce ces Essais (au nombre de deux), comme l'ouvrage d'un Écossais dont il ignore le nom. Il y a joint des notes et une observation très-étendue sur le troisième chef de la loi Cincia, concernant la *mancipation* ou *tradition* dans les actes de donation. Ne croyez pas ce qui est dit dans la note 2, page 67, que le Voyage de Lobo (Jérôme Lobo, religieux Portugais) soit un *ouvrage anglais*.

64. Essai sur l'Histoire de la Société civile, traduit de l'anglais d'Adam Fergusson, par Bergier. *Paris*, veuve Desaint, 1783, 2 vol. *in*-12. Les éditions anglaises sont, entre autres, *Londres*, 1773, *in*-8°. — *Londres*, Cadell, 1782, 1 vol. *in*-8°.

Le traducteur Bergier est le frère de l'abbé Bergier, qui a beaucoup écrit sur la religion.

65. Elementorum Philosophiæ, sectio tertia, de Cive. *Parisiis*, 1642, 1 vol. *in*-4°.

Cet ouvrage, imprimé sans nom d'auteur, mais avec une épître dédicatoire, datée de Paris, le premier novembre 1641, et signée des lettres T. H., est le premier des ouvrages publiés par Hobbes, sur l'état des hommes en société. Il y fit des additions insérées dans les éditions postérieures. *Amst.* Elzevir, 1647, *in*-11. — *Londres*, 1655, 1 vol. *in*-12. — Juxta exemplar. *Amst.* Boonn, 1742, *in*-11. — *Basil.* Flick, 1782, *in*-12.

— Ejusdem Leviathan sive de Republica. D'abord en anglais. *Londres*, 1651, *in*-fol. Ensuite traduit par l'auteur même ; plus un Appendix. *Amsterdam*, 1678, *in*-4°. — *Ibid.*, 1670, *in*-4°.

Ces deux traités de Hobbes ont été réimprimés avec d'autres ouvrages du même auteur, dans une collection dont le titre est : *Thomæ Hobbes Malmesburiensis Opera philosophica quæ latine scripsit omnia. Amstelod.* Jo. Blaeu, 1668, 2 vol. *in-4°*.

Il faut avoir attention que les huit parties indiquées sur un feuillet en suite du frontispice, soient réunies. On assûre qu'il y a eu une autre édition, qui porte le même titre et le même nom d'imprimeur, quoique faite à Londres, et qui est moins complète. On a remarqué que le frontispice ajoute au nom de l'imprimeur hollandais : *Prostant etiam Lundinii, apud Cornelium Bee, etc.* (Voyez Freytag, Annal. litter., pag. 460.)

On a publié à Londres en 1750, une belle édition des ouvrages moraux et politiques de Hobbes *en Anglais* avec la Vie de l'Auteur, 1 vol. *in-fol.* Il s'y trouve quelques écrits qui manquaient dans la collection de Blaeu ; mais le traité *de Cive* n'y est pas.

— Eléments philosophiques du Citoyen, traité politique, où les fondements de la société civile sont découverts, par Hobbes. Traduit en français par Sorbière. *Amsterd.* Blaeu, 1649, 1 vol. *in-8°*.

— Le Corps politique ou les Eléments de la loi morale et civile . . . . traduits du latin de Hobbes. *Leyde*, Elzevir, 1652, (avec une figure,) 1 vol. *in-12*.

L'auteur de ces deux Trad. réimprimées en 1790, 2 vol. *in-8°*., est Sam. Sorbière, Français, ami de Hobbes. Hobbes, né à Malmesbury le 5 avril 1588, est mort le 4 décembre 1679. Sorbière est mort le 9 avril 1670.

Les principes de Hobbes ont été attaqués ; ils ont aussi été défendus : voici l'indication de quelques livres dans l'un et dans l'autre genre. — Hobbesianismi Anatome . . . . auctore M. Gisb. Cocquio, *Traj. ad Rh.* Franc. Halma, 1680, *in-8°*. — Commentatio de portentosa Hobbesiani civis imagine quam duabus orationibus delineavit Fred. Ad. Vander-Marck. *Burgosteinf.* Peck, 1788. *in-8°*. — Epistolica dissertatio de principiis justi et decori, continens Apologiam pro tractatu Cl. Hobbæi de Cive. *Amstel.* Elzevir, 1651,

1 vol. *in*-12. — Cumberland a combattu victorieuse-
ment les principes de Hobbes. Voyez ci-après n° 95.

66. Les Six livres de la République de J. Bodin,
  Angevin; troisième édition. *Paris*, Jacques
  du Puys, 1578.

J. Bodin était né à Angers vers 1530; il mourut à
Laon en 1596. Voyez sur sa personne, sur ses ouvrages et sur les critiques de sa République, les Mém.
du P. Niceron, tom. XVII, p. 245 — 264. Bodin annonce dans une Lettre latine à Gui Faber, imprimée
en tête de l'édition de 1578, que cette édition est
Multis partibus auctior et castigatior. La première
édition est de *Paris*, 1576, *in fol.*; la seconde, de
Lausane, 1577, *in-8°.* Du Puys promettait une édition prochaine en latin; elle a paru à Paris en 1586,
in-fol., et est annoncée comme *multò locupletior.* Il
y a eu un grand nombre d'éditions postérieures. En
1755, Jean-Ch. Lavie, président au parlement de
Bordeaux, donna un Abrégé de la République de Bodin,
2 vol. *in*-12, qui ont reparu en 1764 et 1766, sous le
titre: *Des Corps politiques et de leurs Gouvernemens,*
3 vol. *in*-12 ou 1 vol. *in*-4°. En 1756, Ch. Arm.
Lescalopier de Nourar, maître des requêtes, mort en
1779, publia chez la veuve Quillau, à *Paris*, le premier livre de la République, sous le titre de *La République, ou Traité du Gouvernement*, 1 vol. *in*-12.
Il l'a abrégée, traduite en nouveau français, en un mot,
arrangée à sa mode.

67. Du Contrat Social, par J. J. Rousseau.

Indépendamment des collections des Œuvres de Rousseau, dans lesquelles le Contrat Social est imprimé,
il l'a été souvent à part. Voici seulement quelques éditions de différents formats. — *Paris*, Didot l'aîné, an
IV, 1 vol. *in*-4°., édition superbe. — *Amsterdam*,
M. M. Rey, 1772, 1 vol. *in*-8°. — *Paris*, Didot l'aîné,
an IV, 1 vol. grand *in*-12, chef-d'œuvre de typogra-
phie. — *Lyon*, Cazin, (sous le titre de Londres)
1782, 1 vol *in*-18. Il faut joindre à ce traité les *Considérations sur le Gouvernement de la Pologne*, imprimées dans les Œuvres de Rousseau. Il y en a une
édition *in*-18, par Cazin, 1782, avec le Discours de
Rousseau *sur l'Economie Politique.* On a entre
autres critiques du Contrat Social :

Anti-Contrat Social, par P. L. DE BEAUCLAIR. *La Haye*, 1764, 1 vol. *in-*12.

Principes du Droit politique mis en opposition avec ceux de J. J. Rousseau sur le Contrat Social, 1 vol. *in-*8°. Maradan.

J. J. Rousseau est mort le 2 juillet 1778. Voyez l'Hist. Litt. de Genève, par SENNEBIER, tom. III, p. 252 — 280. On a imprimé quelque part, (*Abus dans les cérémonies et dans les mœurs*) que Rousseau avait pris son Contrat Social *mot pour mot*, dans : *Ulrici HUBERI de jure civitatis*, libri III, *Franekerœ*, J. Wellens, 1673, *in-*8°. — *Franequerœ*, J. Giselaar, 1684, *in-*8°. — Editio quarta, *Francofurt.* et *Lipsiœ*, Jo. Fri. Zeitler, 1708, *in-*4°. On lit dans la préface de cette 4e. édition: *Prima fuit rudis et genuinum mei moris in scribendo specimen;* et on annonce ici de grandes augmentations. Huber est mort en 1694. L'Epître de l'auteur, dans la première édition, est datée *Nonis Vtilibus* (*Quintilibus*). Dans celle de 1684 on a imprimé *Utilibus*; embarras pour les chronologistes, qui ne savent ce que c'est que *Nonœ utiles*.

Quant aux principes ainsi qu'à la manière de les développer, il n'y a pas l'ombre de ressemblance entre Huber et Rousseau. On peut prendre une idée du livre d'Huber dans les Nouvelles de la Répub. des lettres, septembre 1684.

68. Ordre naturel et essentiel des Sociétés politiques, par MERCIER DE LA RIVIÈRE. *Londres*, (*Paris*, Desaint,) 1767, 1 vol. *in-*4°. ou 2 vol *in-*12.

Mercier, ancien intendant de la Martinique, était un des chefs de la société connue sous le titre de *Pilosophes économistes*. L'abbé de Mably leur a reproché qu'en trouvant l'évidence partout, ils avaient cru avoir le secret de se dispenser de rien démontrer. L'Abbé de Mably a écrit, spécialement contre cet ouvrage de Mercier, *Doutes sur l'Ordre naturel et essentiel des Sociétés politiques. Paris*, Nyon, 1768, 1 vol. *in-*12. Et dans le Recueil de ses Œuvres.

69. Fr. BACONII Exemplum tractatus de Justitia universali, sive de fontibus juris: extractum ex ejusdem authoris opere De dignitate et

augmentis scientiarum. *Parisiis*, typis Vincent, 1752.

L'ouvrage de Bacon *De dignitate et augmentis scientiarum*, d'où ce petit livre est extrait (liv. 8, ch. 5), a été publié en particulier, *Londres*, 1645, *in-12*; *Amst.* 1652, *in-12*; avec quelques autres œuvres philosophiques du même, à *Wurtzbourg*, 1780, 3 vol. *in-8°.*; enfin, dans la collection des Œuvres de Bacon, dont il y a plusieurs éditions. Les principales sont *Leipsick*, 1694, 1 vol. *in-fol.*; *Leyde*, 1696, 6 vol. *in-12*; *Amsterdam*, 1730, 7 vol. *in-12*; *Londres*, 1740, 4 vol. *in-fol.*, la meilleure et la plus belle: elle a été donnée par Th. Bɪʀcʜ; la vie de Bacon, par David Mᴀʟʟᴇᴛ, est en tête du premier volume. — *Londres*, 1765, 5 vol. *in-4°.* Nous avons en Français un abrégé des Œuvres de Bacon, sous le titre d'*Analyse de la Philosophie de Bacon. Amsterdam*, (*Paris*, 1755), 5 vol. *in-12*, avec la vie de Bacon. Pᴏᴜɪʟʟᴏᴛ, auteur de la vie, a abrégé Mallet. — Contrefaçon, *Leyde*, 1778, 2 vol. *in-12.* — Sous le titre d'*Œuvres philosophiques et morales du chancelier Bacon*, (sans la vie), *Paris*, Calixte Volant, an V, 2 vol. *in-8°.* L'auteur de l'Analyse est Alexandre ᴅᴇ Lᴇʏʀᴇ, membre de la convention nationale et de l'Institut, né près de Bordeaux, en janvier 1726, mort le 20 ventôse an V. (Voyez aux Mem. de l'Institut, classe des Sc. mor. et polit., tom. II, pag. 9 et suiv., la notice de sa vie et de ses ouvrages.) La totalité des Œuvres de Fr. Bacon a été traduite par Antoine Lᴀsᴀʟʟᴇ, avec des notes. *Dijon*, Frantin, an VIII — XI, 15 vol. *in-8°.* Cette traduction a été vivement attaquée par Dᴇʟᴜᴄ, dans un écrit intitulé *Bacon tel qu'il est*, *Berlin*, *Hambourg* et *Paris*, Pougens, 1780, 126 pag. *in-8°.* Les Aphorismes sur les lois forment le chapitre XXVIII de la seconde partie de l'Analyse française, et le chap. VIII de la seconde partie de l'édition de l'an V. L'édition latine que j'annonce sous le n°. 69, est intéressante à cause de la préface et des notes qui l'accompagnent.

François Bacon, baron de Verulam, chancelier d'Angleterre, est né le 22 janvier 1661, mort le 9 avril 1726.

70. De la Législation, ou Principes des Lois, par Mᴀʙʟʏ, deux parties en 1 vol. *in-12.*
   Amsterdam, (Paris), 1776.

Cet ouvrage est sous la forme d'un dialogue entre un Suédois et un Anglais. Le Suédois avait sûrement bien lu son Platon.

L'abbé Bonnot de Mably, frère de l'abbé de Condillac, né à Grenoble, le 14 mars 1709, est mort à Paris le 23 avril 1785. J'indiquerai plusieurs de ses ouvrages. Il faut avoir la collection entière de ses Œuvres. La plus complète a été donnée par Arnoux, l'un de ses exécuteurs testamentaires, *Paris*, Desbrières, an III. Dans le premier volume est l'Eloge historique de Mably, par l'abbé BRIZARD, avec une notice de tous ses ouvrages, p. 97. Les autres éditions de la même collection plus ou moins complète, sont : *Londres*, (*Paris*), 1789 et suiv. 14 vol. *in-8°*, — 19 vol. *in-12*. — 24 vol. *in-18*. — *Lyon*, 12 vol. *in-8°*.

71. * De l'Esprit des Loix, ou du rapport que les Loix doivent avoir avec la Constitution de chaque Gouvernement, etc.

Il y a eu un très-grand nombre d'éditions de *l'Esprit des Lois*, seul ou dans la Collection des Œuvres de MONTESQUIEU. Je ne prétends pas les indiquer toutes : mais l'importance du livre m'engage à donner plus d'étendue à cet article qu'à beaucoup d'autres. — La première édition fut imprimée à *Genève* par les soins de Jacob VERNET, pasteur de cette ville, sans nom d'auteur et sans date d'année, chez Barrillot fils, 2 vol. *in-4°*. Elle parut en 1748. — 1749, édition *in-12*, 4 vol. sous le titre d'*Amsterdam*, Châtelain. — 1750, édition à *Edimbourg*, Hamilton et Balfour, *in-8°*, 2 vol. annoncée comme *nouvelle édition avec les dernières corrections et illustrations de l'auteur.* — 1757, *Paris*, sous le titre de *Londres*, 4 vol. *in-12*, avec une ample Table des matières, rédigée par RICHER, avocat au parlement de Paris. — 1758, Œuvres de Montesquieu, imprimées (sous le nom d'*Amsterdam*), à *Paris*, par Moreau, pour Pissot, libraire, 3 vol. *in-4°*. Cette édition contient réellement, pour l'Esprit des Lois, les corrections avouées par l'auteur, et la Table des matières de Richer. La même table est dans toutes les éditions postérieures — 1759, *Amsterdam*, 6 vol. *in-12*, Arkstée et Merkus : édition dédiée au prince d'Orange, par un anonyme, qui a joint au texte ses remarques, lesquelles ont été fortement censurées dans l'édition de 1767, dont l'indication suivra. — 1764, nouvelle édition, ou plutôt contre-façon de l'édition de 1759, avec les mêmes remarques, 6 vol. *in*-12, sous le titre d'*Amsterdam*. — Lettres familières, etc. (Supplément au recueil des Œuvres). *Paris*, Vincent, 1767, 1 vol. *in*-12. — 1767, *Londres*, (je crois Pissot, à *Paris*), Œuvres de Montesquieu, 3 vol. *in*-4°. L'édition est faite sur celle de 1758, avec quelques corrections dans la Table des matières. C'est une belle et bonne édition. — Esprit des lois. *Londres*, 1768, 4 vol *in*-12. — Œuvres posthumes, (ou Supplément au recueil des Œuvres) *Paris*, Debure, 1784, 1 vol. *in*-12. — 1784, Œuvres. . . . aux *Deux-Ponts*, Sanson et comp. 8 vol. *in*-12. On a copié l'édition de 1758, et on a ajouté de nouvelles pièces. Édition commode et peu chère. — *Paris*, Bastien, 1788, 5 vol. *in*-8°., édition soignée et bonne. La Table des matières est corrigée. Il faut joindre à cette édition le Supplément de Plassan. — 1790, aux *Deux-Ponts*, 7 vol. *in*-12. — Œuvres . . . avec des Notes d'Helvétius sur l'Esprit des Lois, et des Pensées diverses, extraites des manuscrits de l'auteur. *Paris*, Didot l'aîné, an III, 12 vol. *in*-18, P. V. et G. P. V. — Edition de Cazin, Œuvres, 7 vol. *in*-18; les quatre premiers à part pour l'Esprit des Lois. — Autre, 12 vol. *in*-18. — An IV, 5 vol. *in*-8°. — Œuvres de Montesquieu. *Amsterdam*, 1781; *Amsterd.*, 1784; *Paris*, 1791, *in*-12. Ces trois éditions sont de peu de valeur. On les rencontre dans le commerce, composées de 6, 7, 8, et 9 vol., selon que les divers suppléments s'y trouvent joints. — *Paris*, Plassan, Régent - Bernard et Grégoire, an IV, 5 vol. *in*-4°., très-belle édition, G. P. V. faite sur celle de 1767 avec addition de nouvelles pièces. Les mêmes libraires ont publié en même temps, dans le format *in*-8°. et dans le format *in*-12, un volume de supplément pour les éditions de ces formats. Ils ont inséré dans ce supplément l'analyse de l'Esprit des Lois par Bertolini, qui n'est pas dans leur édition *in*-4°. Il leur a échappé une lettre de Montesquieu au sujet des critiques de l'Esprit des Lois, qu'on a imprimée à *Paris*, an IV, 8 pp. *in*-12. Il faut, pour les anciennes éditions, joindre au supplément de Plassan, les suppléments donnés par Vincent et par Debure, que j'ai indiqués. — Œuvres complètes de Montesquieu, nouvelle édition, d'après celle de Plassan, y compris l'analyse de Bertolini, et les notes d'Helvétius sur une partie de l'Esprit des Lois; plus des Tables de matières systématiques sur *l'Esprit des Lois*, la *Grandeur des Romains* et les *Lettres Persanes. Bâle*, Decker, 1800, 5 vol. *in-8°.*

Dans toutes les éditions que j'ai vues, faites après la mort de Montesquieu, on a joint à ses Œuvres, son Eloge, par d'Alembert, et l'analyse de l'Esprit des Lois, par le même (Voyez ci-devant n°. 52.); la défense de l'Esprit des Lois, avec quelques éclaircissements, et quelquefois aussi d'autres pièces que j'indiquerai dans la suite de cet article.

L'Esprit des Lois a été attaqué, défendu, analysé, commenté.

Critiques.

Journal de Trévoux, avril 1749, p. 718. Gazette Ecclésiastique, feuilles du 9 et du 16 octobre 1749; 24 avril et 1 mai 1750, contre la défense de Montesquieu — Réfutation du livre de l'Esprit des Lois, en ce qui concerne le commerce et les finances, par Durin (fermier-général), 1749, 3 vol. *in-12.* L'abbé Saint-Léger dit qu'elle est *rarissime*; c'est sans doute de cet ouvrage que parle Voltaire dans l'Avertissement de son Commentaire sur l'Esprit des Lois. « Une petite » société de savans, nourris dans la connaissance des » affaires des hommes, s'assembla long-temps pour exa- » miner avec impartialité ce livre si célèbre. Elle fit » imprimer pour elle et pour quelques amis, vingt- » quatre exemplaires de son travail, sous le titre » d'*Observations sur l'Esprit des Lois*, en 3 petits » vol. » — Alambic des Lois, par Rouillé d'Orfeuil, ancien colonel. — L'Esprit des Lois quintessencié par une suite de lettres analytiques, (par l'abbé Debonnaire, docteur de Sorbonne, mort en 1753). 1751 2 vol. *in-12.* — Observations sur l'Esprit des Lois, par l'abbé de Laporte. *Amsterd.* (*Paris*), 1751, *in-12*, — seconde édition, 2 parties, (peut-être 3. Voyez le Catalogue de la Vallière. Nyon, 1788, n°. 2177.) — Observations sur l'Esprit des Lois, par Crevier, (mort en 1765). 1764, 1 vol. *in-12.* — Théorie des Lois, &c. Voyez le n°. qui va suivre.

Réponses aux Critiques.

Défense de l'Esprit des Lois, à laquelle on a joint
quelques éclaircissements. *Genève*, Barrillot, 1750,
1 vol. *in*-12. Montesquieu répond en particulier au
Gazetier ecclésiastique. C'est cet écrit qu'on a réimprimé dans les collections de ses Œuvres. — Remer-
ciement sincère à un homme charitable. On l'a attribué
à Voltaire; il est réimprimé dans les Editions des
Œuvres de Montesquieu, 1759, 1764, 1767, et de Plassan. — Apologie de l'Esprit des Lois, ou Réponse aux
Observations sur l'Esprit des Lois par l'abbé de Laporte, par de R. (Boulanger de Rivery, mort en 1758.)
Amsterd. 1751, *in*-12. — Suite de la Défense de l'Esprit des Lois, ou Examen de la Réplique du Gazetier
ecclésiastique. *Berlin*, 1751, *in*-12. (Par La Beaumelle.)
Le Gazetier y répondit en 1752, p. 89. — Réponse
aux Observations sur l'Esprit des Lois de l'abbé de
Laporte, (par Risteau, directeur de la Compagnie des
Indes.) *Londres*, 1751, *in*-12, réimprimée avec les
Lettres familières. *Paris*, Vincent, 1777, *in*-12. Voyez
à ce sujet la Lettre de Montesquieu à l'abbé de Guasco,
du 27 juin 1752.

Commentaires et Analyses.

Commentaires sur quelques principales maximes de
l'Esprit des Lois, par Voltaire, publié d'abord à
Genève, 1778, *in*-8°.; ensuite dans la collection
des Œuvres de Voltaire, édition de *Kell*, t. XXIX,
p. 350—437; et édition de Palisset, tom. XXXV,
p. 301. Voyez aussi l'article *Lois*, dans le Dictionnaire Philosophique du même Voltaire, et l'article
Montesquieu, parmi les Ecrivains du siècle de
Louis XIV. — Analyse de l'Esprit des Lois, par d'A-
lembert, imprimé avec l'Esprit des Lois. — Analyse
de l'Esprit des Lois, par l'abbé Bertolini, imprimée
en Italie en 1754; réimprimée dans le Supplément de
Plassan, et dans l'édition de *Basle*, 1800. — L'Esprit
de l'Esprit des Lois, attribué à Legras de Villard,
1749, *in*-8°. et *in*-4°. — Extrait de l'Esprit des Lois,
chapitre par chapitre, par de Fornonays, 1760, 1
vol. *in*-12. — Le tome 3 des Opuscules de Freron,
Amsterdam (*Paris*), 1753, contient un extrait, chapitre par chapitre, de l'Esprit des Lois; des observa-

tions sur quelques endroits de ce livre ; une idée des critiques qui en ont été faites , avec des remarques de l'éditeur, et cinq Lettres de La Beaumelle sur l'Esprit des Lois. — Le Génie de Montesquieu, par Alex. DE LEYRE , 1758 , 1 vol. *in*-12. — L'Esprit des Maximes politiques pour servir de suite à l'Esprit des Lois, par PECQUET , *Paris*, Prault père , 1757, 1 vol. *in*-4°. — Analyse raisonnée de l'Esprit des Lois, par le même. *Paris*, Nyon , 1768 , 1 vol. *in*-12.

Montesquieu est mort à Paris le 10 février 1755, âgé de 66 ans. Voy. ci dev. n°. 52 , l'indication des auteurs qui ont écrit sa vie. J'aurais pu multiplier ces indications , d'après la France Littéraire , 1769 , tome II. Louis XVI lui a fait élever en 1783 une statue. Elle est l'ouvrage de Clodion MICHEL , et placée dans la salle des séances publiques de l'Institut, au Louvre.

On a prétendu que Montesquieu avait pris une partie de ses vues dans la République de Bodin , dans la Politique d'Aristote et ailleurs. Il n'est pas un auteur dont on ne puisse dire des choses semblables. On ne médite pas seul une matière, sans rencontrer une partie des idées que de pareilles méditations ont produites : chacun partage l'honneur de l'invention , et un moderne n'est pas plagiaire pour avoir eu les mêmes vues qu'un ancien : il ne le serait pas même pour les avoir adoptées , après les avoir examinées et jugées.

72. Théorie des Lois civiles , par LINGUET , Avocat au parlement , 1767 , *in*-12 , 2 vol.

L'objet de Linguet est de combattre une partie du système de Montesquieu. Il a publié en 1770 des Lettres sur la théorie des Lois civiles , contenant sa défense contre ses adversaires, 1 vol. *in*-12. Le tout a été réimprimé en 1774 , 3 vol. *in*-12. — Réponse aux docteurs modernes. *Paris*, 1771 , 3 part. *in*-12. Linguet, né à Reims , le 14 juillet 1736 , a été mis à mort à Paris, le 27 juin 1794.

73. Traité des Lois de CICÉRON , traduit par MORABIN. *Paris* , Morin , 1777 , 1 vol. *in*-12.

La première édition est de 1719. La même traduction est imprimée au tom. VI du recueil des *Œuvres philosophiques de Cicéron. Paris* , Didot jeune , 1796, 10 vol. *in*-18.

74. La Science de la Législation, par Gaëtano
Fɪʟᴀɴɢɪᴇʀɪ, traduit de l'Italien. *Paris*, Cu-
chet, 1786 et années suivantes, 5 vol. *in-8°*.
— An VII, 7 vol. *in-8°*.

Le texte italien a eu plusieurs éditions : les plus
modernes sont : — La Scienza della Legislazione, del
cit. Gaët. Filangieri. *Genova*. Gravier, 1798. 8 vol.
in-8°. — *Livorno*, 1799, 5 vol. *in-8°*. Le traducteur
français est Jean-Antoine Gᴀᴜᴠᴀɪɴ-Gᴀʟʟoɪs, correspondant de l'Institut, membre du tribunat.

Voyez ci-après no. 167 et suiv. les livres que j'ai
indiqués sur les diverses formes de gouvernement et
leurs lois. Plusieurs de leurs auteurs ont traité des principes généraux de la sociabilité, et quelques personnes
les réuniraient peut-être au présent article.

TITRE III.

Traités I. *Du Droit naturel ;*
II. *Du Droit public entre les Nations ; partie*
théorique ; partie positive ou collections de
traités ;
III. *Du Droit public des Nations considérées*
individuellement ; relations intérieures et ex-
térieures ; économie politique.

☞ J'appèle *Traités du Droit naturel*, les ouvrages où l'on considère les principes des lois que
Dieu a écrites dans le cœur de l'homme, et les
corollaires qui se déduisent de ces principes.
J'appèle *Droit public entre les Nations*, les règles
auxquelles les Nations doivent se conformer,
soit dans les rapports, soit dans les dissensions
qu'elles ont les unes avec les autres. Il y a ici
théorie, résultante de l'examen des principes ;
et *pratique* ou *positif*, résultant des traités. J'appèle *Droit public des Nations considérées indivi-*
duellement, les règles qui déterminent les relations intérieures du chef et des membres dont

l'Etat est composé ; les relations extérieures de l'Etat ; l'économie politique ou l'administration intérieure.

C'est ce qui me donne lieu de diviser l'indication des livres qui concernent le Droit public des Nations en deux parties : *Relations intérieures et extérieures ; Économie politique.* On peut bien aussi dans cette partie, comme dans celle du Droit public entre les diverses nations, distinguer la théorie de la pratique ou du positif, c'est-à-dire, l'examen des principes et de leurs conséquences, des dispositions écrites dans les pactes et chartes constitutionnelles : mais comme ces pactes et ces chartes sont propres à telle nation déterminée, à la différence des traités d'alliance qui sont communs au moins à deux nations, et qui souvent en intéressent un plus grand nombre, j'ai pensé que ce n'était pas ici le lieu d'indiquer les traités sur le Droit public positif particulier à chaque nation. Cette indication sera réunie à celle des lois, coutumes et autres écrits propres à la législation de chaque pays en particulier. Il en sera de même pour la partie administrative : les lois et les traités qui concernent l'économie politique d'un pays dénommé seront indiqués à l'article de ce pays.

Les ouvrages qui vont être annoncés dans la première partie de ce titre troisième, et ceux que j'ai indiqués dans le second titre, ont beaucoup d'affinité entre eux. Néanmoins je mets entre les uns et les autres cette différence que dans les traités compris sous le titre second, on porte l'examen jusqu'aux fondements des premiers principes : existe-t-il des lois ? La sociabilité est-elle un attribut essentiel de l'homme ?

l'homme ? Comment se forme la société ? Au lieu que dans les ouvrages compris sous le présent titre , ces premiers principes sont admis comme reconnus. Il y a des lois, il existe des sociétés. Quelles sont les lois et les transactions solemnelles que la nature impose à l'homme, soit comme individu , soit comme membre d'une société , et aux sociétés elles-mêmes?

La plupart des auteurs qui ont traité du droit des gens ou du droit public entre les nations , ne l'ont fait qu'à la suite de traités du droit naturel , et j'aurais réuni sous le même titre les livres qui traitent du droit naturel et ceux qui traitent du droit des gens, si je n'eusse pensé qu'il y avait quelque intérêt à marquer d'une manière prononcée la distinction de ces deux études , celle du Droit naturel et celle du Droit des gens : mais j'avertis que quand on voudra se livrer à l'étude du Droit des gens, on ne devra pas omettre de voir quels auteurs j'ai indiqués pour l'Etude du Droit naturel.

§. I. *Traité du Droit naturel.*

75. * Essai sur l'Histoire du Droit naturel. *Londres ,* 1757 , 1758 , 2 vol. *in-8°.*

Cet ouvrage est une bonne introduction à l'étude du droit naturel ; cependant il faut se défier de quelques réflexions partiales de l'auteur, M. Hubner , qui était professeur d'histoire en l'université de Coppenhague. On peut lire sur cet ouvrage l'annonce que le P. Berthier en a faite dans le Journal de Trévoux , avril 1759, pag. 888 — 924 ; elle contient des remarques et des critiques très-intéressantes.

76. Georg. And. Vinoldi , Notitia scriptorum Juris Naturæ. *Lipsiæ ,* 1723, *in-8°.*

77. Jos. Fr. Buddei, Historia Juris naturalis.

Cette Histoire, que l'on trouve très-bonne, quoique fort abrégée, a été imprimée d'abord à la tête des Institutions de Vitriarius, que j'indique n°. 136; ensuite à la tête d'un Recueil intitulé: *Selectorum Juris Naturæ et Gentium*, imprimé à *Halle* en 1701 et 1717, *in-8°.*

78. Hugonis Grotii, de Jure Belli ac Pacis, libri 3. *Parisiis*, 1625, *in-4°.* — *Ibid.* 1632. L'édition première de 1625 diffère en plusieurs endroits des réimpressions. — Editio secunda, emendatior et multis locis auctior. *Amstel.*, Blaeu, 1631, *in-fol.* Belle édition. — Editio nova cum annotatis auctoris. *Amst.*, J. et Corn. Blaeu, 1642., 1 vol. *in-8°.*

Hugues Grotius, en flamand *van Grood*, c'est-à-dire, *le Grand*, est regardé comme le restaurateur de la science du Droit naturel en Europe. Il était de Delft en Hollande; mais il composa cet ouvrage en France, à Balagni près Senlis. Il s'y était retiré, obligé de fuir de sa patrie. Ce fut en 1623 qu'il commença à y travailler; et il dédia son ouvrage à Louis XIII. Grotius est mort le 28 Août 1645.

Le Traité de la Guerre et de la Paix a été regardé comme un livre classique : il a été traduit, imprimé avec des notes, et commenté.

Traductions de Grotius.

79. Le Droit de la Guerre et de la Paix, de Grotius, traduit par Courtin. *Paris*, 1687, *in-4°*, 2 vol. — *Ibid.* 1688, 3 vol. *in-12.* — *La Haye*, 1732, 3 vol *in-12.*

80. Le Droit de la Guerre et de la Paix, traduit du latin de H. Grotius, avec des Remarques; par J. Barbeyrac. *Amst.* 1724, *in-4°.*, 2 vol. — *Id. Paris*, sous le titre d'*Amst.* 1729. — *Id. Amst.* 1734. — *Id.* 1736. — *Id. Bâle*, 1768, 2 vol. *in-4°.*

Jean Barbeyrac, auteur de cette traduction, était né à Béziers en 1674. Il fut professeur de droit public à Groningue. (Voyez ci-devant nº. 29.) Sa traduction, qui est très-estimée, a fait absolument tomber celle de Courtin.

L'ouvrage de Grotius a été traduit plusieurs fois en anglais, en allemand et en flamand. *Voyez* les titres de ces traductions dans Lipenius, au mot *Grotius*. Il a été aussi traduit en Suédois.

Editions de Grotius avec des Notes.

81. H. Grotii, de Jure Belli ac Pacis, lib. III, cum Annotationibus autoris, necnon variorum Notis, et J. Frid. Gronovii. Accesserunt dissertatio de Mari libero et libellus de Æquitate, Indulgentia et Facilitate. *Amst.* Jansson Waesberg, 1680, *in-8º.* — *Amstel.* 1689, *in-8º.* — *Amstel.* Offic. Westen., 1712, 1 vol. *in-8º.*, bonne édition. *Lipsiæ*, 1726. — *Traj. ad Rh.*, 1773, 2 vol. *in-8º*, — * Edente Boeclero. *Neapol.* 1719, 2 vol. *in-4º.* — * Edente Barbeyracio. *Amst.* 1720, *in-8º.* — *Ibid.* 1735, 2 vol. *in-8º.* — *Lipsiæ*, 1758.

Entre ces trois éditions de Barbeyrac, c'est celle de 1735 que l'on doit préférer. Dans la plupart des éditions postérieures à celle de 1680, on a joint la dissertation *de Mari libero.*

— H. Grotius, de Jure Belli ac Pacis, cum excerptis Annotationibus virorum insignium, edente Jo. Chr. Becmanno. *Francofurti ad Viad.* 1691, *in-4º.* — *Ibid.* 1699.

Commentateurs de Grotius.

82. H. Grotii, de Jure Belli ac Pacis, lib. III, cum Commentariis Guil. van der Meulen; accedunt et auctoris annotata, etc. Tom. I,

Ultraj. 1696 ; tom. II , *ibid.* 1700 ; tom. III , *Amst.* 1704 , *in-fol.*

Cette édition de Grotius est la plus recherchée par les curieux. Van der Meulen , ou Muelen , était chanoine à Utrecht.

83. Henrici DE COCCEI... Grotius illustratus , seu Commentarii ad H. Grotii de Jure Belli ac Pacis, lib. III, tom. I. *Uratils.*, 1744; tom. II, *ibid.* 1746; tom. III , *ibid.* 1748, *in-fol.* — *Id. Lausannæ*, 1751 , 5 *vol. in-4°*. — *Id. Genevæ*, 1755 , *in-fol.*

L'ouvrage de Henri de Coccei , mort à Francfort sur l'Oder, le 18 août 1719, à 76 ans, a été donné par les soins de Samuel son fils , lequel y avait travaillé avec son père. Samuel a été grand-chancelier du roi de Prusse : il est regardé comme l'auteur du *Code Frédéric.*

84. Jo. Gottl. HEINECCII , Prælectiones academicæ in H. Grotii de Jure belli ac Pacis libros. *Berolini* , 1744 , *in-8°.*

Ces Leçons se trouvent dans le tome VIII de l'édition des Œuvres complètes d'Heineccius , donnée à Genève , chez Cramer , en 1749, *in-4°. Breves quidem, sed succi plenæ* , est-il dit dans la Bibliothèque de Struvius; *et ad interpretandum ex Grotio Grotium apprimè comparatæ.*

Il suffit, au milieu d'une foule de commentateurs de Grotius , d'avoir indiqué ceux-ci. Dans le nombre des autres, quelques-uns, en annonçant des commentaires sur Grotius , n'ont eu pour objet que de l'attaquer ; et d'autres , à leur tour , l'ont défendu contre ces critiques assez peu estimés.

85. Sam. PUFFENDORFII , Elementorum Jurisprudentiæ universalis , libri II ; denuo ad exemplar Hagæ-Comitense impressi. *Ienæ* , Mayer , 1669 , *in-4°.*

Ce sont les premiers essais des ouvrages qui vont être annoncés dans les numéros suivants.

86. * Samuelis Puffendorfii , Systema Juris
Naturæ et Gentium. *Lond. Scan.* (*Lunden* en
Suède), 1672. — *Id.* auctius, *Francofurti ad
Mœn.* 1684 ; *Amstel.* , 1688 , *in-4°.* — *Ibid.*
J. Wolters , 1698 , 1 vol. *in-4°.*

Le baron de Puffendorf fut le premier professeur de
droit de la nature et des gens, établi en Allemagne :
il fut ensuite appelé successivement par les rois de
Suède et de Prusse. Il mourut en Prusse le 26 octobre
1694. On va voir, par les indications suivantes, que
son ouvrage reçut à peu près les mêmes honneurs que
celui de Grotius.

87. Sam. Puffendorfii, de Jure Naturæ et
Gentium , libri octo, cum Notis Hertii.
Franc. ad Mœn. 1706. — *Ibid.* 1716. — *Ibid.*
1717. — *Id. Amst.* 1715, *in-4°.* Cette édition
est estimée. — Cum Notis Hertii, Barbeyracii et Mascovii, *Francofurti* et *Lipsiæ* ,
1743 et 1744, 2 vol. *in-4°.*

— Sam. Puffendorfii, Specimen controversiarum circa jus naturale ipsi nuper motarum.
Upsaliæ, Dan. Van-der-Mylon, 1678, 1 vol.
in-8°.

88. * Le Droit de la Nature et des Gens , traduit
du latin de Samuel de Puffendorf, par Jean
Barbeyrac, avec des Notes et une Préface
du Traducteur. *Amsterdam* , 1706 , *in-4°.*
Cette première édition est moins ample que
les suivantes. *Amst.* 1712. — *Bâle* , 1732. —
Amst. 1734, 2 vol. *in-4°.* (C'est la meilleure.)
— *Londres*, 1740 , 3 vol. *in-4°.* — *Londres* ,
1744 , 3 vol. *in-4°.* — *Bâle* et *Leyde*, 1771 ,
2 vol. *in-4°.*

Le Traité de Puffendorf a été traduit en anglais et
en allemand.

89. * Sam. Puffendorfii, de Officio hominis et

civis. *Lond. Scan.* (*Lunden* en Suède.) 1673.
— *Holm.* 1693. — *Cantabr.* 1701. — Edit.
sexta. *Ultrajecti*, Broedelet, 1705, *in-*12.
— *Francof. ad Mæn.*, 1710, cum Notis Imm.
WEBER, *in-*8°. — Cum Notis BARBEYRACII
et LEIBNITII. *Francofurti*, 1753. — *Viennæ*,
1757, *in-*8°. — *Hamburgi* et *Bernæ*, 1706.
— *Ultr.*, 1713, *in-*12 et *in-*8°.

C'est un abrégé, donné par Puffendorf lui-même,
de son grand ouvrage sur le droit naturel.

Le même livre a été traduit en français et imprimé
plusieurs fois avec des notes : il suffit d'indiquer les
éditions suivantes.

90. * Les Devoirs de l'Homme et du Citoyen,
tels qu'ils lui sont prescrits par la Loi natu-
relle ; traduits de Puffendorf par Barbeyrac.
Amst. 1707. — *Luxembourg*, 1708, 1715,
1718, 1735, *in-*12. — 1741, *Londres*, J.
Nourse, 2 vol. *in-*12. — *Amst.* et *Leipsick*,
Arkstée et Merkus, 1756, 2 vol. *in-*12. —
Amst., 1760, 2 vol. *in-*12.

L'édition de 1741 est annoncée comme la sixième,
accompagnée, ainsi que la précédente, de deux discours sur la permission et sur le bénéfice des lois ; du
jugement de Leibnitz sur l'ouvrage de Puffendorf, et
augmentée d'un grand nombre de notes. Les mêmes
pièces sont réimprimées dans l'édition de 1756 et dans
celles qui ont suivi.

Il y a une traduction allemande et une traduction
anglaise des Devoirs de l'Homme et du Citoyen.

91. Jo. Gottl. HEINECCII, Prælectiones academ.
in Sam. PUFFENDORF. de Officio hominis et
civis. *Berolini*, 1742. — *Viennæ*, 1757 : et
dans le huitième vol. de la Collection des
Œuvres de Heinneccius.

92. * Des Droits et des Devoirs du Citoyen ;
par l'Abbé DE MABLY. 2 vol. *in-*18. — 1 vol.
*in-*12.

Il est dans la Collection de ses Œuvres , daté de *Marli* , le 21 août 1758. *Voyez* n°. 70.

93. L'Homme moral ou les Principes des Devoirs , suivis d'un Apperçu de la civilisation ; par LEVESQUE. Quatrième édition , corrigée et augmentée , (la seule avouée par l'auteur). *Paris* , Debure , 1784; *in*-12.

Les premières éditions sont de 1775 , toutes faites loin de l'auteur , et l'une d'elles altérée par des changements contraires à ses vues.

Pierre-Charles Levesque , né à Paris , le 28 mars 1756 , a été membre de l'Académie des inscriptions ; il est membre de l'Institut.

94. Droits de l'Homme , en Réponse à l'attaque de M. Burke sur la Révolution Française ; par Thomas PAINE : traduit de l'anglais , par François SOULÈS. *Paris* . Buisson , 1791 et 1792; deux parties *in*-8°. —*Ibid*. 1793, 2 part. *in*-8°. Autre traduction ; par LANTHENAS , (membre de la convention). *Paris*, 1792, *in*-8°.

Thomas Paine est fort connu comme auteur du livre intitulé *Le Sens commun* ou *Le Bon sens* : traduit de l'anglais sous ce second titre , (par Armand-Guy DE KERSAINT , membre de la convention , décapité en 1793). 1788 , 1 vol. *in*-8°. — Autre édition , sous le titre de *Sens commun* , *Paris* , Buisson , 1 vol. *in*-8°.

Voici les titres et les éditions originales des deux ouvrages que j'annonce.

Common sense , addressed to the inhabitants of America , on the following interesting subjects : I. Of the origin and design of government in general , with concise remarks on the english constitution : II. Of monarchy and hereditary successions , etc. A. N. E. with several additions. Together with an address to the people called Quakers. By. Th. Paine. *London* , J. S. Jordan , 1791 , *in*-8°. 1 vol.

Dans quelques exemplaires de cette édition , les mots et les phrases les plus fortes ont été laissés en blanc lors de l'impression , et remplis à la main.

Rights of man : being an answer to M. Burk's attack

on the french revolution. 4th. E. by Th. Payne. *London*, J. S. Jordan, 1791.

Rights of man part. II. combining principle and practice. By Th. Paine, the 6th. E. *ibid.* 1792.

95. * De Legibus naturæ Disquisitio philosophica; in quâ earum forma, summa capita, ordo, promulgatio et obligatio è rerum naturâ investigantur : quin etiam elementa philosophiæ Hobbianæ cùm moralis, tùm civilis, considerantur et confutantur, autore R. CUMBERLAND, T. S. Bac. apud Cantabrigienses. *Londini*, Flesher, 1672, *in-4°.* — *Ibid.* 1675, *in-4°.* — *Dublinii*, 1720, *in-8°.*

Ce livre est un des meilleurs sur le droit naturel, quoique un peu abstrait. Son auteur mourut évêque de Pétersborough, en 1719. M. Maxwel a traduit cet ouvrage en anglais : Tirel, Anglais aussi, en a fait un abrégé.

96. Traité philosophique des lois naturelles, etc. par le docteur Richard CUMBERLAND, traduit du latin par BARBEYRAC, avec des Notes du traducteur. *Amst.*, 1744, *in-4°.* G. P. — *Leyde*, 1757, *in-4°.*

97. Principes du droit naturel; par J. J. BURLAMAQUI. *Genève*, 1747, *in-4°.* — *Ibid.* 1748 et 1750, *in-12.* — *Paris*, Guillaume, 1791, *in-8°.* — Principes du droit politique; par le même. *Genève*, 1751, 2 vol. *in-12.*

On a ensuite imprimé ces deux ouvrages réunis.

— Principes du droit naturel et politique; par J. J. BURLAMAQUI. *Genève*, 1763, *in-4°.* — 1764, 3 vol. *in-12.*

98. Principes du droit de la nature et des gens; par J. J. BURLAMAQUI, avec la suite du droit de la nature, qui n'avait pas encore paru. *Yverdon*, 1766, 1768, *in-8°*, 8 vol.

Ces dernières éditions ont été données par M. de Felice, qui y a joint beaucoup de notes.

99. J. J. Burlamaqui, Elementa juris naturalis, *Genève*, 1754, *in-8°*.

Ces Éléments ne contiènent que les fondements du droit naturel ; on trouve le développement des principes dans l'ouvrage suivant.

100. * Éléments du droit naturel ; par feu M. Burlamaqui, professeur en droit, et conseiller d'état à Genève ; ouvrage posthume, et qui paraît enfin pour la première fois d'après le véritable manuscrit de l'auteur. *Lausanne*, 1774, *in-8°*.

Jean-Jacques Burlamaqui, originaire d'Italie, naquit à Genève en 1694 ; il y mourut au mois d'avril 1750. Ses ouvrages sont généralement estimés et ont été traduits en plusieurs langues. Hubner en a fait un grand éloge dans son *Essai sur l'Histoire du Droit naturel.* Voyez l'Hist. littér. de Genève, par Sennebier, tom. III, p. 87.

101. Institution du droit de la nature et des gens, avec un Appendice contenant des idées sur la politique ; par Gerard de Rayneval. *Paris*, Leblanc, an XI, 1 vol. *in-8°*.

C'est un grand avantage de pouvoir jouir des méditations d'un homme qu'une longue pratique a éclairé. On a cet avantage dans la possession du livre du citoyen Gerard de Rayneval. Il a été long-temps et avec distinction employé en chef au département des affaires étrangères.

102. Chr. Thomasii, Institutiones jurisprudentiæ divinæ, in quibus fundamenta Juris Naturalis secundum hypotheses Puffendorfii demonstrantur. *Francofurti* et *Lipsiæ*, 1688, *in-4°*. et *in-8°*. *Halæ-Magd.*, 1694, 1702, 1719, 1717, 1730, *in-4°*. et *in-8°*. — Ejusdem, Fundamenta juris naturæ et gentium,

ex sensu communi deducta, etc. *Halæ-Magd.*
1705, 1708, 1718, *in-4°*.

Christian Thomasius, auteur des traités que l'on
vient d'indiquer, et qui sont singulièrement estimés
en Allemagne, était professeur en droit et directeur
de l'université de Halle au duché de Magdebourg. Il
est mort en 1728.

103. Christ. WOLFII, Jus naturæ, methodo
    scientificâ pertractatum. *Lips.* et *Francof.*, à
    1740 ad 1748, 8 vol. *in-4°*.

Voilà l'ouvrage le plus étendu que nous ayions sur
le droit naturel. Le baron de Wolf, son auteur, fut
premier professeur de mathémathiques et de philosophie dans l'académie de Marpurg, professeur hono-
raire de Saint-Pétersbourg, membre des sociétés
royales des sciences de Londres et de Berlin, conseiller
de régence du roi de Prusse, associé étranger de
l'académie des sciences. Tant de titres accumulés annoncent une grande variété de connaissances et la célébrité à laquelle Wolf est en effet parvenu. Il est
mort à Halle dans le duché de Magdebourg, en 1754.
Il était né à Breslaw en 1679.

104. *Christiani WOLFII, Institutiones juris na-
    turæ et gentium. *Halæ*, 1754, *in-8°*.

Cet ouvrage, l'abrégé du précédent, ne contient
que les premiers principes, déduits de la nature même
de l'homme, avec le titre des différentes *positions*
(ou *thèses*) du grand ouvrage.

105. Principes du droit de la nature et des gens,
    extraits de Wolf; par M. FORMEY. *Amster.*,
    1757, 3 vol. *in-8°*. — 1758, 3 vol. *in-12*.

Jean Henri-Samuel Formey, né à Berlin en 1711,
secrétaire perpétuel de l'académie de Berlin, mort le 8
mars 1797.

☞ A la suite de ces auteurs principaux sur le
droit naturel et des gens, il a paru utile d'en
indiquer quelques autres, dans les ouvrages
desquels il y a beaucoup à profiter, quoiqu'ils

ne soient pas aussi considérables ni aussi célèbres , quelques-uns du moins , que le sont les
précédents.

106. Got. ACHENWALL , Prolegomena juris
Nat. *Gottingæ* , 1758 , *in-8°.* , edit. tertia ,
ibid. 1767. — Elementa juris Naturæ , edit.
sexta. *Gotting.* , 1768 , *in-8°.*

Achenwall , né en 1719 , professeur à Gottingue ,
e t mort le 1 mai 1772.

107. BECKMANNI , Doctrina juris ex jure naturæ. 1676 , *in-4°.*

108. Georg. BEYERI , Delineatio juris divini ,
naturalis et positivi universalis. *Viteb.* 1712 ,
in-4°. — *Lipsiæ* , 1716. — *Ibid* 1726 , *in-4°.*

109. Justi Henning. BOEHMER , Introductio in
jus publicum universum. *Hal.* . 1726 , *in-8°.*
— *Francof.* 1758 , *in-8°.*

110. Principes du droit naturel , traduits de
l'allemand de M. Claproth , professeur en
droit à Gottingue. *Lausanne* , 1771 , *in-12,*
L'original allemand a paru à Gottingue en 1749 ,
in-8°.

111. Henr. DE COCCEII , Exercitationes juris gentium curiosæ. *Lemgoviæ* , 1722 , 2 vol. *in-4°.*
—Ejusdem Autonomia juris gentium. *Francof.*
1718. — *Ibid.* 1720 , *in-8°.* Voyez ci-devant
n°. 83.

112. Sam. COCCEII , Systema novum justitiæ naturalis , sive jura Dei in homines , et homi-
num inter se. *Halæ* , 1748 , *in-8°.*

113. Essai sur les principes du droit et de la morale ; par M. DAUBE , maître des requêtes.
Paris , 1743 , *in-4°.*

Il était neveu de M. Fontenelle. Il a laissé plusieurs

volumes *in-fol.* manuscrits, sur des matières de législation. Ils sont à la bibliothèque du conseil d'état. Le manuscrit de son Essai sur les principes du droit et de la morale est à la bibliothèque du corps législatif. Daube était intendant de Soissons.

114. Joach. Georg. DARIES, Institutiones jurisprudentiæ universalis naturæ et gentium. *Ienæ*, 1740. — *Ibid.* 1745. — *Ibid.* 1748. — *Ibid.* 1751. *in-8°.* — *Francof.* 1754, *in-8°.* — Ejusdem, Observationes juris naturalis, ad ordinem systematis sui selectæ. *Ienæ*, 1753, *in-8°.*

115. Homo naturâ non ferus : dissertatio philosophica ; auctore M. Jo. Gros. Henr. FEDER. *Erlangæ*, 1765, *in-4°.*

Cette dissertation est spécialement dirigée contre le système de Jean-Jacques Rousseau, et autres philosophes modernes. L'auteur y établit que la société est l'état naturel de l'homme : il cherche avec beaucoup d'érudition l'origine des sociétés civiles. *Voyez* Comm. de Lib. min. *Bremæ*, 1767, tom. I, part. 3, n°. 79.

116. Leçons du droit de la nature et des gens ; par le professeur DE FELICE. *Yverdon* et *Lyon*, J. M. Bruyset, 1768, 2 vol. *in-8°.*

117. J. Laur. FLEISCHER, Institutiones juris naturæ et gentium. *Halæ*, 1722, — *Ibid.* 1730. — *Lips.*, 1741, *in-8°.*

118. Ephraim GERHARDI, Delineatio juris naturalis. *Ien.*, 1712, *in-8°.*

119. Ad. Fr. GLAFFEY, Anecdota in jus publicum. *Lips.*, 1744, *in-8°.*

120. Mic. Henrici GRIBNERI, Principia jurisprudentiæ naturalis. *Wittemb.*, 1710, 1715, 1717, 1723, 1727, 1733, 1748, *in-8°.*

121. Nicol. Hier. GUNDLINGII, Jus naturæ et gentium, connexâ ratione nováque methodo

elaboratum. *Halæ Magdeb.*, 1728 , 1 vol. *in-8°.* — *Ibid.* 1736, *in-8°.* — *Genevæ*, 1751, *in-8°.*

Il y avait eu une première édition à Halle en 1714, mais sous ce titre différent : *Via ad veritatem.*

122. Jo. Gott. HEINECCII , Elementa juris naturæ et gentium. *Hal.*, 1738 , *in 8°.* — Castigationibus ex catholicorum doctrinâ et juris historiâ aucta à J. MARIN et MENDOÇA. Edit. secund. *Matriti* , Barco, 1789 , *in-8°.*

Ces éléments se trouvent dans le premier volume de la collection des œuvres d'Heineccius : ils ont été traduits en anglais.

123. J. KLENCKII , Institutiones juris naturalis. *Amst.*, 1665. — *Paris* , 1670 , *in-12.*

124 Henr. KOEHLERI , Juris naturalis exercitationes. *Ien.* , 1729. — *Ibid.* 1733. — *Ibid.* et *Francof.* , 1738. — Ejusdem KOEHLERI , Juris socialis et gentium ad jus naturale revocati specimina. *Ien.* , 1737 , *in-4°.* — *Francofurti* , 1738 , *in-8°.*

125. LERBER , De legis naturæ summa. *Tiguri*, 1752 , *in-4°.*

126. Elémens de législation naturelle ; par PERREAU , membre du tribunat, professeur de législation à l'école centrale du Panthéon. *Paris* , Baudouin , an IX , 1 vol. *in-8°.*

127. Fundamenta jurisprudentiæ naturalis ; autore Guillelmo PESTEL , *Lugd. Batav.* Luchtmans , 1773 — *Ibid.* 1774 , *in-8°.* Edit. quart. *Lugd. Batav.*, 1788 , 1 vol. *in-8°.* — Les mêmes , traduits en francais par M. BLONDE , avocat au parlement de Paris. *Utrecht* , V. Schoonoven , 1774 , *in-8°.*

128. Car. POLINI , De juris divini et naturalis origine. *Brixiæ* , 1750 , *in-4°.*

129. ROESLERI , Institutiones juris naturalis. *Tubingæ* , 1756 , *in-8°.*

130. Jo. Jac. A. RYSSEL , De jure naturæ et gentium. *Lips.* , 1689 , *in 8°.*

131. Ignat. SCHWARTZII , Institutiones juris naturæ et gentium. *Venet.* 1760, 4 vol. *in-4°.*

132. J. SELDEN , De jure naturæ et gentium juxta disciplinam Hebræorum. *Lips.* , 1695 ; — *Witteb.* , 1712 , *in-4°.*

Ouvrage d'une érudition immense ; on se plaint que cette érudition n'est ni du bon genre ni bien employée ; que l'ouvrage est inutile et plein de faussetés. (Journ. de Trevoux, 1759, avril, page 916.)

133. J. Georg. WAGNERI , Fundamenta juris naturæ et gentium. *Halæ* , 1750, *in-8°.*

134. Le Droit des gens ; par VATTEL. *Lond.* , 1758 ; 2 vol. *in-4°.* — *Leyde* , 1758, 2 vol. *in-4°.* (Je crois que ces deux éditions n'en font qu'une , avec deux frontispices différents.) — *Londres* , 3 vol. *in-12.* — *Paris* , 1760 , 3 vol. *in-12.* — *Neufchâtel* , 1773 , *in-4°.* , 2 vol. Édition très-incorrecte. — Nouvelle édition augmentée, revue et corrigée , avec quelques remarques de l'éditeur. *Amst.* , Harrevelt , 1775 , 2 vol. *in-4°.*

Vatel est né dans la principauté de Neufchâtel en Suisse au mois d'avril 1714. Il y est mort le 20 décembre 1769. Il jouit d'une juste réputation. Voyez la notice de sa vie à la tête de l'édition de 1775.

135. J. Batt. WERNHERI , Elementa juris naturæ et gentium. *Wittemb.* 1720 , *in-8°.*

136. P. Reinh. VITRIARII , Institutiones juris naturæ et gentium , ad methodum Hugonis

Grotii. *Lugd. Bat.*, 1692. — *Hal.*, 1718, *in-8°*. — *Lugd. Batav.*, 1734, *in-8°*. — *Norimb.*, 1726. — Cum notis VULLYAMOZII, *Lausan.*, 1745, *in-4°*.

137. Jo. Joac. ZENTGRAVII, Disquisitio de origine, veritate, et obligatione juris gentium. *Argent.*, 1684, *in 8°*. — Ejusdem, Specimen doctrinæ juris naturalis secundùm disciplinam Platonic. *Arg.*, 1678, *in-4°*. — Idem Specimen, secundùm disciplinam Christianorum. *Argent.*, 1678, *in-8°*.

138. Code de l'humanité, ou la Législation universelle, naturelle, civile et politique, avec l'Histoire littéraire des plus grands hommes qui ont contribué à la perfection de ce code ; revu et mis en ordre par M. DE FELICE. *Yverden*, imprim. de M. de Felice, 1778, 13 vol. *in-4°*.

Les auteurs qui ont contribué à ce recueil sont nommés en tête du premier volume : c'est, entre autres, l'astronome DE LA LANDE. Il y a des notices biographiques, où je ne vois rien que de commun. Les articles les plus intéressants me paraissent ceux qui traitent d'objets propres aux Allemands et à leur droit.

☞ Lorsqu'on lit les catalogues d'Allemagne, il faut prendre garde de se laisser induire en erreur par l'annonce qui est faite d'un jurisconsulte, comme ayant traité le droit public. Souvent ce n'est pas du droit des gens qu'il est parlé dans ces ouvrages, mais du droit des États de l'Empire, et de ce qui regarde ses grands feudataires.

§. II. *Traités du Droit public entre les nations.*
Partie théorique.

139. Gabr. NAUDÆI Paris., Bibliographia politica. *Venetiis*, Fr. BABA, 1633, 1 vol. *in-*12,
  115 p. Edit. origin. — *Vittemb.*, Botth. Me-
  vius, 1641, petit *in-*12, avec Hug. GROTII
  Consilium de studiis politicis, et Christ. Co-
  LERI, De studio politico ordinando epistola.

Cette dernière édition a l'avantage qu'on y trouve une
table fort ample. — *Lugd. Batav.* Jo. Maire, 1642, 1 vol.
*in-*32. On a copié la précédente édition, mais sans y
joindre l'Epître de Colerus, parce qu'elle venait d'être
publiée depuis peu en Hollande, avec le *Triennium
studiorum Arnoldi CLAPMARI.* — *Halæ*, 1712, *in-*8°.
edente Frid. GLADOU. Struvius dit que cette édition
est la meilleure.

Naudé est connu pour un homme très-instruit; mais
il y a peu de profit à tirer de ses ouvrages, parce que
presque tous les livres qu'il indique ont vieilli. Je n'ai
pas vu l'édition donnée par Gladou; vraisemblable-
ment il indique des livres plus modernes. Je doute
que l'on voulût, sur la parole de Naudé, se livrer à la
lecture d'Albert le grand, quoiqu'il dise de ce volumineux auteur, de Saint-Thomas et de Gilles Romain:
*Si pauca demas ex Alberti libro de Historia anima-
lium, nihil eos inepte, nihil non docte ac sapienter
protulisse.*

La Bibliographie de Naudé a été traduite en français et imprimée. *Paris*, veuve Guil. Pelé, 1642,
*in-*8°.

Naudé, médecin de Louis XIII, bibliothécaire du
cardinal Mazarin, chanoine de Verdun, est mort en
1653.

140. * Introduction générale à l'étude de la politique, des finances et du commerce; par
  DE BEAUSOBRE. *Amsterd.*, Schneider, 1765,
  2 vol. *in-*12. — *Berlin*, Voss, 1771, 3 vol.
  *in-*12.

Cette seconde édition est augmentée. L'auteur n'est

pas Isaac de Beausobre : serait ce Louis de Beausobre, conseiller du roi de Prusse, mort le 3 décembre 1783?

141. Politique d'Aristote.

Nicole Oresme a le premier traduit cet ouvrage en français; Oresme est mort en 1382; sa traduction avec les gloses a été imprimée en 1489. *Paris*, Ant. Verard, 1 vol. *in-fol.* Louis Le Roi, dit *Regius*, mort en 1577, en a fait une seconde traduction, *avec expositions prises des meilleurs auteurs*, &c., imprimée. *Paris*, 1568, *in-4°.* — *Paris*, Vascosan, 1576, 1 vol. *in-fol.* — Avec des augmentations. *Paris*, 1600, 1 vol. *in-fol.* Le citoyen Champagne, membre de l'Institut, directeur du Prytanée français, collège de Paris, en a donné une traduction nouvelle, avec des notes historiques et critiques. *Paris*, Ant. Bailleul, an V, 2 vol. *in-4°. Le même*, 2 vol. *in-8°.* — Charles Millon, professeur de législation et de langues anciennes à l'école centrale du Panthéon, a publié une autre traduction de la politique, avec des extraits de Platon et de Xénophon. *Paris*, Artaud, an XI, 3 vol. *in-8°.* Si l'on veut recourir au texte original, on le trouvera dans les diverses éditions du Recueil des Œuvres d'Aristote. Il a aussi été imprimé plusieurs fois à part. Le citoyen Millon a donné la notice de ces éditions. Une des meilleures est : *Aristotelis politicorum libri VIII cum perpetua Danielis Heinsii in omnes libros paraphrasi. Lugd. Batav. ex off. Elzeviriana (typis Isaaci ElzevirI)* 1621, 1 *vol. in-8°.* On prétend qu'Heinsius a tiré bon parti pour son ouvrage, de *La politica di Aristotile ridotta in modo di parafrasi da M. Antonio Scaino da Salo. Roma, nelle case del Popolo Romano*, 1578, *in-4°.*

142. * Institutions politiques; par le baron de Bielfeld. *La Haye*, G. Gosse *junior*, 1760, 2 vol. *in-4°. Ibid.*, 1772, 3me. vol. *in-4°.*

Cet ouvrage a été composé pour le prince de Prusse, Auguste-Ferdinand, frère de Frédéric II. Le baron était son instituteur dans cette partie. Le troisième volume est la description de l'état politique des grandes puissances de l'Europe. On a encore des Lettres familières et autres du baron de Bielfeld. *La Haye*, Gosse et Pinet, 1763, 2 vol. *in-12.*

143. * L'ambassadeur et ses fonctions; par DE WICQUEFORT. *Cologne*, P. Marteau, 1715, 1 vol. *in-4°.* — 1724, 2 vol. *in-4°.*

La première édition n'était qu'un vol. *in-12. Cologne*, 1677; la seconde, 1 vol. *in-4°. Cologne*, 1690. Abraham de Wicquefort est mort en 1682, âgé de 84 ans.

144. Mémoires et instructions pour les ambassadeurs, ou Lettres et négociations de WALSINGHAM, ministre et secrétaire d'état sous Elisabeth, reine d'Angleterre. *Amsterdam*, Gallet, directeur de l'imprimerie des Huguetan, 1700.

Walsingham est mort en 1590. Voyez une notice de sa vie dans ce livre même, pag. 572.

145. L'homme d'état; par Nicole DONATO; traduit de l'italien en français avec des notes, (par J. B. ROBINET) *Paris*, Saillant; et *Liège*, Plomteux, 1767, 3 vol. *in-12*, et 2 vol. *in-4°.*

On peut regarder cette traduction et les notes comme l'essai du dictionnaire qui va suivre.

146. Dictionnaire universel des sciences morales, économiques, politiques et diplomatiques, ou Bibliothèque de l'homme d'état et du citoyen, (par ROBINET). *Londres*, (*Paris*), 1777 — 1783, 30 vol. *in-4°.*

J. Bapt. Robinet, est né à Rennes le 25 juin 1733. Voyez la liste nombreuse de ses ouvrages dans les Siècles littéraires, par DESESSARTZ, tom. V et au supplément. — Le Dictionnaire universel est une vaste compilation où l'on trouve du droit public, du droit particulier, de la géographie, des notices biographiques, et des extraits d'ouvrages quelquefois très-étendus : par exemple au mot WOLF, on a imprimé une analise de l'abrégé que Formey a donné du Droit de la nature et des gens; elle occupe 165 pages.

147. Recueil des testaments politiques du cardinal DE RICHELIEU , du duc DE LORRAINE ,
de M. COLBERT et de M. DE LOUVOIS , (l'un
et l'autre par SANDRAS DE COURTILZ) *Amst.*
Zach. Chatelain , 1749, 4 vol. *in*-12. — Testament politique du maréchal de BELLE-ISLE.
Amst. (*Troyes*) , 1761 , 1 vol. *in*-12. — Le
Codicile et l'esprit , ou commentaire des
maximes politiques du maréchal de BELLE-
ISLE , par DE C · · · *La Haye*, Van Duren,
1762 , 1 vol. *in*-12. L'un et l'autre , par
CHEVRIER et MAUBERT. Chevrier est mort
en 1762.

Je ne mets pas beaucoup d'importance à ceux de ces
testaments politiques qui ont été fabriqués sur le modèle du testament de Richelieu ; mais c'est une sorte
de collection dont j'ai voulu indiquer les diverses
parties.

Le Testament de Richelieu a été imprimé à *Paris*,
Lebreton, 1764, 1 vol. *in*-8°. , sous le titre de *Maximes d'état*, avec plusieurs pièces sur son authenticité.

— Testament politique du cardinal Jules AL-
BERONI , traduit de l'italien par le C. D. R.
B. M. *Lauzanne* , M. M. Bousquet, 1753 ,
1 vol. *in*-12 (par MAUBERT , mort à Altona ,
le 21 octobre 1767). — Testament politique
du chevalier WALPOOLE , par le même, 1767,
2 vol. *in*-12.

148. SELDENI (Joan.) Mare clausum , seu de
dominio maris. *Lugd. Batav.*, Elzevir, 1636 ,
in-8°. — *Londini* , Meighen , 1638 , *in*-24. —
— Vindiciæ maris clausi adversus Bapt. BUR-
GUM , ligustici maritimi dominii assertorem ;
in vindiciis maris liberi. Au tom. II, seconde
partie, des œuvres de SELDEN , à la suite du
Mare clausum. — Hug. GROTIUS de mari libero. *Lugd.Batav.*Offic.Elzevir. , 1633, *in*-32.

Dans le même volume (1633) sont : Pauli Merulæ dissertatio de maribus ; Boxhornii apologia pro navigationibus Hollandorum ; Tractatus pacis et mutui commercii confirmatus Londini , anno 1495. Il y a deux éditions de la même date de 1633, l'une de 267 pp. , l'autre de 308. Le contenu est le même : le caractère est différent. L'une ou l'autre de ces éditions se joignent avec quelques autres livres de politique , à la collection qu'on nomme des *Petites républiques.* Si l'on desire savoir en quoi la collection consiste , et le nombre de volumes nécessaires pour la rendre complète , on consultera les Mémoires de littérature , par Sallengre , tom. II, seconde partie , p. 149. L'ouvrage de Grotius est dans la plupart des éditions *De jure belli et pacis.* Voyez n°. 81.

— La mer libre , la mer fermée , ou Exposition et analyse des traités de Grotius et de Selden. . . . par J. F. Champagne , directeur du Prytanée français. *Paris*, Moutardier, an XI, 90 pp. *in-8°.*

149. Du commerce des neutres en temps de guerre , traduit de l'italien de Lampredi , par Ja. Peuchet. *Paris*, Agasse, 1802, 1 vol. *in-8°.*

Le titre de l'original italien est :
Del commercio dei popoli neutrali in tempo di guerra, trattato di Gio. Lampredi. *Firenze*, 1788, 2 parties *in-8°.*

☞ Le tome VIIIme. de la Science du gouvernement , par de Réal , grand sénéchal de Forcalquier , *Amsterdam* (*Paris*) 1764, *in-4°.*, contient une notice ou *Examen des principaux ouvrages composés sur des matières de gouvernement.* Cet examen remplit tout le volume ; il porte sur 380 auteurs.

§. II. *Traités du Droit public entre les Nations.*

Partie positive , ou Collections de traités et observations sur leur résultat.

50. Codex juris gentium diplomaticus, in quo tabulæ actorum publicorum, tractatuum, aliarumque rerum per Europam gestarum : ex recensione Godef. Guill. LEIBNITZ. *Hanoveræ,* 1693, 1 vol. *in-fol.* — Mantissa ejusdem , *ibid.* 1700, 1 vol. *in-fol.* — Cum mantissa. *Guelferb.* (Wolfenbutel), 1747 , 2 vol. *in-fol.*

Leibnitz , né en 1646 , est mort en 1715. Voyez ci-devant nᵒ. 47.

Les avis ou préfaces du *Codex juris gentium* , très-intéressants sur le fait des collections de chartes, sont imprimés au IVe. vol , part. 3 , p. 285 et suiv. de la collection des Œuvres de Leibnitz , par DUTENS.

51. Histoire des anciens traités depuis les temps les plus reculés jusqu'à l'empereur Charlemagne ; par BARBEYRAC. *Amst.* et *La Haye* , Jansson Vaesberge , 1739 , 2 vol. *in-fol.*

52. Corps universel diplomatique du droit des gens , ou Recueil des traités de paix , d'alliance , de trèves , faits en Europe depuis Charlemagne jusqu'à présent ; avec les capitulations impériales et royales , et autres actes publics ; par Jean DUMONT. *Amsterd.* et *La Haye* , P. Brunel, Westein, Janssons-Waerberge et autres , 1726 , et années suivantes, 8 vol. *in-fol.* (On les relie quelquefois en 16 vol.)

Jean Dumont, Français réfugié , conseiller et historiographe de l'empereur , est mort en 1726. Sa collection contient environ dix mille actes accompagnés de notes.

153. Supplément au Corps universel diplomatique du droit des gens, avec le cérémonial diplomatique des cours de l'Europe ; par J. Dumont et J. Rousset. *Amst.*, 1739, 3 vol. *in-fol.*

Jean Rousset était membre des académies de Pétersbourg et de Berlin, etc. On s'est plaint de la partialité avec laquelle il parle de la France.

154. Histoire des traités de paix et autres négociations du dix-septième siècle, depuis la paix de Vervins jusqu'à celle de Nimègue, où l'on donne l'origine des prétentions de toutes les puissances de l'Europe : ouvrage qui peut servir d'introduction au Corps diplomatique ; (par Jean-Yves de S. Prest.) *Amst.*, Jean Bernard, et *La Haye*, Vaillant et Prevost, 1725, 2 vol. *in-fol.*

155. Négociations secrètes touchant la paix de Munster et d'Osnabrug, depuis 1642 jusqu'en 1648, avec les dépêches de M. de Vautorte et autres pièces touchant le même traité, jusqu'en 1654 ; ensemble un avertissement de M. Jean le Clerc, sur l'origine des droits de la nature et des gens, et public. *La Haye*, Jean Neaulme, 1724, 1725, 4 vol. *in-fol.*

Les cinq articles 151 — 155, forment ce que l'on appèle la Collection entière du corps diplomatique. Quelques bibliographes la composent de quatre articles seulement. Cette différence vient de ce qu'ils réunissent sous un seul article 5 vol. *in-fol.* : savoir ; l'Histoire des anciens traités, 2 vol. ; le Supplément à Dumont, 1 vol. ; et le Cérémonial, 2 vol. ; au lieu que je sépare l'Histoire des anciens traités pour la placer en tête de la collection. Il y a des exemplaires en grand papier.

156. Recueil des traités de paix, de trève, de neutralité, de confédération, d'alliance et de commerce, faits par les rois de France de-

puis trois siècles ; par Fréderic LÉONARD. *Paris*, 1693, 6 vol. *in-4°*.

Ce recueil est beaucoup moins complet que ceux de Dumont et de Rousset ; je l'indique parce qu'il est souvent cité par les auteurs, même par ceux qui ont écrit depuis Dumont. Dans le premier volume sont des observations historiques et politiques sur les traités recueillis par Léonard. Elles sont l'ouvrage d'AMELOT DE LAHOUSSAYE, second écrivain en matière de politique, mort à Paris le 8 décembre 1706, âgé de 75 ans. MOËTJENS a donné aussi à *La Haye* en 1700, un recueil de traités en quatre vol. *in-fol*. Il a réimprimé en tête les observations d'Amelot. Ce recueil de Moëtjens a été dirigé par BERNARD, qui fut depuis professeur à Leyde. Les observations d'Amelot ont été encore réimprimées dans le recueil de Dumont.

157. Recueil des principaux traités d'alliance, de paix, de trève, etc., conclus par les puissances de l'Europe jusqu'à present ; par DE MARTENS, *Gottingue*, Diettrich, 1791 et suiv., 7 vol. *in-8°*. Plus 2 vol. de supplément. *Gott*. 1802.

C'est un supplément indispensable à la collection de DUMONT. Guil. François de Martens, professeur de droit à Gottingue, est né à Hambourg le 22 février 1756. Il s'est fait un nom par plusieurs ouvrages sur le droit public.

158. Fred. Guill. WENICHII, Codex juris gentium recentissimi. *Lipsiæ*, Weidman et Reich, 1781, 3 vol. *in-8°*.

C'est aussi un supplément à la collection de DUMONT; mais il est moins complet que celui de Martens.

Fréder. Aug. Guillaume WENCK, né à Darmstadt en 1741, est professeur d'histoire en l'université de Leipsick.

159. Corpus juris gentium academicum, auf. Jac. SCHMAUSS. *Lips*. Gleditsch, 1730, 2 vol. *in-8°*. Le second vol. est en deux parties.

C'est le recueil textuel des principaux traités que

l'on cite dans les universités d'Allemagne. Bon extrait pour ceux qui sont dans l'impuissance d'avoir les grandes collections.

160. Lettres du cardinal d'Ossat. *Paris*, 1624, *in-fol.* — *Paris*, Bouillerot, 1627, avec une addition datée de 1626, *in-fol.* — Avec des notes historiques et politiques d'Amelot de Lahoussaye. *Paris*, J. Boudot, 1698, 2 vol. *in-*4°. — Nouvelle édition considérablement augmentée. *Amst.*, 1708, 5 vol. *in-*12.

Arnaud d'Ossat, né en 1526, est mort à Rome en 1604. Il est célèbre parmi les négociateurs. On a sa vie, écrite par Madame Thiroux d'Arconville. *Paris*, 1771, 2 vol. *in-*8°. Les éditions de ses Lettres en 1697 et en 1708, ont été données par Amelot de Lahoussaye.

161. Histoire des guerres et négociations qui précédèrent le traité de Westphalie; par le P. Bougeant, jésuite. *Paris*, J. Mariette, 1727, 3 vol. *in-*4°.

Bougeant, né à Quimper en 1690, est mort à Paris en 1743.

162. * Le Droit public de l'Europe fondé sur les traités; (par Mably). *Paris*, 1746, 1748, 2 vol. *in-*12. — 1764, 3 vol. *in-*12, *Genève*, (*Paris*) Bailly, 1776, 3 vol. *in-*12, et dans les Collections de ses Œuvres.

Mably se plaint, dans son avertissement (1764), du Commentaire dont Rousser *a honoré* les éditions que les libraires de Hollande ont données de son ouvrage.... Si on ne lit que pour s'instruire et chercher la vérité, ce commentaire, dit Mably, est parfaitement inutile. Voyez n°. 70.

Les quatre volumes de l'Encyclopédie méthodique, intitulés *Economie politique et diplomatique*, 1784 — 1788, contiènent de bonnes analyses des principaux traités, et le texte de plusieurs traités modernes. C'est l'ouvrage de Jean-Nicolas Démeunier, alors secrétaire de Monsieur, et censeur royal; depuis membre de l'assemblée

l'assemblée constituante , aujourd'hui du sénat conser-
vateur. On le consultera avec fruit. J'ai vu en 1792
ces volumes réimprimés à part, en Flandre, *in-8º*.

163. Abrégé de l'histoire des traités de paix
entre les puissances de l'Europe depuis la
paix de Westphalie ; par Koch. *Basle* , J. Decker , 1776 , 4 vol. *in-8º*.

On peut joindre cet abrégé au Droit public de
Mably : il y fait supplément.
Christ. Guill. Koch, né à Buchsweiler, le 9 mai
1737 , professeur à Strasbourg , est correspondant de
l'institut national et membre du tribunat.

164. Cours diplomatique , ou Tableau des relations extérieures des puissances de l'Europe ; par G. Fr. de Martens. *Berlin*, Myllius,
1801 , 3 vol. *in-8º*.

A la fin du second volume est un catalogue considérable d'auteurs qui ont écrit sur la diplomatie. Voyez
nº. 157.

165. Système maritime et politique des Euro-
péens pendant le dix-huitième siècle , fondé
sur leurs traités ; par Arnould. *Paris*, Ant.
Bailleul, an V, 1 vol. *in 8º*.

Ambroise-Henri Arnould est membre du tribunat.
Voyez nº. 205.

§. III. *Traités du Droit public des nations
considérées individuellement.*

Relations intérieures et relations extérieures.

166. Du gouvernement civil ; par M. Locke ,
traduit de l'anglais. *Genève* , 1724 , *in-12* ,
cinquième édition , exactement revue sur la
cinquième édition de Londres , et augmentée
de quelques notes , par L. C. R. D. M. A.
D. P. *Amsterd.* , Schreuder et P. Mortier ,

1755 , *in*-12. — *Amsterd.* , Barth. Ulam ,
1780 , *in*-8°.

Ce Traité a paru pour la première fois en Anglais ,
sans le nom de son auteur, 1690 , *in*-8°. La cinquième
édition de Londres est de 1728. Il a été réimprimé
avec quelques autres écrits sur la politique au second
vol. de la Collection des œuvres de Locke. *Londres*,
1754 , 3 vol. *in-fol.*

Jean Locke , né dans le comté de Sommerset en
1632, est mort en Angleterre en 1704.

167. Discours sur le gouvernement ; par Al-
gernon Sidney , ambassadeur de la république d'Angleterre près le roi de Suède ,
traduits de l'anglais par P. A. Samson. *La
Haye* Van Dole , 1702 , *in*-8°. , 3 vol. — *La
Haye (Trévoux),* 1755 , 4 vol. *in*-12.

La première édition est plus belle.
La première édition anglaise est de 1689 , *in-fol.*
Sidney était né en 1617. Victime de la tyrannie et
de la perfidie , il eut la tête tranchée en 1683.

168. Aphorismes politiques de J. Harrington,
traduits de l'anglais , précédés d'une notice
sur la vie et les ouvrages de l'auteur. *Paris* ,
Didot jeune , an III , 1 vol. *in*-18.

La première édition de ces Aphorismes a été faite
à *Londres* en 1659 , *in*-4°.
Harrington est mort à Westminster le 11 septembre
1677 , âgé de 66 ans. Son ouvrage le plus considérable
est une espèce de roman politique , intitulé *Oceana* ,
qui contient le plan d'une république. Le recueil de
toutes les œuvres d'Harrington , imprimées en anglais , forme 1 vol. *in*-1°. *Londres* , T. Becket et
T. Cadell , 1771 , dont le titre est : *The Oceana
and other Works of James Harrington , With an
account of his life by John Toland.*

169. Rutgeri Iani Schimmelpenninck Daven-
triatransisalani , dissertatio de imperio po-
pulari rite temperato. *Lugd. Batav.* Hen.
Hoogenstraaten , 1794 , 1 vol. *in*-8°.

170. Œuvres de Machiavel.

Le livre le plus fameux de cet auteur est *Le Prince.*
Voici quelques éditions de toutes ses œuvres tant en
Italien qu'en Français ; les principales éditions du
Prince et des réfutations de ce livre ; quelques ouvrages
sur la politique imprimés séparément.

— Tutte le opere di Nicolo Machiavelli, divise
in V parti et di nuovo con somma accuratezza
ristampate , 1550. Sans nom de ville ni d'imprimeur. Édition en lettres italiques.—Tutte
le opere di Nicolo Machiavelli. *Londra*, 1747,
2 vol *in-4°.*

On cite une autre édition de Londres, 1772, 3 vol.
in-4°.

— Opere di Nicolo Machiavelli , coll' aggiunta
del inedite. *Londra*, (*Paris*), Marcel Prault,
1778 , 8 vol. petit *in-12.*

— Œuvres de Machiavel , nouvelle édition. *La
Haye* , 1743, 6 vol. *in-12.*

Je pense que l'auteur de cette traduction est TÉTARD,
(non THÉARD) réfugié Français, qui la publia à
Amsterd., à la fin du dix-septième siècle, 6 vol. *in-12.*
Elle a été réimprimée plusieurs fois. Le sixième vol.
de cette édition , contient l'ouvrage intitulé *Le
Prince*, de la traduction d'AMELOT DE LAROUSSAYE, avec
l'Anti-Machiavel , publié par VOLTAIRE , et plusieurs
autres pièces relatives à la publication de l'Anti-Machiavel. Dans le même vol. VI , est une notice de la
vie de Machiavel.

— Œuvres de Machiavel , traduction nouvelle;
par GUIRAUDET. *Paris*, Potey et Pichard ,
an VII , 9 vol. *in-8°.*

Charles-Philip.-Toussaint Guiraudet a été secrétaire général d'abord du département de la marine,
ensuite du département des relations extérieures ; il est
préfet du département de la Côte-d'Or. Il a été aidé
dans sa traduction par le cit. HOCHET, et autres personnes qu'il indique, p. cxij de son Discours sur Machiavel. C'est la traduction la plus complète.

— Il Principe di Nicolo Machiavelli al Magn. Lorenzo di Piero DE MEDICI (et autres ouvrages du même), in *Vinegia*, 1540, in casa de' figlivoli di Aldo, *in-8°*.

Les mêmes libraires ont publié dans la même année trois autres volumes des ouvrages de Machiavel. Voyez-en la description dans les Annales des Aldes, tom. I, p. 210. — Seconde édition des mêmes ouvrages, chez les mêmes, 1546, *in-8°*.

— Nicolai Machiavelli florentini Princeps, ex Sylvestri Telii fulginatis traductione diligenter emendatus. *Lugduni Batavorum*, ex officina Hieronymi de VOGEL, 1648, typis Philippi de Cro-ï, anno 1648, *in-16*.

Les ouvrages contenus dans ce petit livre très élégamment imprimé, sont: Nicol. Machiavelli princeps; AGRIPPÆ et MÆCENATIS orationes contra monarchiam et pro monarchia; Ant. Possevini judicium de Nicol. Machiavelli, Anti-Machiavelli et Jo. Bodini quibusdam scriptis; Vindiciæ contra tyrannos. . . . Steph. Jun. Bruto celta autore; De Jure magistratuum in subditos.

— Le Prince de Machiavel, traduit par Amelot de Lahoussaye. *Amst.*, 1694, vol. *in-12*. troisième édition revue et augmentée *Amst.* Westein, 1686, 1 vol. *in-12*. — *Ibid.* (*Paris*), 1694, 1 vol. *in-12*.

Il y a eu plusieurs autres éditions de cette traduction.

— Discours sur les moyens de bien gouverner et maintenir en paix un royaume ou autre principauté, contre Nicolas Machiavel, florentin; (par Innocent GENTILLET), 1576, *in-8°*.

Je trouve ce même ouvrage sous les dates de 1547, 1578 et 1579. Cette dernière édition est *in-16*. L'usage s'est établi de l'appeler l'Anti-Machiavel, quoique ce mot ne soit pas dans le titre.

— Fragment de l'examen du Prince de Machia-

vel , où il est traité des confidens , ministres , etc. 1622 , *in-12.*

— L'Anti-Machiavel, ou examen du Prince de
Machiavel, avec des notes , publié par Voltaire. *La Haye* , P. Paupie , 1740 , 1 vol.
in-8°. — *La Haye*, Vanduren , 1741 , 2 vol.
in-8°. — Avec plusieurs pièces nouvelles, etc.
Amst. , 1747 , 2 vol. *in-8°.*

On a attribué cet ouvrage à Frédéric II, roi de Prusse ;
et il a été imprimé dans la dernière collection de ses
Œuvres (20 vol. *in-8°.*, chez Treuttel), parmi les
œuvres publiées du vivant de l'auteur. On voit par
la correspondance de Voltaire, que Frédéric , alors
prince royal (il succéda à son père le 31 mai 1740), en
est l'auteur. Œuvres de Voltaire, édition de Kell ,
tom. LXIV, p. 469 ; tom. LXV, p. 19 ; et plusieurs autres
lettres de la date de 1740.

On a imprimé à part : Machiavelli disputationum de
republica , libri tres *Lugd. Batav.*, Leffen , 1649 ,
in-12. — Réflexions de Machiavel sur la première dé-
cade de Tite-Live, nouvelle trad. ; par M. A. M. M.
A. R. *Amst.*, (*Paris*), Jombert , 1782 , 2 vol *in-8°.*

Suivant l'opinion la plus commune, Machiavel est
né en 1469 , mort en 1530. Voyez son article dans le
Dictionnaire de Bayle , et la notice de sa vie , ainsi
que de ses ouvrages, indiquée ci-devant , n°. 51.

171. Le livre de l'Institution du Prince, au roi
    de France très-chrestien François premier de
    ce nom, faict et composé par M. Guillaume
    Budé, son secrétaire et maistre de sa librai-
    rie. . . . revu, enrichy. . . . d'annotations par
    missire Jean de Luxembourg, abbé d'Ivry
    (et de Saint-Maur, puis, évesque de Pamiers),
    imprimé à l'Arrivour, abbaye dudit seigneur
    (Larivour *Ripatorium*, abbaye de l'ordre de
    Cisteaux , dioc. de Troyes), par M°. Ni-
    cole Paris , 1547 , *in-fol.* — (Sans les anno-
    tations de Luxembourg). *Paris*, Jehan Fou-
    cher , 1547 , *in-8°.*, avec le privilège accordé

à Nicole Paris pour cinq ans , le 13 septembre
1547. L'édit. est dédiée à Claude de Lorraine,
duc de Guyse , par Richard LE BLANC , qui
a mis des sommaires aux chapitres et des
sommaires en marge. (J'ai cette édition sous
les yeux). — *Lyon* , Guill. Gazeau , *in-4°.*

J'indique cet ouvrage et le suivant, moins comme
importants en eux-mêmes (on a fait mieux depuis),
qu'à raison de la célébrité de leurs auteurs, et de la
rareté du livre de Budé, surtout de l'édition *in-8°.*,
de 1547. Il n'a pas été compris dans la Collection des
Œuvres de Budé, imprimée à *Bâle* en 1557.

172. L'Institution du Prince chrestien, par Ant.
GODEAU , évêque de Grasse. *Paris*, Camusat
et le Petit , 1644, 1 vol. *in-4°.*

Après quelques quatrains sur les devoirs du prince ,
c'est un catéchisme de la religion catholique en lignes
rimées.

173. Institution d'un Prince , ou traité des qualités, des vertus et des devoirs d'un prince ;
(par DUGUET). *Leyde*, 1739 , 4 vol. *in 12.*
Londres , Nourse, 1739 , *in 4°.* — Traduit
en allemand. *Dresde* , 1766 , 1768 , 2 vol.
in-8°.

Jacq. Jos. Duguet, prêtre de l'oratoire, né à Mont-
brison le 9 décembre 1649, mort à Paris le 25 octobre
1733.

174. Jo. MARIANÆ Hispani , è soc. Jesu , de
rege et regis institutione , libri III , ad PHI-
LIPPUM III , Hispaniæ regem catholicum ,
anno 1599. *Toleti*, Petr. Roder. typogr. reg.
Edition originale avec les approbations des
censeurs et le privilège du roi. — Moguntiæ , Lippius , 1605 , *in-8°.*

Mariana est aussi l'auteur de l'Histoire d'Espagne.
Son livre *De Rege*, a été brûlé par arrêt du parlement
de Paris , du 8 juin 1610.

— L'Anti-Mariana, ou réfutation des propo-
sitions de Mariana, pour monstrer que la
vie des princes souverains doit être invio-
lable aux subjects et à la république. *Paris,*
P. Métayer, 1610, 1 vol. *in-8°.*

L'épître dédicatoire est signée M. ROUSSEL. J'ignore
quel est ce Roussel ; BAILLET croit qu'il était avocat.
Voyez l'article MARIANA dans le Diction. de BAYLE.

175. Recueil de maximes pour l'institution d'un
roi par Claude JOLY. *Paris*, 1652, *in-8°.* —
Paris (Amst.), 1653, *in-12* — Avec deux
lettres apologétiques. *Paris, (Amst.)*, 1663,
in-12.

Le livre était dirigé contre Mazarin. Il fut brûlé.
Le P. NICERON avait dit dans le tom. IX de ses
Mémoires, p. 120, « C'est un des meilleurs ouvrages
» que l'on ait sur l'éducation des princes. » Au tom. X,
p. 188, il s'accuse de n'avoir pas dit vrai, et il substitue
à son propre jugement celui de LENGLET. Ne croyez
ni cette accusation commandée, ni le versatile et méprisable Lenglet.

176. Codicille d'or, tiré de l'Institution du
Prince chrestien d'ERASME, et autres pièces.
1665, 1 vol. *in-12.*

Ces pièces ont été recueillies et traduites par JOLY.
Claude Joly, chanoine, chantre et official de l'église
de Paris, est mort le 15 janvier 1700, âgé de 93 ans.

177. Directions pour la conscience d'un roi ;
par DE LAMOTTE-FÉNÉLON. *La Haye, (Paris)*,
1748, *in-12.* — Frères Etienne, 1775, *in 8°.*
Et dans le tom. III du Recueil de ses Œuvres.
Paris, Didot aîné, 1787—1791, 9 vol. *in-4°.*

Fénélon, né le 6 août 1651, est mort le 7 janvier
1715. *Bono patriæ unicè intentus, regios Principes
ad utilitatem publicam instruxit.* Ces paroles sont
vraies quoique je les tire de son épitaphe.

178. Codicilles de LOUIS XIII, roi de France

et de Navarre, à son très-cher fils aîné, successeur, 2 vol. *in-*24, sans date de lieu ni d'année.

Ouvrage très-curieux, très-rare, remarquable par la singularité des préceptes qu'il contient. Voyez De-BURE, Bibliogr. instruct., n°. 5289.

179. BASILICON DŌRON, ou Présent royal de JACQUES I, roi d'Angleterre, Escoce et Irlande, au prince Henry son fils, contenant une instruction de bien régner, traduit de l'anglais. *Rouen*, Th. Daré, *in-*12.

180. Vindiciæ contra tyrannos, Steph. Junio BRUTO auctore, 1580, *in-*8°. — Elzevir, 1646, petit *in-*12. *Amst* 1660, 1 vol. *in-*12.

Il y a eu plusieurs autres éditions. Voyez p. 244.

— De la puissance légitime du prince sur le peuple et du peuple sur le prince, traduit du latin d'Etienne Junius BRUTUS, 1581, *in-*8°.

L'opinion commune est que Hubert LANGUET, né à Viteaux en Bourgogne, en 1518, mort à Auvers en 1581, est l'auteur de cet ouvrage. Voyez la dissertation de BAYLE sur le livre d'Etienne Junius Brutus, à la suite de son Dictionnaire. Voyez ci-devant n°. 45.

181. Guil. BARCLAII De regno et regali potestate adversus BUCHANANUM, BRUTUM et reliquos monarchomachos, lib. VI. *Paris*, Guil. Chaudière, 1600, 1 vol. *in-*4°.

182. J. BARCLAII Pietas, sive publicæ pro regibus ac principibus, et privatæ pro Guil. Barclaio parente vindiciæ, adversus card. BELLARMINI tractatum. *Paris*, Métayer, 1612, 1 vol. *in-*4°.

Guill. Barclay est mort en 1605 ; Jean Barclay en 1621.

183. Considérations politiques sur les coups

d'état ; par G. N. P. (Gabriel Naudé , pa-
risien). *Rome (Paris)*, 1639, 1 vol. *in-4°.*,
édition originale. — 1667, *in-12.* — Avec
des notes (ou longs commentaires) de Louis
Dumay. *Strasbourg* , 1673 , 1 vol. *in-8°*,
Paris , 3 vol. *in-12.*

Le nom de Louis Dumay n'est pas au frontispice. On
le découvre à la page 365 , où Dumay cite comme étant
de lui un ouvrage qui porte son nom , et dont le titre
est *État de l'Empire.*

Gabriel Naudé (voyez n°. 139) fut engagé par le
cardinal Mazarin à travailler sur le même canevas que
Machiavel dans son ouvrage *Du Prince* , et il le sur-
passa.

184. Essai sur le Despotisme ; par de Mirabeau.
Londres , 1776 , *in-8°.* (Honoré - Gabriel
Riquetti, comte de). — Troisième édition ,
corrigée d'après les notes de l'auteur , avec
quelques autres pièces. *Paris* , Lejay, 1792 ,
1 vol. *in-8°.*

185. Des Lettres - de - cachet et des prisons
d'état ; par Mirabeau. *Hambourg* , 1782 ,
2 vol. *in-8°.*

186. Constitution des principaux états de l'Europe et des Etats - Unis de l'Amérique ; par
Delacroix. *Paris* , Buisson , 1791 — 1792 ,
4 vol. *in-8°.* — 1793, 5 vol. *in-8°.* Tom. VI,
Buisson , an IX.

Pierre-Firmin Delacroix , né à Paris , a été avocat
au parlement et professeur de droit public au lycée.

Suite du §. III. *Traités du Droit public des
nations considérées individuellement.*

Économie politique.

☞ On trouve à la suite du prospectus d'un
nouveau Dictionnaire du commerce, par l'abbé

MORELLET, *Paris*, Etienne, 1769, 1 vol. *in-8°.*, l'indication d'un grand nombre de livres, mémoires, brochures sur l'économie politique.

187. Introduction à la science de l'économie politique et de la statistique générale; par Gab. LEBLANC. *Paris*, Renaudière, an IX, 1 vol. *in-8°.*

188. * Recherches sur la nature et les causes de la richesse des nations; par Adam SMITH, nouvelle traduction accompagnée de Notes, par Germain GARNIER. *Paris*, Agasse, an X, 5 vol. *in-8°.*

En tête est une notice sur la vie et les ouvrages de Smith.

On a de DUGALD STEWARD une notice plus étendue sur Smith et ses ouvrages à la tête des Essais philosophiques d'Adam Smith, traduits par P. PREVOST. *Paris*, Agasse, an V, 2 vol. *in-8°.*

Le citoyen Garnier est correspondant de l'institut national et préfet du département de Seine-et-Oise. Après avoir indiqué sa traduction, je pourrais me dispenser d'indiquer celles qui l'avaient précédée; savoir: *Paris*, Duplain, 1787, 2 vol. *in-8°.* — par ROUCHER, *Paris*, Buisson, 1790, 4 vol. *in-8°.*, suivis d'un vol. de notes, par CONDORCET. — Par BLAVET, *Paris*, Laran et autres, an IX, 4 vol. *in-8°.* Entre les diverses éditions de l'original on a: An inquiry into the nature and causes of the wealth of nations, by Adam Smith. *London*, Cadell, 1786, 3 vol. *in-8°.* *Basle*, Decker, et *Paris*, Levrault, 1801, 4 vol. *in-8°.*

189. Recherches des principes de l'économie politique. . . . par Jacques STEWART. *Paris*, Didot, 1789, 4 vol. *in-8°.*

Une des éditions originales est: An inquiry into the principles of political œconomy. *Londres*, Cadell, 1767, 2 vol. *in-4°.*

190. * M. T. CICERONIS Epistola ad Quintum fratrem, Asiæ propraetorem, de provincia

rectè administranda , cum comment. Fr. Ho-
TOMANI. *Lugd.*, Penot, 1564 , 1 vol. *in-4°.*

191. Arithmétique politique , traduite de l'anglais de YOUNG , par FRÉVILLE. *La Haye ,*
Gosse, 1775 , 2 vol. *in-8°.*

192. Collection de divers ouvrages d'arithmé-
thique politique; par LAVOISIER , LAGRANGE
et autres. *Paris ,* an IV, 1 vol. *in-8°.*

193. L'Ami des hommes, ou Traité sur la population ; par le marquis DE MIRABEAU.
Avignon , 1756 , 2 vol. *in-4°.* — 1758 , 3 vol.
in-4°. — 1760 , 3 vol. *in-4°.*

194. * De Tolerantia ecclesiastica et civili. Ticini
(*Pavie*), 1783 , 1 vol *in - 12.* — Editio secunda. *Gandavi*, 1784 , 236 pag. *in-12.*

L'auteur de ce traité est le comte DE TRAUTMANS-
DORFF, chanoine d'Olmutz, alors un des élèves du collège
impérial de Pavie. Son ouvrage est dédié à l'empereur.
Il a été traduit en français par le cit. POAN-ST -SIMON,
et publié à Paris, à l'imprimerie-librairie Chrétienne
an IV. C'est un livre écrit dans les plus pures maximes
de l'Evangile. M de Trautmansdorff a été nommé
1794 , par l'empereur , à l'évêché de Kœnigingratz
Bohème. Il a éprouvé à Rome des difficultés pour l'ex-
pédition de ses bulles. Le Traité de la tolérance est
loin des maximes de la sainte inquisition.

195. Ouvrages de politique , (d'économie et de
morale); par l'abbé DE ST. PIERRE. *Roter-
dam* et *Paris*, Briasson , 1738 et suiv. , 7 vol.
in-12.

Charles-Irenée Castel de Saint-Pierre, né le 18 février 1658 , abbé de Tiron , mort à Paris le 29 avril
1743. La plupart de ses ouvrages ont été publiés séparément. On en a fait un abrégé sous le titre de
Rêves d'un homme de bien qui peuvent être réalisés.
Paris, veuve Duchesne , 1775 , 1 vol. *in-12.*

196. Œuvres de CHAMOUSSET , contenant ses

projets d'humanité, etc. *Paris*, Pierres, 1783, 2 vol. *in-8°*.

L'éditeur est l'abbé Cotton Deshoussayes. On a fait en 1787 un nouveau frontispice, mais c'est la même édition. Une partie des ouvrages de Chamousset avait été publiée dès 1757, sous le titre de *Vues d'un citoyen*, 1 vol. *in-*12. Claude-Humbert Piarron de Chamousset est né à Paris en 1717; il fut maître des comptes, et mourut le 27 avril 1773. Son éloge est en tête de l'édition des Œuvres que j'annonce.

197. Recueil de mémoires sur les établissements d'humanité, traduits de l'allemand et de l'anglais; publiés par ordre du ministre de l'intérieur et par les soins d'Adr. Duquesnoy. *Paris*, Agasse, an VII et suiv., 13 vol. *in-8°*.

198. * Etat des prisons, des hôpitaux et des maisons de force; par John Howard; traduit de l'anglais. *Paris*, Lagrange, 1788, 2 vol. *in-8°*.

Antoine-Marie-Henri Boulard, notaire à Paris, l'un des maires de cette commune, et membre du corps législatif, a publié la vie d'Howard, traduite de l'anglais d'Aikin. *Paris*, an IV, 1 vol. *in-*12.

199. Mémoire sur les moyens de corriger les malfaiteurs et fainéans, et de les rendre utiles à l'état; par le vicomte Vilain XVI. *Gand*, 1775, *in-4°*.

Ces moyens ont été mis en œuvre avec succès, dans la maison de détention de Gand.

200. Essai sur la mendicité; par C. . . . . *Paris*, Lamesle, 1789, 1 vol. *in-4°*.

201. Les moyens de détruire la mendicité en France. . . . tirés des mémoires qui ont concouru pour le prix accordé par l'académie de Châlons-sur-Marne. *Châlons*, Seneuze, 1 vol. *in-8°*.

202. Le commerce et le gouvernement considérés relativement l'un à l'autre ; par l'abbé DE CONDILLAC. *Amsterd.* (*Paris*), Jombert et Cellot, 1776, 1 vol. *in-12.* — *Paris*, Letellier, 1795, 1 vol. *in-8°.* — *Paris*, Blanchon, 1795, 2 vol. *in-8°.* ; et dans la collection de ses Œuvres, au tom. VIme. de l'édition de Houel, an VI , *in-8°.* , 23 vol.

Etienne Bonnot de Condillac , frère de l'abbé de Mably, de l'académie de Berlin et de l'académie française, instituteur de l'infant duc de Parme , est mort le 3 août 1780.

203. Elêmens du commerce ; par FORBONNAIS. *Paris* , 1754, 2 vol. *in-12.* — *Paris*, Lebreton , 1766 , 2 vol. *in-12.* — An IV. *Paris* , Chaignieau aîné , 2 vol. *in-12* ; avec quelques corrections et additions fournies par l'auteur. Voyez sur ce même sujet le n°. 140.

204. * Dictionnaire universel de la géographie commerçante ; par J. PEUCHET. *Paris* , Blanchon , an VII et suiv. , 5 vol *in-4°.*

— Vocabulaire des termes de commerce, faisant suite au Dictionnaire ; par J. Peuchet. *Paris* , Testu , an IX , 1 vol *in-4°.*

A la fin du volume est l'essai d'une statistique générale de la France.

205. De la balance du commerce et des relations commerciales extérieures de la France dans toutes les parties du globe ; par ARNOULD. *Paris* , Buisson , 1791 , 2 vol. *in-8°.* , et 1 vol. *in-4°.* de tableaux. — Le même, seconde édition , an III : même format et nombre de vol.

Arnould était , lors de la première édition , sous-directeur du bureau de la balance du commerce.

206. Lettres à un ami sur les avantages de la liberté du commerce des grains et le danger des prohibitions ; (par LE THROSNE). *Paris*, Desaint , 1768 , 1 vol. *in*-12. — Principes sur la liberté du commerce des grains ; (par ABEILLE). *Paris*, Desaint , 1768 , 1 vol. *in*-8°. — Dialogues sur le commerce des blés. *Londres* (*Paris*), 1770, 1 vol. *in*-8°. ; par l'abbé GAGLIANI. — Réfutation de l'ouvrage qui a pour titre : *Dialogues sur le commerce des blés. Londres* (*Paris*), 1770 , *in*-8°. — Sur la législation et le commerce des grains. *Paris*, Pissot , 1775 , 1 vol. *in*-8°. — Réflexions sur le commerce des blés ; (par CONDORCET). *Londres* (*Paris*), 1776, 1 vol. *in* – 8°. — Lettres sur les grains , à l'abbé TERRAY ; par TURGOT, 134 pag. *in*-8°.

TITRE IV.

Traités généraux sur le Droit civil et le Droit criminel.

La distinction entre le droit naturel , le droit des gens , le droit civil, est assez sensible ; et l'on conçoit bien que des traités généraux sur le droit civil ne sont pas les mêmes livres que des traités sur les principes généraux des lois, sur le droit naturel , etc. La distinction est plus frappante encore à l'égard des traités généraux sur le droit criminel. Cependant la plupart des auteurs qui voulaient exposer leurs principes généraux sur le droit civil , ont embrassé un champ plus vaste et traité en même temps , soit des principes de toutes les lois, soit du droit naturel, soit du droit des gens. Il résulte de là qu'après les indications que j'ai données dans le titre II et dans le titre III, il me reste à nommer très-peu d'auteurs qui ayent circonscrit leurs réflexions dans les bornes du droit civil. J'en trouve un peu plus à nommer comme s'étant occupés de la généralité des principes du droit criminel. Sans doute, les considérations générales sur ce droit doivent toujours avoir quelques particularités résultantes, par exemple, des formes qu'entraine l'inquisition des faits ; et ainsi on est moins porté à réunir la considération des règles du droit criminel, que celles du droit civil, aux principes généraux des lois.

207. De la réforme des lois civiles; par Jean D'OLIVIER. *Paris*, Mérigot, 1786, 2 vol. *in-8°*.

208. Traités de législation civile et pénale, précédés de Principes généraux de législation, et d'une vue d'un Corps complet de Droit.... par Jérémie BENTHAM, jurisconsulte anglais; publiés en français par Etienne DUMONT, de Genève, d'après les manuscrits confiés par l'auteur. *Paris*, Bossange, an X, 3 vol. *in-8°*. P. V.

Il y a un peu de système dans cet ouvrage : on ne doit écouter l'auteur qu'avec précaution.

209. Essai sur l'Histoire générale des tribunaux des peuples tant anciens que modernes; par DESESSARTS. *Paris*, Durand neveu, 1778 — 1784, 9 vol. *in-8°*.

N. S. M. Desessarts, avant la révolution, avocat ; depuis, imprimeur-libraire à Paris, né à Coutances le premier novembre 1744.

210. Encyclopédie de jurisprudence , ou Dictionnaire complet , universel , raisonné , historique et politique de jurisprudence civile , criminelle, canonique et bénéficiale de toutes les nations de l'Europe. *Bruxelles* , J. L. de Boubers ; 1777 — 1780 , 7 vol. *in-4°.*

J'annonce toujours avec peine ces grandes et infidèles compilations. Cependant il faudra bien qu'au titre *Du Droit français* j'annonce le répertoire universel de Guyot.

211. * Traité des délits et des peines.

Cet ouvrage composé en italien par le marquis de BECCARIA , fit , dans le temps où il parut, en 1764 , une très-grande sensation. Il fut traduit aussitôt en plusieurs langues et traité d'ouvrage classique. L'abbé MORELLET le traduisit le premier en français. Il fit quelques changements dans l'ordre et la disposition des matières. VOLTAIRE composa sur cet ouvrage un commentaire imprimé en 1766 , *in-8°.* et recueilli dans la Collection de ses Œuvres, (édit. de Kell , tom. XXIX , p. 211 ; édit. de PALISSOT , tom. XXXIV. p 411). En 1773 il a été donné une traduction nouvelle du Traité des délits et des peines , dont l'auteur est CHAILLON DE LISY , avocat au parlement, né à Bourges, le 9 janvier 1742. Elle n'a pas empêché qu'on ne réimprimât dans la suite la traduction de l'abbé Morellet. Le marquis de Beccaria (Cesar Bone Sana), né vers 1720 , est mort en 1794. André Morellet , ci-devant de l'académie française , est membre de l'institut national. Voici quelques-unes des éditions du Traité des délits et des peines ; des critiques et des apologies.

Dei delitti et delle pene. *Monaco*, 1764. — *Harlem* (*Paris*, Molini), 1766, *in-8°.* — Nuova edizione coretta e accresciuta. *Harlem* (*Parigi*) , 1780, 1 vol. *in-12.* — Même année , même libraire , *in-8°.* 1 vol , de l'imprimerie de François-Ambroise Didot. Molini annonce que c'est la seconde fois qu'il publie cet ouvrage , et qu'il a été réimprimé plus de dix fois depuis quinze ans. Il ajoute que, dans cette nouvelle édition , les objets sont disposés selon le nouvel ordre approuvé par l'auteur.

Note ed osservazioni sul libro dei delitti e delle pene, 1765, *in 8*.

Traité des délits et des peines, traduit de l'italien d'après la troisième édition, revue, corrigée et augmentée, avec des additions de l'auteur qui n'ont pas encore paru en italien. *Philadelphie* (*Paris*), 1766. — *Lausanne*, 1766, 1 vol. *in-8°*. — *Amst.* Van-Harrevelt, 1771, *in-*12; avec des additions et le Commentaire de Voltaire. — *Neufchâtel*, 1797, 1 vol *in-8°*. — Avec les notes de DIDEROT, et une théorie des lois pénales, par Jér. BENTHAM. *Paris*, an V, de l'imprimerie du journal d'Économie publique, 1 vol. *in-8°*. Dans toutes ces éditions, c'est la traduction de MORELLET. L'édition de l'an V a été donnée par ROEDERER, sénateur. Avant le traité de BECCARIA sont imprimées deux lettres de Morellet à Beccaria, et une réponse de Beccaria à Morellet. Le traducteur de la *Théorie* ou des tables de Bentham, est SAINT-AUBIN.

Réfutation des principes hasardés dans le Traité des délits et des peines; par MUYART DE VOUGLANS. *Paris*, 1767, 1 vol. *in-*12. — *Utrecht*, 1768, 1 vol. *in-*12.

Traité des délits et des peines, traduction nouvelle, par CHAILLON DE LISY, sur la sixieme édition italienne, avec plusieurs pièces; savoir: *Jugement d'un professeur*; Réponse à un écrit intitulé: *Notes et observations sur le livre des délits et des peines. Paris*, Bastien, 1773, 1 vol *in-8°*.

Traité des délits et des peines, texte italien et traduction. *Paris*, Déterville, de l'imprimerie de Boiste, 1796, 1 vol. *in-*4°. P. V., belle édition. Le français est imprimé d'abord, l'italien ensuite. On a employé la traduction de Chaillon de Lisy, sauf quelques légers changements; pour l'italien on a suivi les dernières éditions de Molini, 1780.

212. Discours sur l'administration de la justice criminelle, prononcé par M. S. (SERVAN), Avocat-général au parlement de Dauphiné. *Genève* (*Grenoble*), 1767 et 1768, 152 pp. *in-*12.

213. Des lois pénales; par PASTORET. *Paris*, Buisson, 1790, 2 vol. *in-8°*.

Le 25 août 1790, l'académie française décerna à

Pastoret, pour cet ouvrage, le prix fondé quelques années auparavant pour l'auteur d'un ouvrage d'une *utilité* sensible.

Emmanuel-Claude-Joseph-Pierre Pastoret, est né à Marseille en 1756. Il a été conseiller à la cour des aides de Paris, maître des requêtes, membre de l'académie des inscriptions et belles lettres; membre de plusieurs assemblées législatives. Il est membre de l'institut national.

214. Si la torture est un moyen sûr à vérifier les crimes secrets? par Augustin NICOLAS. Abraham Wolfgang, 1681, 1 vol. *in*-12.

215. K. Dn. H. BENSEN, Dissert. de fundamento pœnarum capitalium, tam historicè quam philosophicè spectato. *Erlang*, 1794, *in*-8°.

216. Observationes de pœnis illarumque finibus ex placitis juris naturæ rite æstimandis. Auctore K. F. TRILLER. Specimina quinque. *Wittenberg*, 17 . — 1794, *in*-8°.

Karl-Friedrich Triller, né en 1749, est avocat consistorial à Wittenberg.

217. Traité philosophique et politique de la peine de mort; par Cam. CIAMARELLI, traduit de l'italien. *Paris*, 1789, *in*-8°.

A la suite des Maximes du Droit public français que j'annoncerai au titre du Droit français, sont : Réflexions sur le Droit de vie et de mort, (par BLONDE) 11 pp. *in*-4°.

TITRE V.

Droit des anciens peuples, autres que les Romains.

218. Jo. NICOLAI de synedriis Ægyptiorum, illorumque legibus insignioribus tractatus. *Lugd. Batav.*, 1706, *in*-8°.

219. Moïse considéré comme législateur et comme moraliste ; par Pastoret. *Paris ,* Buisson , 1788 , 1 vol. *in-8°.*

220. A comparaison of the institutions of Moses With those of the indous. . . . . . . By Jos. Priestley , *Northumberland.* (Comparaison des institutions de Moyse avec celles des Indous). A. Kennedy , 1799 , 1 vol. *in-8°.*

221. Jo. henrici Hottingeri jus hebræorum. *Tiguri ,* 1655 , *in-4°.* — Ejusdem epitome juris hebraïci. *Heidelb.* , 1661 , *in-8°.*

222. Jo. Seldeni Uxor Ebraica... et de Successionibus ad leges Ebræorum in bona defunctorum , etc. *Wittembergæ ,* 1612 , *in-4°.* — *Londini ,* 1646 , *in-fol.* — *Francofurti ad Oder.* , 1673 , *in-4°.,* et dans le second vol. de la Collection complète de ses Œuvres.
— *Ejusdem* de Synedriis et præfecturis juridicis veterum Ébræorum. *Londini ,* 1650 et 1655 , *in-4°.* — *Amstel.* , 1679 , *in-4°.* — *Francof.* , 1696 , *in-4°.* — *Berolini* , 1734 , *in-4°.* , cum præf. Jo. Gotl. Heineccii de Utilitate litterarum orientalium in jurisprudentia ; et dans la Collection complète des Œuvres de Selden , donnée à Londres par Wilkins, 1726, 3 tom. en 5 vol. Sa vie , écrite en latin , est en tête du premier vol.

Selden est né le 16 décembre 1584 ; mort le 30 novembre 1654.

223. De Legibus hebræorum ritualibus, et earum rationibus libri III, auctore Joanne Spencero. *Hagæ com.* Arn. Leers , 1686 , 2 vol. *in-4°.*

224. Samuel Stryckii Leges forenses Mosaïcæ cum jure Rom. collatæ. *Bremæ,* Jaegre, 1748, 1 vol. *in-8°.*

225. Sigonius de Republica Atheniensium et Lacedemoniorum , libri V ; de Republica Hebræorum, libri VII. *Hanoë* , 1609, *in-fol.* , et aux tom. IV et V de la Collection de ses Œuvres. *Milan* , 1732 — 1737 , 6 vol. *in-fol.*

226. Animadversionum de veteribus legum latoribus et scriptoribus juris attici ad J. Alb. Fabricii Bibliothecam græcam Specimina duo. Iterum edidit.... Ch. Gli. Richter. *Hamburgi* , Bohn, 1791 , 1 vol. *in-8°.*

Ces *Specimina* avaient paru d'abord séparément , le premier en 1786. On les retrouve, au moins en partie, dans l'édition de la Bibliothèque grecque de Fabricius, que M. Harles donne à Hambourg chez Ernest Bohn , *in-4°.* Ce qui regarde les législateurs grecs, est au 2°. vol. publié en 1791. Je crois que c'est le goût de l'érudition allemande , qui a dicté à M. Richter le jugement que je vais transcrire, (Bibl. Fabric. , tom. II , p. 2). . . . *Goguetus in doctissimo et utilissimo libro de Origine legum , Montesquiano operi , sive vastam eruditionem , adcuratam philosophiam spectes , longè anteferendo.* M. Richter était mort en 1791. Au surplus , il faut consulter cette partie de la nouvelle édition de Fabricius , pour connaître beaucoup d'écrits intéressants , dont je ne saurais transcrire ici tous les titres ; je recommande seulement quinze dissertations de Christ. Gottl. Heyne , sur les lois des anciens peuples de la grande Grèce et de Sicile. Elles ont été recueillies dans le second vol. de ses Opuscules académiques. *Goettingue* , 1787 , *in-8°.* La collection entière des Opuscules forme 4 vol. , publiés de 1785 à 1796.

227. Draconis et Solonis leges ; in : Pardulphi Prateii jurisprudentia vetus. *Lugd.* , 1559 , *in-8°.* ; et dans le quatrième vol. du *Thesaurus* d'Otton , qui sera indiqué au titre du Droit romain.

228. Leges atticæ. Sam. Petitus collegit , digessit et Commentario illustravit. *Paris* , C. Morel , 1635. *in-fol.* — 1642 , *in-4°.* —

Avec les Observations de Gʀᴇɴᴛᴇᴍᴇsɴɪʟ, Sᴀʟᴠɪɴɪᴜs, Dᴜᴄᴋᴇʀ, Wɪssᴇʟɪɴɢ, réimprimé dans le troisième vol. de la Collection intitulée : *Jurisprudentia romana et attica. Lugd. Batav.*, 1738 — 1741, 3 vol. *in-fol.*

Samuel Petit, ministre et professeur à Nîmes, est né en cette ville le 25 décembre 1594 ; il est mort le 12 décembre 1645.

229. Jo. Mᴇᴜʀsɪɪ Themis attica, sive de Legibus atticis, libri II. *Traj. ad Rh.*, 1685, *in-*4°. Dans le Trésor des antiq. grecques de Gʀᴏɴᴏᴠɪᴜs, tom. V; et dans le second vol. de la Collection complète des Œuvres de J. Meursius, donnée par J. Lami. *Florence*, 1741 — 1762, 11 vol. *in-fol.*

230. Trois Mémoires sur la constitution de la République d'Athènes ; par Lᴇᴠᴇsǫᴜᴇ : dans le IVme. vol. des Mém. de l'Institut, classe des sciences morales et politiques. *Paris*, Baudouin, an XI, *in-*4°.

231. Xᴇɴᴏᴘʜᴏɴ, de la République des Lacédémoniens et Athéniens, traduict de grec en français ; par C. P. (Claude Pɪɴᴀʀᴅ, seigneur de Cramaille). *Paris*, Fréd. Morel, 1579, *in-*4°.

— Républiques de Sparte et d'Athènes, traduites de Xénophon par J. B. Gᴀɪʟ. *Paris*, Gail, 1786, *in-*12 et *in-*18, G. P. V.

J. B. Gail est professeur de grec au collège de France.

— Dissertation sur les causes et les degrés de la décadence des lois de Lycurgue ; dissertation qui a remporté le prix dans l'académie des inscriptions et belles-lettres, le 28 avril 1767 ; par Mᴀᴛʜᴏɴ ᴅᴇ Lᴀᴄᴏᴜʀ, fils. *Paris*, Durand, 1767.

— Histoire philosophique et politique de Lacé-
démone et de lois de Lycurgue ; par l'abbé
de Gourcy. *Paris* et *Nanci*, 1768, 1 vol.
in-12.

L'abbé de Gourcy était vicaire-général de Bordeaux,
membre de l'académie de Nanci.

— Examen historique et politique du gouvernement de Sparte, ou Lettres sur la législation de Lycurgue, en réponse aux doutes
proposés par Mably sur l'ordre naturel des
Sociétés (ci-devant n°. 68), par Vauvilliers.
Paris, 1 vol. *in*-12.

Jean-François Vauvilliers, fils d'un très-savant et
infiniment respectable professeur de rhétorique au
collège de Beauvais, a été lecteur pour la langue
grecque au collège de France, et membre de l'académie
des inscriptions. Il est mort le 25 juin 1801 à Pétersbourg, âgé de 64 ans.

232. De l'Origine des gouvernements fédératifs
et amphyctioniques ; par de Sainte-Croix.
Paris, an VIII, 1 vol. *in*-8°.

233. De l'Etat et du sort des colonies des anciens peuples, ouvrage où l'on traite du gouvernement des anciennes républiques ; (par
de Sainte-Croix). *Philadelphie* (*Paris*),
1779, 1 vol. *in*-8°.

Guillaume-Emmanuel-Joseph Guilhem de *Sainte-
Croix*, né dans le Comtat Vénaissin, le 5 janvier 1746,
a été associé de l'académie des inscriptions et belles-
lettres. Il est membre de l'institut national.

234. Dissertation qui a remporté le prix de
l'académie des inscriptions et belles-lettres,
à Pâques 1784 ; par Pastoret, sur cette
question : Quelle a été l'influence des lois
maritimes des Rhodiens sur la marine des
Grecs et des Romains, et l'influence de la ma-

rine sur la puissance de ces deux peuples.
Paris, Alex. Jombert J., 1784.

— A Treatise on the maritime laws of Rhodes,
(Traité sur les lois maritimes de Rhodes,) by
Alx. K. Sᴄʜᴏᴍʙᴇʀɢ. *London*, Rivington,
1786, *in-8°*.

Voyez dans les Mémoires de l'académie des inscriptions plusieurs mémoires sur le gouvernement et la
législation des Grecs. Il sont indiqués, p. 144 et suiv.,
du *Tableau général des Mémoires* publiés par ᴅᴇʟ'
Aᴠᴇʀᴅɪ, 1791, 1 vol. *in-4°*. On y remarquera entre
autres trois mémoires de Sᴀɪɴᴛᴇ-Cʀᴏɪx sur la Législation de la Grande Grèce. Ce sont les récits et les observations que fait Aʀɪsᴛᴏᴛᴇ dans sa Politique, sur les
anciens gouvernements, qui ont fourni aux modernes
le plus de lumières sur l'ancienne législation de la
Grèce.

Plusieurs auteurs ont parlé des lois des Hébreux et
des Grecs, en traitant des lois romaines avec lesquelles
ils les ont comparées. Leur indication se trouvera au
titre suivant.

235. Carthago, sive Carthaginensium respublica, quam ex totius fere antiquitatis ru-
deribus primus instaurare conatur Christ.
Hᴇɴᴅʀᴇɪᴄᴋ. *Francof. ad Oder.*, And. Becma-
nus, 1664, *in-8°*.

TITRE VI.

DROIT ROMAIN.

I. *Constitution des Romains ; Histoire de leur droit ; Introduction à l'étude du droit romain ; Dictionnaires et Lexiques.*

II. *Textes et commentaires des lois, des jurisconsultos, des compilations antérieures à Justinien.*

III. *Texte des Institutes et des compilations publiées par Justinien ; Corps de droit sans notes, avec notes et avec la Glose suivant l'ordre de Justinien, et suivant tout autre ordre.*

IV. *Abréviateurs, traducteurs, commentateurs des livres de droit publiés par Justinien ;*
    1°. Sur les Institutes et sur les règles du droit ;
    2°. Sur les Pandectes, sur le Code, et sur les Novelles ;
    3°. Sur tout le Corps de droit.

V. *Auteurs des traités servant à l'intelligence du Droit romain ; Collections de pièces et traités particuliers.*

☞ Les Jurisconsultes qui ont traité du Droit romain, spécialement par rapport au Droit et aux usages de la France, seront indiqués au titre des auteurs du Droit français.

VI. *Droit de l'Empire Romain après Justinien.*

§. I. *Constitution des Romains ; Histoire de leur droit ; Introduction à l'étude du droit romain ; Dictionnaires et Lexiques.*

236. Constitution des Spartiates, des Athéniens et des Romains; par GUÉROULT, professeur

au

au collège d'Harcourt. *Paris* , Née de la
Rochelle , 1792 , 1 vol. *in-8°* , 140 pag.

237. De la Constitution des Romains sous les
rois et au temps de la république ; par Atha-
nase AUGER. *Paris* , imprimerie du Cercle
social, 1792 et 1793 , 4 vol. *in-4°*.

C'est un ouvrage posthume. Auger, membre de
l'académie des inscriptions et belles-lettres , est né à
Paris le 24 décembre 1734 ; mort dans la même ville
le 8 février 1792. J'ai donné une notice sur cet homme
estimable, dans le journal intitulé *Correspondance pa-
triotique* , tom. IV, Dupont, an IV (1792), pag. 72.

238. La République Romaine , ou Plan général
de l'ancien gouvernement de Rome; par DE
BEAUFORT. *La Haye* , 1766 , 2 vol. *in-4°*. —
Paris , 1767 , 6 vol. *in-12*. — *La Haye* ,
1775 , *in-8°*.

Louis de Beaufort, de la société royale de Londres ,
est mort à Maëstrecht en 1795.

239. Traité des lois politiques des Romains du
temps de la république ; par DE PILATI DE
TASSULO. *La Haye* , J. H. Munnichuizen et
C. Plaat , 1780 , 2 vol. *in-8°*.

L'auteur est verbeux , mais son ouvrage contient
des discussions importantes.

☞ On ne doit pas entamer l'étude du Droit
Romain , public ou particulier , sans avoir lu
les *Considérations de* MONTESQUIEU *sur les causes
de la grandeur des Romains et de leur décadence;*
elles sont imprimées dans toutes les collections
de ses œuvres.

Voyez 1°. dans le Trésor des Antiquités Romaines de GRÆVIUS, tom. I ; le Traité de Paul
MANUCE , sur les Comices des Romains , et
plusieurs écrits tant de GRUCHIUS que de

Sigonius sur une dispute littéraire qui s'était élevée entre eux relativement aux Comices.

2°. Dans le recueil des Mémoires de l'académie des inscriptions et belles-lettres, les Mémoires de plusieurs savants, et entre autres de M. Bouchaud sur la Constitution des Romains, leurs lois et leurs magistrats. L'indication de ces Mémoires est dans la table générale de del' Aulnoi, page 147 et suiv. D'autres Mémoires de M. Bouchaud sur ce même sujet, sont imprimés dans le recueil de l'Institut national.

3°. Dans la Bibliothèque latine de Fabricius, édition donnée par Ernesti. hérit. Weidmann, 1774, 3 vol. *in-8°*. le chap. VI, tom. III, pag. 477, qui est *de Legibus et Jurisconsultis antiquis*. Il est plein de renseignements utiles.

4°. Dans la *Bibliotheca historica Struvio-Budero-Meuseliana, Volum. IV, part. secunda*: Lipsiæ, 1790, *in-8°*., les neufs premières sections, qui indiquent amplement et avec des observations critiques fort intéressantes, les traités sur la constitution, les lois, les magistrats de la république ; sur les peines, sur les tributs, etc. Meusel, p. 281, s'est permis de dire au sujet des Mémoires de Bouchaud, *res maximam partem tritas auctor magna loquacitate profert.*

Voyez la note sur le n°. 247.

240. Histoire du Consulat de la République romaine ; par Victor Comeiras. *Paris*, an IX, 1 vol. *in 8°*.

241. Histoire du Tribunat de Rome, depuis sa création jusqu'à la réunion de sa puissance à celle de l'empereur Auguste ; par Seran de la Tour. *Paris*, 1774, 2 vol. petit *in-8°*.

L'abbé Seran de la Tour est connu par un assez grand nombre d'ouvrages sur les lettres et sur l'histoire.

242. Traité du Sénat romain, traduit de l'anglais de MIDDLETON, par D'ORBESSAN. *Montauban,* 1753, *in*-12.

Anne-Marie Daignan d'Orbessan était président au parlement de Toulouse.

— Essai sur le Sénat romain, traduit de l'anglais de CHAPMAN. *Paris,* 1765, *in*-12.

243. * J. GOTHOFREDI Manuale juris, seu parva juris mysteria, ubi quatuor sequentia continentur : juris civilis Rom. 1°. historia ; 2°. bibliotheca ; 3°. florilegium sententiarum ; 4°. series librorum et titulorum in Digestis et in Codice. *Genevæ,* 1651. — *Ibid.* 1654. (Cette édition est la sixième.) — *Amst.* 1663. — *Genev.* 1665, 1672. — *Lug. Bat.* 1675. — *Genevæ,* 1676, *ibid.* 1677, 1695, 1725, 1726. — *Francofurti,* 1731. — *Lipsiæ,* 1758, *in*-12.

Cet ouvrage fait partie du recueil intitulé *Jac. GOTHOFREDI Opera minora. Lugd. Batav.* 1733, *in-fol.* L'auteur du Recueil est Christ. Henri THOTZ, né en 1701 à Kolberg, professeur de droit à Franequere et ensuite à Utrecht, où il est mort en 1773.

La famille des Godefroy (Gothofredus, Gottfried) ayant produit plusieurs personnes célèbres par leurs connaissances, et par des ouvrages dont je dois indiquer un assez grand nombre, il faut un peu d'attention pour distinguer les Godefroy les uns des autres. Je parlerai de tous dans cet article, et je renverrai ici lorsqu'il sera question dans d'autres articles de chacun d'eux.

1°. Denis Godefroy (surnommé l'ancien et le jurisconsulte), né à Paris le 17 octobre 1549; Professeur de droit à Genève en 1572, conseiller au parlement en 1589; professeur de Pandectes et d'histoire à Strasbourg en 1591; professeur de droit à Heidelberg en 1600 ; de nouveau à Strasbourg en 1601 ; de nouveau à Heidelberg en 1604 ; une troisième fois à Strasbourg en 1620 , où il meurt le 7 septembre 1622. C'est de lui qu'il est mention dans la liste à la suite du Dialogue des avocats par LOISEL , p. 584. M. DAGUESSEAU , après l'avoir mis au rang des plus grands critiques du dix-septième siècle , ajoute qu'on peut justement l'appeler le plus docte et le plus profond de tous les interprètes des lois civiles. (Œuv. de Dag., tom. V, p. 223.)

2°. Théodore Godefroy , fils aîné du précédent, né à Genève le 15 juillet 1580 , vient à Paris en 1602 , embrasse la religion catholique que son père avait quittée. Avocat au parlement ; chargé en 1615 de travailler avec P. DUPUY à l'inventaire du Trésor des chartes ; historiographe de France en 1632 ; conseiller au conseil-souverain de Nanci en 1634 ; conseiller d'état en 1643 ; mort le 5 octobre 1649.

3°. Denys Godefroy (le jeune ou l'historiographe) né de Théodore , le 24 août 1615 , a Paris ; historiographe de France en 1640 ; envoyé à Lille en 1668 pour la recherche et la garde des titres de la chambre des comptes ; mort dans cette ville le 9 juin 1681.

4°. Jean Godefroi , né du précédent , le   nommé à la place de son père pour la garde des titres de la chambre des comptes de Lille , le 15 juillet 1681 , mort en 1732.

5°. Jean-Baptiste-Achille Godefroy, fils du précédent, né à Lille en 1697, obtient la survivance de la place de son père, le 14 octobre 1726 ; mort le 15 décembre 1759.

6°. Denys-Joseph Godefroy , fils du précédent , nommé à la place de son père par lettres-patentes du 11 janvier 1760.

7°. Jacques Godefroy , fils cadet de Denys l'ancien , et frère de Théodore , né le 13 septembre (ou décembre) 1587 à Genève ; professeur de droit en 1619 dans cette ville , où il meurt le 24 juin 1652.

8°. Denys Godefroy , garde des livres de la chambre des comptes de Paris , reçu dans cet office le 20 octobre 1688 ; Moncrif, son successeur , fut reçu le 16 septembre 1712. Denys Godefroy est mort en 1719. On lui attribue une édition de la satyre Ménippée. Il était frère de Jean, (n°. 4).

244 *. Jo. Vinc. GRAVINÆ, Origines juris civilis , seu de ortu et progressu juris civilis. *Neapoli* , ex offic. Bulifoniana , 1701. — *Lipsiæ*, 1702, *in-8°*. (Ces deux premières

éditions sont beaucoup moins amples que les suivantes.) *Lipsiæ*, 1708, *in-4°.* — *Neapoli*, 1714. — *Lipsiæ*, 1717, *in-4°.* — *Venet.* 1730, 2 vol. *in-4°.* — Et cum annotat. Got. Mascovii. *Lipsiæ*, 1731 et 1737, *in-4°.*, 3 vol. — *Venetiis*, 1739, *in-4°.*, 3 vol. — *Ibid.* 1758, *in-4°.*, 3 vol.

Jean-Vincent Gravina, né dans la Calabre le 18 janvier 1664, fut professeur en droit au collège de la Sapience à Rome : il est mort en 1718. Son ouvrage est écrit d'un style élégant et fleuri, avec beaucoup d'ordre et de netteté : on lui a reproché de n'être pas assez profond. L'édition de Leipsic, en 1737, et les autres éditions postérieures sont un recueil général des Œuvres de Gravina. On doit préférer l'édition de 1737, à cause de l'exactitude du texte et des observations qui y ont été jointes ; mais l'édition de Venise, 1758, contient de plus l'institution canonique.

— Esprit des Lois romaines, traduit du latin de Gravina ; par Requier. *Paris*, Desaint, 1766, 3 vol. *in-12.*

Je ne sais pourquoi il a plu au traducteur de changer le titre de son original. Jean-B. Requier est mort en nivôse an VII.

245. * Jo. Gotl. Heineccii, Antiquitatum Romanarum, jurisprudentiam illustrantium, syntagma. *Halæ*, 1719. — *Basileæ*, 1732. — *Argent.* 1734. — *Ibid.* 1741 (auctius). — *Argent.* 1755, 2 vol. *in-8°.*

246. * Ejusdem Historia juris civilis. *Halæ*, 1733. — *Lug. Batav.* 1740. — (Auctior,) *ibid.* 1748. — Cum observationibus J. Dan. Ritteri et Jo. Martini Silberradii notis. *Argent.* 1751, *in-8°.* — *Argent.* Baver, 1765, 1 vol. *in 8°.*

Avec l'Histoire du droit romain est l'Histoire du droit germanique, et un Abrégé de l'histoire du droit français, par Silberradt, lequel était professeur de droit à Strasbourg. Le nom de Silberradt n'était pas dans l'édition de 1751.

Ces deux ouvrages de Heineccius, *Antiq. Roman.* et *Hist. Juris*, forment le tome IV de la collection de ses œuvres, qui sera indiquée ci-après.

247. Rituum romanorum tabulæ : in usum auditorum concinnavit Jer. Jac. OBERLINUS. *Argent.* Jo. Frid. Stein 1784, 1 vol. *in-*12.

Ce petit volume est très-commode, surtout à cause de la table ajoutée à cette édition, qui est la seconde, des auteurs que l'on peut consulter sur les mœurs, usages, coutumes et lois des Romains.

248. Jo. Fr. EISENHART, Institutiones Historiæ juris litterariæ. *Helmstad.* 1752. — *Ibid.* 1763, *in-*12.

Eisenhart, né le 18 octobre 1720 à Spire, professeur de droit à Helmstadt, est mort dans cette ville le 10 octobre 1783.

249. Jo. DOUJATII, Historia juris civilis Romanorum. *Paris*, la Caille, 1678, *in-*12.

250. Histoire du droit romain; par Claude-Joseph DE FERRIÈRE. *Paris*, 1718, *in-*12.

Ce n'est presque qu'une traduction de l'ouvrage de Vincent Gravina.

251. Histoire de la jurisprudence romaine, contenant son origine, ses progrès, etc. ; par Ant. TERRASSON. *Paris*, David J. 1750, *in-fol.*

Antoine Terrasson, né à Paris le premier novembre 1705, était avocat et professeur royal de droit canon. Il mourut le 30 octobre 1781. A la fin de son Histoire du droit romain est un recueil de pièces intéressantes, sous ce titre: *Veteris jurisprudentiæ rom. monumenta quæ extant integra aut ferè integra : seu Leges, Senatusconsulta, Plebiscita, Formulæ, ect. quæ in veteribus monumentis reperiuntur.*

252. Précis historique et chronologique sur le

droit romain, avec des notes et des éclaircissements, traduit de l'anglais de SCHOMBERG,
par BOULARD, notaire. *Paris*, Maradan, 1793,
1 vol. *in* 8°.

Le titre de l'original anglais est : An Historical and
chronological view of roman law, with notes and illustrations, by Alex. C. Schomberg. *Oxford*, Prince,
1785, 1 vol. *in-8°.*

253. Tableau historique de la jurisprudence romaine, depuis la fondation de Rome jusqu'au
dix-huitième siècle ; par GOUJON (de la
Somme), ancien jurisconsulte. *Paris*, Goujon
fils, an XI, 1 vol *in-12.*

La réflexion que j'ai faite (lettre III, p. 68), sur
l'excessive longueur de l'Histoire de TERRASSON, a déterminé la composition de ce Tableau historique.

254. Car. SIGONII de Antiquo jure civium romanorum libri duo. *Venetiis*, Jord. Ziletti,
1563, 1 vol. *in-4°.* — *Paris*, 1573, *in-8°.*
— *Ibid.* 1576, *in-fol.* — Cum præfat. THO-
MASII. *Halæ*, 1713, 2 vol. *in-8°.*

Ce traité est réimprimé au cinquième vol. de la collection des œuvres de Sigonius, et aussi dans la collection de GRÆVIUS, tom. I. Sigonius est mort à Modène
en 1584, âgé de 60 ans.

255. Ant. AUGUSTINI, De legibus et senatus-
consultis liber. *Romæ*, Dom. Basa, 1583.
— Cum notis FULVII URSINI. . . . et Justi
LIPSII libello de legibus regiis et decem-
viralibus. *Paris*, Beysius, 1584, *in-fol.* —
Lugd. 1592, *in-4°.* — *Ibid.* 1606, *in-fol.*

Il est réimprimé dans le second vol. du Trésor des
Antiquités romaines de Grævius.

256. Gottl. SLEVOGTII, De sectis et philoso-
phia jurisconsultorum. *Ienæ*, 1724, *in-8°.*

Slevogt est né en 1694 à Iena ; mort dans la même ville, où il était professeur de droit, en 1732.

257. Jo. Gothof. Schaumburg, De jurispru-
    dentia veterum jurisconsultorum romanorum
    stoica tractatio, *Ienæ*, 1745, *in-8°*.

Né le 18 avril 1705 à Zerbst; professeur de droit à Iena ; mort dans cette ville le 28 mai 1746.

258. J. Car. Corn. Oelrichs, Dissertatio his-
    torico-juridica de servis juris peritis atque
    magistratib. apud Roman. *Palæo-stettini*,
    1765, *in-4°*.

Dissertation curieuse, utile à l'Histoire du droit romain. *Voyez* Comment. de lib. minor. *Bremæ*, 1767, tom. I, part. 2, n°. 61. Oelrichs naquit à Berlin le 12 août 1722.

259. De propriis nominibus τῶ Παρδαλᾶ Flo-
    rentini, cum notis Antonii Augustini, arch.
    Tarraconensis. *Tarrac.* Mey, 1579, *in-fol.*

Ce traité est très-savant, ainsi que tous ceux qui sont sortis de la plume d'Antonius Augustinus. Quelques exemplaires portent la date de Barcelone en 1597 ; c'est cependant la même édition, l'intitulé seul est changé. Comme il était devenu rare, Ev. Otton l'a fait réimprimer dans son Trésor ; c'est la première pièce de son recueil.

260. Modus legendi abbreviaturas passim in
    jure tam civili quam pontificio occurrentes.
    Huic accessere tituli quæ et rubricæ vocan-
    tur in universum jus civile. *Paris*, Guill.
    Desboys, 1562.

On a imprimé plusieurs fois ou cet ouvrage ou des ouvrages semblables, dont une des plus anciennes édition est de *Nuremberg*, 1476, *in-fol.* ; une des plus modernes, *Iena*, 1688, *in-8°*. On a joint souvent à ce livre sous un même frontispice ou sous des frontispices différents les *Flores legum* et les *Brocardica juris* que j'indiquerai au § IV.

☞ La plupart des commentateurs du droit romain ont traité assez au long de son origine et de son histoire, sur le titre II du livre I du Digeste, qui est, *De origine juris.*

Consultez la préface et en général tous les prolégomènes des Pandectes de POTHIER que j'indiquerai n°. 292. Vous y trouverez l'histoire du droit et des jurisconsultes romains. Il y a d'ailleurs à la tête du 3e. vol une table des auteurs dont Pothier s'est servi pour son travail ; elle fournit une bonne notice des auteurs utiles pour l'etude du droit.

261. Barn. BRISSONII, De verborum quæ ad jus pertinent significatione. *Francof.* 1578, 1587. — *Paris*, 1596. — *Francof.* 1683. — 1697. — 1721.

Barnabé Brisson, après avoir exercé la profession d'avocat, fut élevé à la dignité de président, en 1580. Les ligueurs, l'ayant choisi pour le premier président de leur faux parlement, le firent ensuite étrangler en 1591, parce qu'il ne se prêtait pas à leurs desseins. Voyez *le Dialogue des Avocats*, p. 553.

— Dictionarium juridicum, in quo Barn. Brissonii de verborum signif. opus in meliorem ordinem redactum, cum accessionibus pluribus Jo. Gott. HEINECCII, præfatione Justi Henn. BOEHMERI. . . . edente Jo. Chr. HEINECCIO. *Halæ*, Orphan. typogr. 1743 (ou 1744) *in-fol.*

Jean-Christian Heineccius, né à Halle en 1718, professeur de droit à Liegnitz, est le fils de Jean-Gottlieb, dont j'ai indiqué beaucoup d'ouvrages.

262. J. KAHL, alias CALVINI, Lexicon juridicum. *Francof.* 1600, 1610. — *Col.* 1622. — Cum præfat. D. GOTHOFREDI et Herm. VULTEII. *Genève*, 1640, *in-fol.* — *Ibid.* 1653,

1663, 1665. — *Franc.* 1669. — *Genevæ*, 1670. — *Franc.* 1683, 1 vol. *in-fol.* — *Genev.* J. Ant. Chouët, 1683, 1 vol. *in-fol.* — *Genevæ*, 1730, 1734, 1759, 2 vol. *in fol.*

263. Lexicon juridicum ex Brissonio, Hottomanno et Cujacio. *Genevæ*, 1599, 1615, *in-8°.*

264. * Vocabularium utriusque juris, autore Vicat. *Lausannæ*, 1759, 3 vol. *in-8°.* — *Neapoli*, J. Gravier, 1760, 4 vol. *in-8°.*

Ce n'est qu'un extrait des anciens lexiques : seulement on y a presque toujours employé des définitions tirées d'un ouvrage moderne de Weuffel. L'édition de Naples contient, de plus que celle de Lausanne, l'explication des termes relatifs aux matières féodales.

On peut compter au nombre des lexiques, les Commentaires sur le titre du Digeste *De verborum significatione.* Ils sont nombreux ; on en trouvera l'indication dans la Bibliothèque de Lipenius.

§. II. *Textes et Commentaires des lois, des Jurisconsultes et des Compilations antérieures à Justinien.*

265. F. Balduini, Libri II in leges Romuli et XII Tabularum. *Parisiis*, 1550. — *Ibid.* 1554, *in-fol.* — *Basil.* 1559, *in-8°.*

La seconde édition est beaucoup plus ample que la première : la troisième est la meilleure des trois. Cet ouvrage a été réimprimé dans le premier volume de la collection intitulée : *Jurisprudentia Romana et Attica.* *Leyde*, 1738, *in-fol.* ci-dessous, n° 385.

François Baudouin, né à Arras en 1520, y est mort le 24 mars 1573. Il a mené une vie assez errante, et a changé deux ou trois fois de religion.

266. Pardulphi Pratei jurisprudentiá vetus, sive Draconis et Solonis, necnon Romuli, Romanorum regis, ac XII Tabularum leges collectæ interpretatæque. *Lugd.* 1559, *in-8°.*

Cet ouvrage a été réimprimé dans le *Trésor d'Otton*, tome IV, pag. 381 — 480.

Pardoux Duprat, né à Aubusson dans la Marche,
docteur en droit. L'édition de 1559 est de l'habile Guil.
Rouille. Elle est rare et recherchée, comme celle
que le même imprimeur donna en 1561, de la *Jurisprudentia media* du même Duprat.

267. Justi Lipsii Leges regiæ et decemvirales.
  Paris, 1584, *in-fol.* — *Antver.* 1601, *in-8°.*, et
  au tom. IV de la collection de ses Œuvres,
  imprimée à Anvers, *ex off. Plantin.* 1637,
  4 vol. *in-fol.*

Ces fragments n'occupent dans la collection des
œuvres de J. Lipse, que deux feuillets, depuis la page
279 jusqu'à la page 282.

268. Jo. Nic. Funccii Leges XII Tabb. suis,
  quotquot reperiri potuerunt, fragmentis res-
  titutæ.... *Rintel.*, 1744, *in-4°.*

Funk, né à Marbourg, le 29 mars 1693, a été professeur d'éloquence et d'histoire à Rintel; il est mort
le 7 janvier 1778.

269. Commentaire sur la loi des XII Tables;
  par Bouchaud. *Paris*, 1787, 1 vol. *in-4°.*
  Seconde édition, augmentée, avec table des
  matières. *Paris*, imprimerie de la République, an XI, 2 vol. *in-4°.*

Mathieu-Ant. Bouchaud, né à Paris le 16 avril
1719, aggrégé, et ensuite professeur de droit; de l'académie des inscriptions et belles-lettres; est professeur
du droit de la nature et des gens au collège de France,
et membre de l'institut. Son ouvrage sur la loi des
XII Tables est le plus considérable que nous ayons.
Les fragments de ces lois ont été souvent imprimés,
non-seulement dans les livres que j'indique au présent paragraphe, mais aussi dans beaucoup d'autres,
par exemple, dans le premier volume des Pandectes
de Pothier, dans l'Histoire de la jurisprudence romaine, par Terrasson, etc.

270. Quatuor fontes juris civilis, sive leges XII

Tabularum cum earumdem historiâ, etc. ; legis Juliæ et Papiæ fragmenta ; edictum perpetuum ; librorum Sabinianorum ordo ac series. Edente J. Gothofredo, *Genev.* 1653, *in-4°.*

Ce recueil a été réimprimé dans le *Trésor d'Otton,* tom. III, et dans le recueil intitulé : *J. Gothofredi opuscula minora.* Voyez ci devant n°. 245. Godefroy avait publié d'abord à Heidelberg, en 1614, *Leges regiæ.... et XII Tabul. fragmenta, in-4°.*

271. De origine et progressu Juris civilis romani authores et fragmenta veterum jurisconsultorum, cum notis Arn. Vinnii et variorum. Auctore et collectore S. Leewio, Icto. *Lugd. Batav.,* Doude et Driehuysen, 1671, 1 vol. *in-8°. — Ienæ,* 1697, *in-8°.*

Les pièces contenues dans ce volume sont :
Titulus dig. de origine juris. . . . cum notis variorum ac præcipuè Vinnii.
Lucius Fenestella et Pomponius Lætus, cum S. Lewli notis.
Legum XII Tabb. fragmenta.
Edictum perpetuum Salviaui.
Ulpiani fragmenta.
J. Pauli Receptarum sententiarum, libri V. Caji Icti institutiones.
Lic. Ruffini Mosaïcarum legum collatio.
De origine, progressu, usu atque authoritate juris civ. romani. . . . Aut. S. Lewio.
Chronici canones et fasti consulares à Romulo rege.
Belle édition que l'on joint volontiers à la collection des *Variorum, in-8°.* Il faut y ajouter :
Fragmentum veteris Icti de juris speciebus et de manumissionibus. . . . ed. à Matthia Rovero gr. et lat. *Lugd. Batav.* 1739, 1 vol. *in-8°.*

272. * Jurisprudentia vetus ante-Justinianea, ex recensione et cum notis Schultingii. *Lugd. Batav.* 1717. — Editio nova collata cum codd. manuscriptis. . . . De illustratione juris

civilis antiqui ex lectione classicorum, præfatus est D. Georg. Henr. AYRER. *Lipsiæ*, off. Weidmann., 1757, 1 vol. *in-4°*.

Cette collection comprend :
Quæ supersunt ex Caii instit., libr. IV.
J. Pauli Sententiarum receptarum, lib. V.
Fragmentum ex institut. lib. II.
Tituli ex corpore Ulpiani XXIX.
Codd. Gregoriani et Hermogeniani fragmenta.
Mosaïcarum et Roman. legum collatio. . . . . cum quibusdam aliis fragmentis.
Consultatio veteris cujusdam jurisconsulti.
Papiani (et non *Papiniani*) responsorum liber.
Dosithei magistri liber III , gr. lat.
Schultingii orationes duæ ad veterem jurisprudentiam pertinentes.

La plupart de ces pièces avaient été précédemment imprimées à part, et j'ai indiqué les éditions de quelques-unes : mais comme elles sont ici plus pures pour le texte, accompagnées de variantes et d'excellentes notes , il est inutile de rechercher soigneusement les anciennes éditions.

Ant. Schulting est né à Nimweg en Gueldre en 1659 ; il fut professeur de droit à Hardewyk, à Franequere et à Leyde, où il mourut en 1734.

L'édition de 1717 est mieux imprimée ; celle de 1737 est plus ample.

273. Codex THEODOSIANUS.

Ce Code fut composé par ordre de l'empereur Théodose le Jeune, en 438. Il fut remplacé dans la suite par celui de Justinien , et il cessa alors d'avoir force de loi. Il est cependant utile de le consulter , parce qu'on y trouve des lois qui servent à interpréter celles que Justinien a fait insérer dans son Code. D'ailleurs le Code Théodosien a fait long-temps loi en France, et ce sont ses dispositions que l'on appelait particulièrement *Lex Romana* , sous la première race de nos rois.

La première édition du Code Théodosien, ou plutôt de l'abrégé qui en avait été fait par ANIAN, fut donnée à *Bâle*, en 1528, par Jean Sichard, *in-fol.* ; mais elle n'était nullement complète. Jean DE TILLET, évêque

de Meaux, frère du greffier, en donna une autre
édition plus ample, et qui contenait les seize livres
qui le composent, à *Paris*, en 1549 (ou 1550),
in-8°. Ces éditions ont été suivies de plusieurs que je
n'indique pas, parce qu'il est facile d'en voir la liste
dans la Bibliothèque de Lipenius, au mot *Codex
Theodosianus* ; dans la Bibliothèque portative des
auteurs classiques d'Harvood, augmentée par Mauro
Bosi, *Venise*, 1795, tom. II, p. 342 ; et dans la
Bibliothèque grecque de Fabricius, tom. XII, p. 343.
Hambourg, 1724. Une seconde raison de ne pas entrer
dans le détail de ces éditions, est que les deux que je
vais citer ont fait oublier toutes les autres.

—Ja. Gothofredi (n°. 243. 7.) Codex Theodosianus, cum amplissimo commentario, studio
Antonii Marvilii. *Lugduni*, 1665, 6 vol.
in-fol. on les relie en 2, en 3, en 4 vol.

— * Codex Theodosianus cum perpetuis commentariis J. Gothofredi. Præmittuntur chro-
nologia accuratior, chronicon historicon et
prolegomena. Subjiciuntur notitia dignitatum,
prosopographia, topographia, index rerum
et glossarium nomicum. . . . Opera et studio
Ant. Marvilii antecessoris primicerii in universitate Valentina. Editio nova. . . . collata
cum antiquissimo codice manuscripto Wur-
ceburgensi et libris editis; iterum recognita,
emendata, variorumque observationibus aucta
quibus adjecit suas Jo. Dan. Ritterus. *Lipsiæ*,
1736. — 1745, 6 vol. *in-fol.*, le second divisé en deux parties. —Le même code, à
Venise, 1740 et suiv.

J. Dan. Ritter, né en 1709 à Slauz en Silésie, professeur et bibliothécaire à Wittenberg, est mort le 15
mai 1775.

274. Leges Novellæ V, anecdotæ, imperr. Theo-
dosii Junioris et Valentiniani tertii, cum
ceterarum etiam novellarum editarum titulis

et variis lectionibus ex codice Ottoboniano,
quibus accedunt aliæ Valentiniani tertii constitutiones jam editæ quæ in cod. Theodos.
desiderantur ; ac tandem lex romana, seu
responsum Papiani, titulis, anecdotis, variisque lectionibus auctum, studio Jo. Chph.
Amadutii. *Romæ*, 1767, *in-fol.*

On voit que ce sont des suppléments à l'édition de
Ritter.

J. Sirmond a publié à *Paris*, Cramoisy, 1631, *in 8°.*
un Appendix au Code Théodosien. Les trois premières
constitutions de cet Appendix parurent suspectes à
Godefroy : de là des écrits pour et contre, qui sont
indiqués dans la Bibliothèque de Lipenius, verbo *Co-*
dex Theodosianus.

§. III. *Textes des Institutes et des Compilations*
  publiées par Justinien ; Corps de Droit sans
  notes, avec notes et avec la Glose : suivant
  l'ordre de Justinien, et suivant tout autre ordre.

275. Institutionum Justiniani libri quatuor,
  cum glossis. *Moguntiæ*, per Petr. Schayffer
  de Genssheym, anno Domini incarn. 1468,
  in-fol. Voy. Panzer, Annal. typog., tom. II,
  p. 118.

Je n'indique point cette édition, qui est très-rare,
pour qu'on l'achète ; mais pour faire connaître, conformément à mon plan, l'époque de la première édition du livre.

Les Institutes de Justinien ont été réimprimées sans
nombre. Pour l'usage, il faut avoir un texte de petit
format : il en existe beaucoup, parmi lesquels j'en indique deux, commodes, l'un, parce que ce qui fait
maxime y est imprimé en lettres rouges ; l'autre,
parce qu'on y a joint le titre du Digeste, *De verbo-*
rum significatione, et *De regulis juris*, des tables de
ces deux titres, les rubriques du Digeste et du Code,
et les canons des Apôtres. La troisième édition que
j'indique est précieuse à cause des notes.

276. Institutiones Justiniani cum rubro-nigris litteris. *Amst.* Elzévir, 1664, 1676, *in-*16.

Il y a des exemplaires identiquement semblables où tout est en noir : le frontispice seul est différent.

— Imp. Justiniani institutionum libri quatuor. *Parisiis*, Billaine et Besongne, 1631, *in-*16.

— Institutionum libri IV, cum notis MANILII, MURETI, et JANI A COSTA. A Joanne Van de Watter, *Traj. ad Rhenum*, 1714, *in-*4°. — *Lugd. Batav.* 1744, *in-*4°.

☞ Les Institutes, les Pandectes ou Digeste, le Code et les Novelles, forment ce qu'on appèle le *Corps de Droit.* J'ai indiqué plusieurs éditions des Institutes, parce qu'il est utile de les posséder à part. Il n'en est pas de même des autres parties du corps de Droit. On doit connaître quelques éditions de ces parties qui sont remarquables, ou par leur ancienneté, ou par d'autres circonstances ; mais pour l'usage on a le Corps de droit entier. Ainsi je n'indiquerai que ces éditions remarquables des portions séparées du Corps de droit. Quant aux éditions du Corps de droit, elles sont beaucoup trop multipliées pour que je les annonce toutes. Si l'on veut se satisfaire à cet égard, il faut consulter la Bibliothèque de LIPENIUS et ses suppléments, au mot *Jus civile* ; la Bibliothèque grecque de FABRICIUS, tom. XII, p. 359 ; l'édition des Maximes de PAUL, publiée par HUGO à *Berlin*, Mylius, 1795, *in-*8°., à la fin de laquelle l'éditeur a donné l'Index de toutes les éditions du Corps de droit ; l'Histoire de la Jurisprudence romaine, par TERRASSON.

Textes séparés des Pandectes, du Code et des Novelles, avec la glose, et sans la glose.

Premières éditions des Pandectes, du Code et des Novelles.

Les premières éditions de ces diverses parties du Corps de droit ont été faites avec la glose. Les éditions du texte seul sont moins anciennes.

277. Pandectæ cum glossa. *Venetiis*, 1489.

Cette édition n'a d'autre mérite que d'être la première qui comprène la totalité des Pandectes. Elles avaient précédemment été imprimées en trois volumes séparés, sous le titre de *Digestum vetus*, *Infortiatum*, et *Digestum novum*. Voyez n°. 279.

278. Codex Justiniani imperatoris, repetitæ prælectionis, cum glossis. *Moguntiæ*, Pet. Schoyffer, 1475, VII°. Kal. februarias, *in-fol.*

Voyez Panzer, Ann. typogr., tom. II, pag. 126.

— Justiniani imperatoris codex cum glossa. . . . Anno Domini 1475 die vicesimo quarto junii; in *Nuremberga*, jussu Andree Frisner Bunsidelensis, et Jo. Sensenschmid civis Nurembergensis, *in-fol.*

Voyez sur l'édition de Nuremberg, le Catal. de Schwarz, page 153; Seemiller, *incunab. typogr.* Fasc. 1, *pag.* 76, et le Catal. de Lavalière, 1785, n°. 1160.

L'une et l'autre édition ne contiènent que les neuf premiers livres du Code. L'usage prouvé par les manuscrits et par les premiers exemplaires imprimés, était de faire un seul volume des neuf premiers livres, et de joindre les trois autres au volume qui contenait aussi les authentiques; on intitulait ce dernier, *Juris civilis volumen.* Voyez n°. 280 et 281.

279. Digesti veteris libri XXIV cum glossis.

Henr. Clayn , in urbe *Perusia* hunc librum diligenter impressit anno Domini 1476.

Voy. Panzer, Ann. typogr. , tom. II , p. 379.

— Digestum infortiatum. *Romæ*, Vitus Puecher , 1475 , *in-fol.*

— Digestum novum cum glossis. *Romæ* , apud Sanctum Marcum , 1476.

Puecher a imprimé les deux volumes que je viens d'indiquer. Voyez Audiffredi *Edit. Romanæ* , p. 201 et 206. J'ai peine à croire qu'avant la seconde et la troisième partie du Digeste , *Puecher* ou quelqu'autre imprimeur à Rome n'eût pas publié le *Digestum vetus* ; je pense que cette édition a jusqu'ici échappé aux bibliographes : la plus ancienne qu'ils citent étant celle de Pérouse en 1476.

280. Authenticæ et tres posteriores libri codicis cum glossis. Anno 1477 , in civit. *Magnucia* , Pet. Schoiffer de Gernssheim.

Le titre est beaucoup plus étendu : je n'en donne que le résultat. Voyez le Supplément de Denis aux Annales de Maittaire , tom. I , p. 75.

281. Digestum vetus , infortiatum , novum. *Lugduni* , Joh. Syber , 1482. — Eadem et Juris civilis volumen. *Mediolani* , Joh. Anton. de Honate , 1482.

Panzer , Annal. typogr. et Denis , Suppl. aux Ann. de Maittaire , tom I , p. 148 et 152 , indiquent ces éditions sans annoncer qu'elles sont accompagnées de la glose. Ainsi je suis fondé à croire qu'elles ne contiènnent que le texte. Cependant ne les ayant pas vues , je ne saurais affirmer le fait.

282. Digestorum seu Pandectarum libri L , ex editione Gregorii Haloandri. *Norimb.* 1529, *in-*4°. Institutiones , *ibid.* 1529 , *in-*8°. Codex , *ibid.* 1530 , *in-fol.* Novellæ Græcè cum (Haloandri) interpetatione latina , *ibid.* 1531, *in-fol.*

Haloandre était né dans l'électorat de Saxe. Son édition des Pandectes fut faite d'après un exemplaire collationné par POURTIEN sur le manuscrit de Florence, dont on parlera dans un moment ; ou plutôt sur une copie de cette collation. Haloandre se servit aussi d'autres manuscrits et des notes de plusieurs savants pour former son texte ; il consulta, à ce que l'on prétend, quinze manuscrits pour publier le Code. Il avait dessein de donner une nouvelle édition des pandectes avec des corrections, et il avait entrepris dans cette vue un voyage en Italie ; mais la mort le surprit à Venise en 1552.

Ménage a dit de lui : *Tot locos pandectarum corrigendo corrupit, ut nescias plusne obfuerit quam profuerit juris scientiæ.* Jur. civ. amœnit. 1677, pag. 47. Voyez aussi sur cette édition, *Memorabilia bibliot. acad. Ienensis. Ienæ*, 1746, et Vogt, Catal. libr. rar. *Francofurti*, 1793, p. 416.

283. Digestorum seu Pandectarum libri quinquaginta, ex Pandectis Florentinis repræsentati. *Florentiæ*, Torrentinus, 1553, *in-fol.*

On rapporte que la partie la plus considérable du Corps du Droit romain, le Digeste, était perdue, lorsqu'on en découvrit en 1137, à la prise d'Amalfi, un exemplaire manuscrit, qui passa dans la suite entre les mains des Florentins. C'est sur ce manuscrit qu'on prétend que toutes les éditions des Pandectes ont été faites. L'édition de 1553, qu'on vient d'annoncer, fut faite à Florence même, par les soins de Fr. Taurel. Elle est regardée comme un des chef-d'œuvres de l'imprimerie, pour la beauté et la correction. Le manuscrit original est conservé avec soin à Florence, dans le palais des Médicis : il est en parchemin ; le caractère d'écriture est assez fort et très-lisible : on a mis entre chaque feuillet un morceau de satin, afin que les pages ne se touchassent pas. On le fait voir aux étrangers, comme une des raretés les plus précieuses de cette ville. TERRASSON, dans son Histoire de la Jurisprudence Romaine, a donné beaucoup de détails sur les Pandectes Florentines.

Quelques personnes contestent l'exactitude d'une partie de ces faits, et il y a une dissertation expresse de Schwartz, jurisconsulte Allemand, sur la question de savoir si les Pandectes Florentines sont l'exemplaire

original de tous ceux que nous avons aujourd'hui.
Quoi qu'il en soit, il n'est pas moins constant que
ces Pandectes doivent être regardées comme un des
exemplaires les plus authentiques qui existent, supposé
que les autres manuscrits n'en soient pas de simples
copies. Le nombre des écrits publiés en Allemagne et
en Italie sur l'Histoire des Pandectes Florentines, et
sur la question de savoir si toutes les éditions que
nous connaissons sont des copies plus ou moins alté-
rées de ce manuscrit, est trop considérable pour les
indiquer ici. Je renvoye à Nettelbladt (voyez n°. 12.)
pag. 564 et 565 ; et à la Bibliothèque de Lipenius, au
mot *Jus civile*, tom. I, pag. 734.

284. Impp. Justiniani, Justini, Leonis novellæ
   constitutiones ; Justiniani edicta

Ex Bibliotheca illustris viri Huldrici Fuggeri...
   publicæ commoditati dicantur. Justiniani
   quidem opus antea editum sed nunc primùm
   ex vetustis exemplaribus studio et diligentia
   Henrici Scrimgeri Scoti restitutum atque
   emendatum et 23 constitutionibus quæ desi-
   derabantur auctum. Cui et edicta ejusdem
   imperatoris non prius edita, tanquam corolla-
   rium accesserunt. Justini autem et Leonis
   constitutiones.... numquam antea in lucem
   prolatæ. Anno 1558. Excudebat Henricus-
   Stephanus Huldrici Fuggeri typographus.
   1 vol. *in-fol.* Belle édition toute grecque.

Voyez sur quelques fautes légères de cette édition
une lettre de H. Scrimgerus à Etienne , dans la vie
des Etienne par Maittaire , p. 259.

285. Ant. Augustini Collectio Constitutionum
   Græcarum codicis Justiniani et Juliani No-
   vellarum epitome cum paratitlis et scholiis.
   Ilerdæ, Robert. Robarius, 1567 , *in-8°.* —
   Basileæ, 1576 , *in fol.*

Les Novelles sont des lois que Justinien publia après
son Code , et il les publia en grec. Lui-même les fit
traduire en latin , mot à mot ; et peut-être est-ce

cette version littérale qui a été conservée, et dont Irnérius a formé les *Authentiques*, qui se trouvent répandues dans le Code. Julien, professeur de droit à Constantinople, en donna une seconde version en 570, ou plutôt un abrégé: il a été imprimé plusieurs fois. La meilleure édition est celle que j'indique sous le n°. 285. Cette version est réimprimée dans les observations des frères Pithou sur le Code. *Paris, in fol.* n°. 539) Il y a aussi la version d'Haloandre (Voyez n°. 227). On en a tenté depuis de nouvelles, dont on peut voir l'indication dans la Bibliothèque de Struve. Heineccius parle avec beaucoup d'estime de la version faite par Homberg Zuvach, imprimée à Marpourg en 1717, *in-4°*. Voyez en général sur les éditions des Novelles, ainsi que sur leurs commentaires, la Bibl. de Lipenius, tom. I, p, 748, (édit. de 1757) et la Bibliothèque grecque de Fabricius, tom. XII, (*Hamburgi*, 1724), pag. 572 — 404.

CORPS DE DROIT.

Texte sans notes ni gloses ; avec notes ; avec gloses: selon l'ordre de Justinien.

On se rappèle que le Corps de Droit est composé des Institutes, des Pandectes, du Code et des Novelles de Justinien. Plusieurs éditeurs y ont joint les constitutions de quelques empereurs qui ont succédé à Justinien, et un traité des Fiefs ; mais cela n'appartient pas au Droit de Justinien et ne fait pas partie proprement dite du Corps de Droit.

Il faut avoir dans sa bibliothèque un exemplaire du texte, le moins volumineux possible, pour trouver promptement la loi dont on a besoin ; un autre exemplaire avec les notes de GODEFROI, et un troisième exemplaire avec la glose.

286. Jo. Hier. Hermanni Historia corporis juris Justinianei. *Ienæ*, 1731, *in-8°.*

287. Corpus Juris Civilis : editio nova prioribus correctior. *Amstel.* Daniel Elzevir, 1664, 2 vol. *in-8°.* — *Ibid.* Vidua Daniel Elzevîr et Blaeu, 1681. — *Ibid.* 1700, 2 vol. *in-8°.*

Les deux dernières éditions sont des réimpressions exactes de la première, mais elles sont moins belles. Toutes trois ne contiènent que le texte. Il y en a d'autres éditions *in-8°.*, *in-12*, même *in-18*, mais elles n'ont aucun prix. La véritable édition de 1664 se reconnaît à une faute qu'on remarque dans un titre : *Digestorum seu Pandectarum pars secundus.* (Au lieu de *secunda.*)

288. Corpus Juris Civilis academicum.

Ce corps de Droit est très-commode pour y chercher les lois, par la manière dont il est disposé. Lorsqu'il est relié, il sort un alphabet hors les marges; on ouvre le livre à l'endroit de la lettre par laquelle commence le titre dont on a besoin, et à cette page même est un *Index* des titres qui commencent par la même lettre avec la page où ils se trouvent dans le cahier que forment ces titres réunis l'un à la suite de l'autre

Le premier éditeur du *Corpus Academicum* est Christ. Henr. Freiesleben, qui l'a publié à *Altenbourg* et à *Leipsik*, 1721, *in-4°.* Il a été réimprimé plusieurs fois dans le même format. *Basle*, 1733; *Altenb.*, 1748; *ibid.* 1751; *ibid.* 1753; *Colon. Munat,* (*Basle*) 1759; *Colon.*, *Thurneisen*, 1775. — *Ibid.* 1785 Freiesleben (aliàs *Ferromontanus*), né le 6 juin 1696, à Glaucha, professeur de droit à Altdorf, est mort le 23 juin 1741.

289. * Corpus Juris Civilis cum notis D. Gothofredi.

La première édition est de *Lyon*, 1583, *in-4°.* La publication du Corps de Droit de D. Godefroi (voyez ci-devant n°. 243. 1.) fait époque parmi les Jurisconsultes. Son texte est celui qu'on a adopté pour leçon commune dans les universités et au barreau ; ses notes sont fort estimées. Le texte et les notes ont eu une multitude d'éditions , parmi lesquelles les plus remarquables sont celle de Vitray , *Paris* , 1628 , 2 vol. *in-fol.*, et celle d'Elzevir, donnée par les soins de Simon Van Leeven à *Amsterdam* en 1663 , 2 vol. *in-fol.* Leeven a fait des additions et des corrections qu'on a suivies dans les éditions postérieures qui ont paru à *Leipsick* en 1688 , *in-4°.*, en 1720, 1726 , 1740 , *in-fol* ; à *Anvers*, 1726 ; à *Basle* , (*Colon. Munat.*) en 1756 , 2 vol. *in-fol.* ; à *Cologne* , de Tournes , 1781 , 2 vol. *in-fol.* Entre toutes ces éditions on préfère toujours celle de 1663 , parce qu'elle est mieux exécutée ; parce que le texte grec des Novelles manque dans plusieurs des éditions nouvelles ; enfin parce que les additions faites dans les temps postérieurs , ne l'emportent pas sur le prix d'une édition d'Elzevir. Les additions faites par Van Leeven aux premières éditions de Godefroi , consistent principalement dans les maximes, *Sententiæ receptæ* , du juri consulte PAUL ; les *Fasti Consulares* ; les Canons apostoliques ; les Fragments des lois des Douze tables.

Parmi les éditions du Corps de Droit antérieures à Godefroi , et parmi celles qui , étant postérieures , ne doivent pas être regardées comme des copies de l'édition de Godefroi , on remarque l'édition de L. Russard et Duaren , *Lyon* , 1561 ; *Anvers* , Plantin , 1567 , 6 vol. *in-8o.* — *Ibid.*, 1570 ; d'Antoine Leconte , *Paris* , 1562 , 9 vol. *in-8o.* , et *Lyon* , 1580 , 14 vol. *in-8°.* ; de Charondas, *Anvers* , 1575 , *in-fol.* Enfin , l'édition publiée à *Halle* en 1735 , *in-4°.* avec une préface d'Heineccius.

290. Corpus juris civilis Codicibus veteribus manuscriptis et optimis quibusque editionibus collatis recensuit G. C. GEBAUER , et post ejus obitum editionem curavit Ge. Aug. SPANGENBERG. Tom. I, Institutiones ex optima Cujacii editione repræsentans , nec non Digesta ad Florentinum exemplar expressa continens. . . . variantibus lectionibus. . . ac notis variorum criticis adjectis. *Goetting.* , Dietrich, 1777 (ou 1776), *in-4°.*, tom. II. *Ibid.* 1797.

Gebauer, né à Breslau le 26 octobre 1696, professeur de droit à Goettingue, est mort dans cette ville, le 29 janvier 1773. On prétend que son édition n'a pas complètement répondu à l'idée que l'on s'en était formée. Cependant c'est un travail long et important qui mérite la reconnaissance et l'attention des jurisconsultes.

291. Corpus juris civilis cum glossis.

Les éditions en sont très-multipliées. On peut remarquer celles de *Paris*, Nivelle, 1576, 5 vol. *in-fol.* rubriques rouges; de *Genève*, en 1612, et en 1614, où les rubriques sont en rouge, 4 vol. *in-4°*.; de *Lyon*, en 1589, 6 vol. *in-fol.*, dans laquelle sont, outre la glose, les Scholies de LECONTE, les Paratitles de CUJAS, les notes de Denis GODEFROY. Ce qui forme dans cette édition le sixième volume, renferme les objets suivants: *Thesaurus Accursianus, dictiones et sententias ab Accursio explicatas continens. Remissiones seu indices capitum juris difficiliorum.....autore et collectore P. BROSSEO, jurisc. Notarum et benè dictorum libri ad Accursium, autore et collectore J. HENNEQUINO, juris utriusque doctore; Epistola D. Gothofredi ad lectorem.* Enfin, on y joint sous le titre de *Tomus septimus*, l'*Index* de DAOYZ, *Lugduni*, 1612, *in-fol.* LIPENIUS indique l'édition de 1589, comme la meilleure de toutes. On estime aussi beaucoup celle de *Lyon*, en 1627, avec la table de Daoyz; on l'appèle du *Lyon moucheté*, parce que le fleuron du frontispice représente un Lion entouré d'abeilles. C'est la dernière qui ait été imprimée en 6 vol. *in-fol.*

La Glose du droit, telle qu'on l'a lue dans ces éditions, est le résultat de plusieurs gloses particulières faites par divers jurisconsultes antérieurs au douzième siècle. François Accurse, né à Florence en 1151, et professeur de droit à Bologne, fit des extraits de ces gloses, et en y joignant les siennes propres, il donna une glose perpétuelle sur le Corps de Droit. Accurse mourut en 1229. Beaucoup trop vanté autrefois, le discrédit dans lequel il est tombé, est, peut-être, autant excessif. On prétend qu'on a inséré parmi ses gloses non-seulement celles de François Accurse, son fils aîné, mais aussi celles de Cervot-Accurse, son

second

second fils, qui n'était capable de dire que des sottises qu'on retrouve souvent dans la glose.

Corps de Droit disposé dans un autre ordre que celui qui a été suivi par Justinien.

292. * Pandectæ Justinianeæ, cum legibus Codicis et Novellarum quæ jus Pandectarum confirmant. (Authore R. J. POTHIER.) *Parisiis et Carnuti*, 1748 , 3 vol. *in-fol.* Nova editio in qua prætermissa et supplenda in suis locis restituuntur. *Lugduni*, 1782 , 3 vol. *in-fol.*

Robert - Joseph Pothier , professeur de droit français et conseiller au présidial d'Orléans , est mort dans cette ville le 2 mars 1772 , avec la réputation , justement méritée , d'un très - grand jurisconsulte. (Voyez ci-devant nº. 55.) Son objet a été de distribuer les lois du Digeste dans un meilleur ordre. Les notes qui accompagnent quelques-unes de ces lois sont la plupart, ainsi que la préface , l'ouvrage de M. de Guienne , avocat au parlement, ami de M. Pothier , mort le 25 avril 1767.

293. Jac. LABITTI Index legum quæ in Pandectis continentur. *Paris* , 1577 , *in-8°.* — Cum indice librorum juris , a Jo. B. ZILETTO. *Venetiis* , 1596. — Cum annotation. Guil. SCHMUCKII. *Lipsiæ* , 1616 , *in-8°.* — Cura GUNDLINGII. *Lugd. Batav.* , 1674 , *in-8°. Francof.* et *Lips.*, 1724. — Indices juris varii Jac. LABITTI, Ant. AUGUSTINI et Wolf. FREYMONII ad Pandectarum et Codicis leges huc et illuc dispersas , suis autoribus ac libris conjunctim restituendas.... Jacob Chouet , 1585, *in-8°.* — Jurisprudentia restituta sive Index chronologicus in totum juris Justinianei corpus.... Aut. WIELINGIO. *Amstel.* 1727 , *in-8°.* — Car. Ferd. HOMMELII Palingenesia libro-

rum juris veterum : sive Pandectarum loca integra ad modum indicis LABITTI et WIELINGII oculis exposita.... *Lipsiæ* , 1767 — 1768 , 3 vol. *in-8°.*

L'objet de ces ouvrages a été de réunir les textes des jurisconsultes qui sont répandus çà et là dans le Digeste ; de manière qu'on puisse lire de suite , par exemple , toutes les décisions d'ULPIEN. Hommel avait promis de faire le même travail pour le code.

Hommel , né le 6 janvier à Leipsik , professeur de droit à Halle , etc. , est mort le 16 mai 1781. Son Corps de droit a excité des discussions entre les docteurs de Giessen et de Leipsik.

294. Corpus juris civilis reconcinnatum , in tres partes distributum. Auctore Eusebio BEGERO , cum præfat. Henr. Christ. DE SENKENBERG. *Francof.* et *Lipsiæ* , pars I et II , 1767 ; pars III , 1768 , *in-4°.*

Beger avait annoncé son plan dans un programme publié à Francfort et à Leipsik en 1764 *in-8°.* Il a voulu disposer les textes du Corps de droit selon l'ordre des Institutes.

Tables et Répertoires du Corps de Droit.

295. * Repertorium sententiarum et regularum , itemque definitionum . . . dictionum denique omnium ex universo Juris corpore... collectarum ; à P. C. BREDERODIO. *Francof.* 1587 , *in-fol.* — *Lug.* 1607, *in-fol.* — *Francof.* 1664, *in-4°.*

Table très-commode. L'édition de 1587 n'est pas la première : Franc. Modius en la publiant , annonça qu'il avait fait quelques changements au répertoire donné au public par Brederod ; et l'on voit par l'Epître de Modius , qu'alors , en 1586 , ce jurisconsulte était encore vivant.

296. Joh. Ledolphi WALTHERI Lexicon juridicum indices utriusque Juris corporis tam

civilis quam canonici exhibens locupletissi-
mos, cum præfatione Georgii Henr. AYRERI.
Gœtting. 1744, *in-8°.* — *Francof.* 1754,
in-8°.

Walter est mort à Zelle le 21 mars 1752. L'objet de
la préface d'Ayrer est : *De necessitate ac utilitate indi-
cum juris, variisque eorum generibus ac diverso pretio.*

J'ai indiqué, n°. 291, l'*Index* de Daoyz : il a été
réimprimé à *Milan* en 1742, 4 vol. *in-fol.* Je pourrais en ajouter quelques autres, mais ce ne serait que
d'anciennes tables qui ne valent pas celles dont je
viens de donner les titres. Voyez la Bibl. de Lipenius,
au mot *Loci communes.*

297. Joh. Ern. Justi MULLER promptuarium juris
novum ex legibus et optimorum juriscons.
scriptis, etc. *Lipsiæ*, Fritch, 1785 — 1790,
12 vol. *in-8°.* — *Idem*, edente C. BEYER.
Lipsiæ, 1792 — 1797, 7 vol. *in-4°.*

— Supplementa ad J. E. J. Mulleri promptuarium juris novum. *Hildeburghausen*, vid.
Hanisch, *in-8°.* IIIme. vol. 1802.

Ces Suppléments publiés par C. Beyer sont pour
servir à la première édition.

Müller était avocat de la régence à Schleusing ;
Beyer est préteur de la même ville.

§. IV. *Abbréviateurs, traducteurs et commentateurs des livres de Droit publiés par Justinien.*

I. *Des Institutes et des règles du Droit.*

II. *Des Pandectes, du Code et des Novelles en
particulier.*

III. *De tout le Corps du Droit en général.*

I. *Institutes.*

298. THEOPHILI Institutiones, græcè. *Basileæ*,
1534, *in-fol.* — *Paris.* 1534, *in-8°.*

Ce sont les premières éditions de cet ouvrage. Plusieurs auteurs pensent que Théophile, auteur de la traduction, ou plutôt de la paraphrase grecque des Institutes, est le même qui avait été chargé, avec Tribonien et Dorothée, de composer les Institutes publiées sous le nom de Justinien. Il vivait sous le règne de cet empereur, car il l'appôle dans plusieurs endroits; *Imperator noster; Princeps noster.* On peut même dire que l'identité de ce Théophile, avec celui qui a concouru à la rédaction des Institutes, est aujourd'hui un point de fait démontré et reconnu. Outre les nombreux témoignages que M. Reitz a insérés à la fin du second volume de l'édition de Théophile, qui sera indiquée n°. 3o3, on peut voir les paragraphes XLIV, XLV et XLVI de la préface de la même édition.

299. THEOPHILI Institutiones, latinè, ex versione Jac. CURTII. *Antuerpiæ*, 1536. — *Pictavii*, 1539. — *Lugduni*, 1543. — *Brugis*, 1545, 1558, 158o, 1581.

Jacques Curtius était un jurisconsulte de Bruges, qui florissait vers le milieu du seizième siècle. Sa traduction a été le plus généralement réimprimée, mais avec des corrections par les divers éditeurs.

3oo. Institutiones THEOPHILO antecessore Græco interprete. Paratitla et notæ ad eumdem Theophilum græcum latinumque, Dion. GoTHOFREDO auctore. Accesserunt Theophili bene dictorum et perperam ab eodem admissorum libri IV. *Genevæ*, Sam. Crispinus, 162o, 1 vol. *in-4°.*

Dans cette édition on a le texte grec; la traduction latine du texte de Théophile par CURTIUS, et le texte latin de Justinien.

3o1. THEOPHILI Institutiones, græcè et latinè, cura Car. Annib. FABROTI. *Paris*, 1638 — *Ibid.* 1657, *in-4°.*

Ces éditions sont bonnes, pour le texte surtout, qui a été corrigé sur trois manuscrits de la Bibliothèque

nationale; mais il est à propos de réunir les deux éditions de 1638 et de 1657, parce que dans chacune
d'elles il y a des choses qui ne sont point dans l'autre.

302. Theophili Instit. latinè, cura Jo. Doujatii. *Paris*, 1681, 2 vol. *in*-12.

C'est l'édition qu'il faut préférer, si l'on se contente
de la version latine.

303. * Theophili antecessoris paraphrasis græca
 institutionum Cæsarearum, cum notis inte-
 gris P. Nannii, Jac. Curtii, D. Gothofredi,
 Henrici et Car. Annib. Fabroti ac selectis
 quam plurimorum editorum observationibus
 cùm editis tùm ineditis ; lectionum varietate
 ex primariis edit. et Pithœano manuscripto
 inseruit, novam versionem κατα πόδας concinnavit, suasque animadversiones et ἐπικρίσεις
 edidit Guil. Otto Reiz qui et fragmenta Theo-
 philina nunc primum collecta et titulos græ-
 cos de verborum significatione et regulis
 juris denuo recognitos, necnon XX excur-
 sus varii argumenti cum glossario Theophi-
 lino atque copiosissimis tam rerum quam
 auctorum indicibus subjunxit. *Hagæ comitum*,
 1751, 2 vol. *in*-4°.

Cette édition est la plus ample et la meilleure des
Institutions de Théophile. Guill. Otton Reiz, frere de
deux savants du même nom, est né a Offenbach sur le
Rhin en 1702 ; professeur de droit à Middelbourg.
Il est mort en 1769.

304. Les Institutes de l'empereur Justinien; par
 Claude de Ferrière. *Paris*, 1692, 2 vol.
 in-12. — *Lyon*, 1718, 2 vol. *in*-12. — *Paris*,
 Saugrain, 1734 et années suiv., 6 vol. *in*-12.
 — *Paris*, 1760, 7 vol. *in*-12.

Les éditions de 1734 et de 1760, données par Claude-
Joseph de Ferrière, comprènent outre les Institutes,
des observations, l'application du Droit Français au

Droit Romain , et la conférence de l'un avec l'autre. Le septième volume de l'édition de 1760 , est une histoire du Droit Romain ; il expose la manière de l'étudier , etc.

Duvendier , Bibliot. Franc., tom. II , p. 554 , édition de Rigoley , parle d'une édition en caractères gothiques , sans nom de lieu ni date , d'une traduction des Institutions de Justinien en rimes françaises ; il en rapporte une centaine de lignes. On a d'anciennes traductions des Institutes en prose française , de Nicole de l'Escut , *Lyon*, J. Detournes , 1547 , *in-16* ; de Guy de la Roche , *Paris*, J. Poupy , 1580 , *in 8°.* ; d'Etienne de Luan , 1624 , *in-8°.* ; de Helo , *Paris*, 1669 , 2 vol. *in-12* ; de Duteil , *Lyon* , 1670 , 2 vol. *in-12.*

J'ajouterai encore qu'il y a à la bibliothèque du Roi , n°. 7343 , une traduction française manuscrite des Institutes de Justinien. L'exemplaire a appartenu à Charles V. On voit à la fin sa signature. Mais toutes ces indications ne sont que pour les curieux de bibliographie. Si l'on a besoin d'une traduction française pour entendre les Institutes , ce qui ne ferait pas beaucoup d'honneur à un jeune jurisconsulte , il faut recourir à la traduction de de Ferrière.

Joseph de Ferrière a dit avec beaucoup de vérité dans ses Additions aux Vies des Jurisconsultes , par Taisand , qu'on souhaiterait dans les ouvrages de Claude de Ferrière beaucoup moins de vitesse et plus d'exactitude.

Claude de Ferrière , né en 1639 , enseigna d'abord le droit à Paris , et fut ensuite professeur de droit à Reims , où il mourut le 11 mai 1715. Claude-Joseph de Ferrière , son fils , a été doyen des professeurs de la faculté de droit de Paris.

305. Andr. Homborc De multitudine nimia commentatorum in institutiones juris. *Helmst.* 1701 , *in-4°.*

Professeur de droit à Helmstadt , mort en 1714 , âgé de 59 ans.

306. Ja. a Costa Commentarius ad institutiones Juris civilis : edente Cujacio. *Paris* , 1659.
— Cum notis et additionibus , edente Van

DE WATER. *Traj.* 1714. — *Lugd. Batav.*
1744, *in-4°.*

Jean de la Coste fut professeur de droit à Cahors et
à Toulouse. Il mourut en 1657.

307. Ant. Dad. ALTESERRÆ brevis et enucleata
expositio in Institutionum Justiniani libros
IV. *Tol.* 1664.—*Parisiis*, 1666, *in-4°.*

De Hauteserre, né à Cahors en 1602, professeur
de droit à Toulouse, est mort en cette ville en 1682.

308. J. BOSCAGERI series Institutionum Justiniani. *Parisiis*, 1707, *in-*12.

Jean Boscager fut professeur de droit à Paris, et
mourut en 1687, âgé de 86 ans. Voyez les Mémoires
de Nicéron, tom. XV, pag. 61 — 67.

— CUIACIUS, ad Instituta. *Genev.* 1610, *in-4°.*

Cet ouvrage est compris dans la collection des
œuvres de Cujas.

309. J. HARPPRECHTI Comment. in quatuor libros Institutionum. *Tub.* 1567, *in-4°.* —
Inter ejus opera, *Tubingæ*, 1627, 4 vol.
in-4°. — *Francof.* 1708, 2 vol. *in-fol.* —
Edente VICAT, *Lausannæ*, 1758, 4 vol.
in-fol. — *Genev.* 1765, 4 vol. *in-fol.*

Jean Harpprecht, qui fut la tige de plusieurs personnes distinguées dans les sciences, naquit en 1560
à Walheim dans le pays de Wurtemberg, fut professeur de droit à Tubinge, et mourut dans cette ville
le 16 septembre 1639.

310. * Jo. Gott. HEINECCII Elementa Juris civilis secundum ordinem Institutionum. *Fra-*
nek., 1725, 1 vol. *in-8°.* — *Amsterd.* 1726
et 1728. — Cum notis J. Ge. ESTORIS. *Ar-*
gentor. 1727, *in-8°.* — *Giessæ*, 1729. —
Lugd. Batav. 1740 et 1751. — *Gættingæ*,
1749, *in-8°.*— Cum annot. GISNERI. *Lips.*
Fritsch. 1786, *in-8°.* — Cum animadversio-

nibus Jo. Ge. Estoris. *Giessæ*, Grieger , 1774, *in-8°.*—Ed. Lud. Jul. Frid. Hoepfner. *Giessæ*, 1775 , *in-8°.* et 1787 , *in-8°.* — Cum addit. et emend. Joh. Christo WOLTÆR. *Halæ* , 1786 , *in-8°.*— Edente C. G. BIENER. *Lips.* Beer , 1787 , *in-8°.* — Cum emendat. J. P. WALDEK. *Gætt.* 1788 , *in-8°.*

Hoepfner a fait un Commentaire sur les Eléments donnés par Heineccius , et des discours académiques sur le même sujet , mais ces écrits sont en Allemand.

Les Eléments d'Heineccius ont été réimprimés dans la collection de ses œuvres.

— Ejusdem Heineccii dictata ad Elementa juris civilis secundum ordinem Institutionum. *Berol.* Voss , 1743 (ou 1744), *in-8°.*

— Ejusdem Observationes theorico-practicæ ad Institutiones. *Francof.*, Strauss, 1763, *in-8°.*

— Ejusdem recitationes in Elementa juris civilis secundum ordinem Institutionum. *Uratisl.* 1773, *in-8°.* — *Lovanii* , 1778, *in-8°.* — *Uratisl.* Korn sen. , 1789, *in-8°.*

— Ejusdem explanatio elementorum ad Instituta juris civilis. *Græcii*, Zaunrieth , 1786, 4 vol. *in-8°.*

311. Fr. HOTOMANI , Comment. in quatuor libros Institutionum. *Basileæ* , 1569, *in-fol.* — *Lugduni* , 1567, 1588 , *in-fol.*

Hotman , né à Paris le 23 août 1524 , est mort à Basle le 12 février 1590 , fort savant , courageux et brave dans ses opinions , très pauvre.

312. Justiniani Institutionum expositio methodica ; à Fr. LORRY. *Parisiis* , 1757 , *in-4°.* ; — 1777, 2 vol. *in-12.*

Cette exposition des Institutes par François Lorry , professeur de droit à Paris, a été publiée par Charles son fils, pareillement professeur de droit à Paris, mort le 4 novembre 1766, âgé de 47 ans.

313. * Ant. PEREZII, Institutiones imperiales erotematibus distinctæ. *Lov.* 1634, 1639, *in-8°.* — *Amstel.* Elzevir, 1647. — *Ibid.* 1652. — *Ibid.* 1657. — *Ibid.* 1662. — *Ibid.* 1669. C'est la dixième édition. — *Venet.* 1670. — *Parisiis*, 1671, 1682, *in-*12.

Il est bon de comparer cet ouvrage de Perez, avec ce qu'il a écrit sur le Code.

314. Arn. VINNII, Comment. in quatuor lib. Instit. *Amstel.* Elzevir, 1642, 1655, 1659, 1665. — *Lugd.* 1666, 2 vol. *in-4°.* — *Norimb.* 1676. — *Antuerp.* 1692.

—* Idem, cum notis HEINECCII. *Norimb.* 1726, *in-4°.* — *Lugd. Batav.* 1726, *in-4°.* — Cum iisdem et quæstionibus selectis VINNII *Lugd.* 1746, 1755, 1761, 1767, 1777, 2 *vol.* *in-4°.*

De toutes ces éditions, celle d'Elzevir, en 1665, est sans contredit la plus belle pour l'impression ; on doit préférer les éditions données par Heineccius, à cause des notes dont ce savant jurisconsulte les a enrichies. Mais on peut se procurer d'une part les notes d'Heineccius, imprimées séparément à *Lyon* et à *Francfort* en 1732, *in-4°.* ; d'autre part, les Questions choisies de Vinnius, imprimées plusieurs fois, entre autres à *Utrecht, Guil. Wan de Water*, 1722, *in-4°.*, et joindre ces deux ouvrages à l'édition de 1665. Voyez n°. 380.

Vinnius, professeur de droit à Leyde, mourut en 1657.

Règles du Droit.

Dans les *Feriæ Autumnales* de GENNARO (ci-devant n°. 20) on a les règles de droit mises en vers élégiaques. Plusieurs autres auteurs les ont également mises en vers. Mais ce qui vaut infiniment mieux , c'est le titre *De Regulis Juris* dans les Pandectes de POTHIER. Ce savant jurisconsulte a rassemblé toutes les règles éparses dans le Corps de Droit : son titre *De Regulis Juris* forme une collection complète.

Voici maintenant l'indication de quelques auteurs qui ont écrit sur les règles du droit.

315. Fr. Caroli CONRADI Oratio de jurisprudentia regulari Romanorum et de veterum jurisconsultorum studiis circa regulas juris. *Viteb.* 1728.

Fr. Ch. Conradi, né à Reichenbach , le 2 février 1701, professeur de droit à Wittemberg et à Helmstadt, est mort le 17 juillet 1740.

316. P. FABER , de regulis juris. *Lugd.* 1566 , 1576. — *Paris.* 1585. — *Lugd.* 1590 , *in-fol.* — *Genev.* 1618 , *in-4°.*

Pierre DUFAUR fut premier président au parlement de Toulouse. Il est mort en 1600 , âgé de 60 ans. Grotius , dans son traité *De jure belli et pacis* , liv. II , chap XIV, n°. 1, l'a nommé *Vir eminentissimæ eruditionis.*

317. * J. GOTHOFREDUS, de regulis Juris. *Genev.* 1653 , *in-4°.* — Et inter opera min. J. Gothofredi. *Lug. Batav.* , *in-fol.* (ci-devant n°. 243. 7.)

318. Ever. BRONCHORSTIUS , de regulis Juris. *Francofurti,* 1607. — 1624. — *Lugd. Batav.* Elzevir , 1641 , *in-16.* — *Lipsiæ,* 1667. — *Paris.* 1672 , *in-12.*

LIPENIUS indique dix éditions de cet ouvrage.

319. Jo. Lud. CONRADI Regularum juris interpretatio. *Lipsiæ* , 1757 (ou 1759), 1 vol. *in-8°.*

J. L. Conradi, né le 27 septembre 1713 à Marpourg, a été professeur de droit à Leipsik et à Marpourg.

320. Hub. Gichanius, de regulis Juris. *Francofurti*, 1606, *in-12.* — *Argentor.* 1607, *in-8°.*

321. Conr. Rittershusius, de regulis Juris. *Arg.* 1616, *in-4°.*

Rittershus est né à Brunswick en 1560, mort à Altdorf le 25 mai 1613. Il s'est fait un nom dans la jurisprudence et dans la littérature.

322. J. a. Sande, de regulis Juris. *Leovard.* 1647, *in-8°.* — *Lugd. Bat.* 1652, *in-4°.*

323. Les règles du Droit civil, traduites en Français avec des explications, des commentaires et des tables; par J. C. Dantoine, avocat aux cours de Lyon. *Li'ge (Paris)*, 1775, 2 vol. *in-4°.*, seconde édition.

Dans la première édition, les Règles du Droit canonique et celles du Droit civil avaient été publiées séparément : les premières à *Lyon*, Ch. Plaignard, 1720, 1 vol. *in 4°.* ; les secondes avaient paru chez le même libraire, 1710, 1 vol *in-4°.*

324. Exposition des Règles du Droit ancien suivant l'ordre où elles se trouvent placées au Digeste, avec les exceptions dont elles sont susceptibles, etc.; par P. L. Goulliart. *Paris*, Perroneau, an VII, 1 vol. *in-8°.*

P. L. Goulliart était professeur de droit en l'université de Paris.

325. Brocardica juris, seu, verius, communes jurium sententiæ serie alphabetica digestæ. *Paris*, Guil. Desboys, 1562.

J'ai averti, ci-devant n°. 160, que ce recueil était souvent joint au livre intitulé *Modus legendi abbreviaturas.* Le titre que j'ai transcrit explique ce que l'on entend par *Brocards* de droit. Ce sont des espèces de maximes introduites par l'usage et très-souvent fautives, parce que ce sont des règles de praticiens plutôt que des règles de jurisconsultes.

326. Jo. Petri BANNIZÆ Progr. de nimia ac superflua legum et brocardicorum allegatione. *Wirceb.* 1747, *in-4°.*

Banniza, né à Aschaffenbourg, le 4 janvier 1707, professeur de droit à Wurtzbourg et à Vienne, mort le 11 juin 1775.

327. C. P. C. WEITZELII Comm. de crebro usu brocardicorum juridicorum jurisprudentiæ puriori adverso. *Lipsiæ*, 1747, *in-4°.*

II. *Abbréviateurs, Traducteurs et Commentateurs des Pandectes, du Code, des Novelles en particulier.*

328. Justi Henning BOEHMER Exercitationes ad Pandectas, in quibus præcipua Digestorum capita explicantur. Cura filii D. Georg. Lud. BOEHMERI. *Hanov.* et *Gott.* 1745 — 1764, 6 vol. *in-4°.*

Boehmer était professeur et directeur de l'université de Halle. Il est né à Hanovre en 1674; mort le 23 août 1749.

329. Jo. BRUNNEMANI Comment. in quinquaginta libros Pandectarum. *Francof.* 1670, *in-fol.*—*Ibid.* 1683, *in-fol.*—Ex recensione Sam. STRYCKII. *Witeb.* 1701.— *Ibid.* 1714, 1731.

— Ejusdem Comment. in Codicem. *Lipsiæ*, 1663, *in-4°.*— 1669, *in-fol.* — Cura Sam. Stryckii. *Lipsiæ*, 1699, *in-fol.*—*Ibid.* 1708, *in-fol.*

Les deux Commentaires ont été réimprimés à *Genève* en 1755 et en 1761 , 4 vol. *in-fol.*

Brunnemann, né le 7 avril 1608 à Cologne sur la Sprée , professeur de droit à Francfort sur l'Oder , est mort le 5 décembre 1672. Comme il s'est souvent éloigné dans son Commentaire de la doctrine de Benoît Carpzov (1), et des autres jurisconsultes Saxons , cela a donné lieu à des débats littéraires assez vifs. Lipenius indique au mot *Brunnemannus* les écrits publiés à cette occasion.

33o. Guil. Budæi Annotationes in Pandectas. *Basil.* Episcopius , 1557 , *in-fol.*

Ce volume forme le troisième des quatre qui composent la collection entière des œuvres de Budée , donnée au public par Episcopius. Voy. ci après nº. 357.

Les Notes de Budée avaient été publiées sur les vingt-quatre premiers livres , *Paris* , 1508, 153o et 1543, *in-fol.* Jusqu'au liv XLVII. *Lyon*, 1551 , *in-8º.*

331. Cl. Colombet Paratitla in Pandectas. *Paris*, 1657 , 1662 , 1683, *in-12.*

332. Arn. Corvini a Belderen , Icti Batavi Digesta per aphorismos strictim explicata : editio auctior. *Amstel.* 164o , 1642 , 1649 , 1664 , *in-12.* — *Francof.* 1697 , *in-8º.*

333. Cujacii Paratitla in Pandectas. *Paris* , 1576 , *in-12.* — *Aureliæ* , 1625 , *in-8º.* — In Pand. et IX libros Codicis. *Col.* 1577 , *in-8º.* — *Francof.* 1615. — *Aurel.* 1625. — *Lugd.* et *Paris.* 1651 , 2 vol. *in-16.*

Ces Paratitles ont été réimprimés dans la collection de ses œuvres.

— Cum enarratione Fabroti. *Parisiis* 1655 , 3 vol. *in-12.* — *Tolosæ* , 1685. — *Neapoli*, 1751 , 4 vol. *in-12.*

334. Jo. Gott. Heineccii Elementa juris civilis

---

(1) Nous n'avons de celui-ci que des traités particuliers.

secundum ordinem Pandectarum. *Amstel.*
1726, 1728, 1731, 1738, 1740, 1 vol. *in-8°.*
— *Argent.* 1734, *in-8°.* — Editio sexta è
schedis et annotationibus B. auctoris aucta.
— *Francof.* 1756, 2 vol. *in-8°.* — *Francof.*
Warrentrapp, 1769 (ou 1770), 2 vol. *in-8°.*
— *Traj. ad Rh.* 1772, 2 vol *in-8°.* — *Lips.*
Schwickert, 1775, 2 vol. *in-8°.*

—Ejusd. Heineccii observationes theorico-practicæ ad Pandectas. *Berol.* Voss, 1760, *in 8°.*

Ces observations ont été publiées par Jean-Ludwig
Uhl, né en 1715, dans le margraviat d'Anspach ;
professeur de droit à Francfort-sur-l'Oder. C'est lui
qui a publié en 1744 la Collection complète des Œuvres d'Heineccius, où les *Elementa sec. or. Pandect.*,
se trouvent réimprimés.

335. Wolfgang ad Lauterbachii collegium
    theorico-practicum ad Pandectas. *Tubingæ*,
    1690, 3 vol. *in-4°.* Editio sexta. *Tubingæ*,
    1784, 3 vol. *in-4°.*

Lauterbach, né à Schlaïz en Vogtland le 22 décembre 1618, fut, en 1648, professeur de droit à
Tubinge ; en 1658 conseiller intime et directeur du
consistoire à Stuttgard ; il mourut le 18 août 1678,
dans le cours d'un voyage qu'il faisait pour se rendre
à Tubinge.

Les Allemands intitulent *Collegium* un ouvrage
où l'on présente le résultat des discussions et des
commentaires sur un texte. Celui que l'on doit à
Lauterbach est fort estimé. Un jurisconsulte nommé
Schutz en a fait un abrégé sous le titre de *Compen-
dium Juris Lauterbachiani*, qui a un très-grand
cours en Allemagne, et dont on a fait une multitude
d'éditions, la plupart avec des notes, des *animadversiones*, des corrections, des commentaires. Elles
sont trop nombreuses pour que je les indique: je renvoye à la Bibliothèque de Lipenius, tom. I, pag. 737,
(édition de 1757), et à la Bibliothèque de Struvius,
pag. 540. Je me contente d'observer que les éditions
que l'on préfère sont, ou les plus anciennes, telles

que celles de *Francfort*, 1692, 1694, *in-8°.*, parce qu'il s'est glissé beaucoup de fautes dans les éditions qui ont suivi : ou les éditions modernes, à cause des additions, telles que celle de *Leipsick* en 1744, *in-8°.*

336. Aug. Leyseri Meditationes ad Pandectas. *Lips.* 1733 — 1747, XI vol. *in-4°.* — Cum Indice Ienichii. *Guelpherbyti*, (Wolfenbutel) 1741 — 1762 XI vol. *in-4°.* vol. XII edidit Lud. Jul. Frid. Hoepfner. *Giessæ*, 1774, *in-4°.*

Leyser était né à Wittemberg le 18 octobre 1683. Il professa le droit dans plusieurs universités, et enfin à Wittemberg, où il mourut le 3 mai 1752. Ses décisions sur les Pandectes sont regardées comme des oracles par les jurisconsultes allemands.

337. Ant. Perezii Annotationes in Codicem. *Lovan.* 1642. — *Amst.* 1645. — *Ibid.* Elzevir, 1653, *in-fol.*, 1661, 1663, 1671, *in-4°.* — *Antuerp.* 1720. — *Venet.* 1738, *in-fol.* — *Col.* 1740, 2 vol. *in-4°.*

L'édition de 1661 est plus belle et plus complète que les éditions antérieures.

—Ejusdem Annotationes in Pandectas. *Amstel.* Elzevir, 1669. — *Venet.* 1738, 1 vol. *in-4°.*

Antoine Perez, Espagnol, fut professeur à Louvain. Il mourut en 1669. Ses notes sur les Pandectes ne portent que sur les vingt-huit premiers livres.

338. Diod. Tuldeni Comment. in Institut., Pandectas et Codicem. *Lovanii*, 1702, 5 vol. *in-fol.*

Tulden, professeur en droit à Louvain, ensuite à Malines, est mort le 19 novembre 1645.

339. J. Voet Comment. ad Pandectas. *Hagæ*, 1697, 1704, 1716, 1723, 1734. — *Genev.* 1757, 2 vol. *in-fol.* — *Col. Allobr.* 1778, 2 vol. *in-fol.*

Voet fut professeur de droit à Leyde. Il est mort en 1714.

340. Zoesii Commen. in Pandectas et Codicem. *Colon.* 1651, 1658, *in-4°.* — *Lov.* 1667, 1675, 1682. — Ex editione et cum notis Antonii Peringi. *Ibid.* et *Bruxel.* 1718, *in-fol.* — *Colon.* 1736 et 1737, 2 vol. *in-4°.*

Henri Zoesius, né à Amersfort, professeur à Louvain, mort en 1627.

341. Petri et Fr. Pithœorum Observationes ad Codicem et Novellas Justiniani. Ex editione Claudii le Pelletier et Francisci Desmarès. *Paris.* ex typogr. regia, 1689, *in-fol.*

342. P Gudelini, Commentariorum de Jure novissimo libri VI. *Antuerp.* 1620. — *Ibid.* 1644, *in-fol.* — *Arnhemii*, 1643, 1661, *in-4°.* — *Francof.* 1668, *in-4°.* — *Argentorati*, 1669, *in-4°.*

P. Goudelin, professeur à Louvain, né en 1555, mort en 1619.

343. La Jurisprudence du Digeste ; par Cl. Ferrière. *Paris*, Cochart, 1677 et 1688, 2 vol. *in-4°.*

— Du Code, par le même. *Paris*, Cochart, 1684, 2 vol. *in-4°.*

— Des Novelles, par le même. *Paris*, Cochart, 1688, 2 vol. *in-4°.*

On a traduit en français, dans différents temps, quelques parties du Corps de Droit. M. Lorri, le professeur de droit à Paris, mort en 1766, avait dans sa bibliothèque une traduction manuscrite du Code, faite vers l'an 1135 : peut-être la même dont parle Brodeau, *sur Louet*, lett. D, somm. 21. Dans le catalogue des livres de d'Aguesseau, vendus en 1785, l'art. 1012 est *le Livre del Code au très-saint Prince Justinien l'empereur, in-fol. beau manuscrit du quatorzième siècle.* J'ai cité plusieurs traductions des Institutes de Justinien. Il y a aussi une traduction imprimée en 1689, *in-8°.* des quatre premiers titres du quatrième livre du Digeste. Les lois civiles de Domat,

et la Jurisprudence du Digeste, du Code et des Novelles de l'errière, peuvent être regardées comme des
traductions abrégées du Corps de Droit. *Hulot*,
avocat au parlement, et docteur aggrégé de la Faculté
des Droits de Paris, avait conçu, en 1764, le projet
de publier une traduction complète du Corps du Droit.
L'ouvrage fut annoncé et proposé par souscription.
Bientôt il s'éleva des difficultés contre le projet de
Hulot : on prétendit qu'il était impossible de bien
rendre en français le texte des lois Romaines; que
d'ailleurs ce texte, devenu trop commun et mis à la
portée des praticiens, ne ferait que multiplier les procès. On peut voir à ce sujet les *Lettres d'un Avocat
au Parlement de . . . . . à MM. les Auteurs du
Journal des Savants*, (*Paris*, Knapen, 1765 :) elles
sont très-intéressantes. Hulot répondit par d'autres
Lettres à MM. les Auteurs du Journal de Trévoux;
(*Paris*, J. Th. Hérissant, 1765.) Mais les difficultés
que l'on proposait l'emportèrent, et le libraire avertit
par un nouveau *Prospectus*, où il proposait une édition du texte latin, que *des lumières supérieures ayant
jugé que la traduction serait sujette à des inconvénients*, l'édition qui en avait été projetée n'aurait pas
lieu.

L'édition du Texte, proposée par le second *Prospectus*, n'a pas eu lieu non plus.

Cette année (an XII) on publie :

344. Le Digeste ou Pandectes de l'empereur
    Justinien, traduites en Français par une réu-
    nion de Jurisconsultes. Première et unique
    édition, 10 vol. *in-*8º. dont le premier paraît
    (an XII) chez Moreau, rue Traversière
    Saint-Honoré.

Moniteur du 16 brumaire an XII. Le latin est imprimé avec le français.

Depuis cette annonce on en a fait une nouvelle
(Moniteur du 13 nivôse an XII), des cinquante livres
du Digeste, traduits par Hulot, *in-*4º. et *in-*12. *Metz*,
Behmer et Lamort; *Paris*, Rondonneau. Le premier
vol. *in-*4º. et les cinq premiers vol. *in-*12 paraissent.

III. *Abbréviateurs , Traducteurs et Commentateurs de tout le Corps du Droit en général.*

345. Principes du Droit civil; par D'OLIVIER,
    docteur en Droit. *Paris*, Mérigot, 1776,
    2 vol. *in-8°.*

346. Les Lois civiles dans leur ordre naturel;
    par Jean DOMAT. Tom. I. *Paris*, 1689, *in-4°.*
    Tom. II, 1691; tom. III, 1694; tom. IV
    et V, 1697, *in-4°.* — *Luxembourg*, 1702,
    in-fol. (sans le *Legum delectus*).
— Legum delectus ex libris Digestorum et
    Codicis , ad usum scholæ et fori. *Paris,*
    1700, *in-4°.* — *Amstel.* 1703, *in-4°.*
— Les Lois civiles dans leur ordre naturel ,
    le Droit public et le *Legum delectus*, par
    Domat. *Paris*, 1713, *in-fol.*
— Avec le Supplément de D'HÉRICOURT au
    Droit public. *Paris*, 1724, 2 vol. *in-fol.*
— Avec les Notes de BOUCHEVRET sur le *Legum
    delectus. Paris*, Dehansy , 1735, 2 vol.
    in-fol.
— Avec les Notes de BOUCHEVRET , BER-
    ROYER et CHEVALIER. *Paris*, 1744, 2 vol.
    in-fol.
— Avec le Supplément de DE JOUI. *Paris,*
    1756, 2 vol. *in-fol.* — *Ibid.* Cellot, 1767,
    in-fol. — *Paris*, 1777.

Domat était né à Clermont le 3o novembre 1625 ;
il y fut avocat du roi. Son mérite le fit appeler à
Paris, où il fut gratifié par le roi d'une pension. Il
mourut dans cette ville le 14 mars 1695. Le chancelier d'Aguesseau s'honorait de l'amitié de Domat.
Dans ses *Instructions propres à former un magistrat* ,
(tom. 1 de ses Œuvres, page 389) il donne de grands
éloges aux *Lois civiles.*

347. Huberti Giphanii Œconomia juris, sive
Expositio methodica librorum ac titulorum
Juris civilis. *Francof.* 1606. — *Argent.* 1612,
in-4°.

Huiffert van Giffen, né en 1534 à Bure en Gueldre,
docteur en droit de l'université d'Orléans, professeur
dans plusieurs villes célèbres, est mort le 26 juillet
1604, à Prague.

348. * Nova et methodica Juris civilis tractatio;
autore Claud. Josepho DE FERRIERE. *Paris.*
1702, 1706, 1730, 1734, 2 vol. *in-12.*

349. Epitome Juris et Legum Romanarum; autore BARRIGA DE MONTVALON. *Parisiis*, 1756,
in-8ª. — *Gandavi*, 1773, *in-12.*

André Barrigue de Montvalon était conseiller au
parlement d'Aix.

350. Comes juridicus seu compendiarius Legum Romanarum delectus, ab uno ex ante-
cessoribus universitatis Divionensis. *Divione,*
Defay, 1789, 1 vol. *in-8°.*

Ces extraits de lois sont rangés par ordre alphabétique de matières. A la suite du même volume et chez
le même libraire, même année: *Manuale digestorum,*
ou indication sommaire de la distribution et du contenu du Digeste.

On pourrait indiquer beaucoup d'extraits de ce
genre. Tels sont les *Flores Legum*, que j'ai nommés
n°. 260; mais il ne faut pas trop se fier à ces sortes de
livres, que chacun rédige d'après son goût particulier.
On doit faire soi-même les extraits dont on a besoin.

Il n'est pas surprenant que je ne cite pas beaucoup d'auteurs sous cet article; la plupart des auteurs que d'autres personnes y rapporteraient ont été
indiqués à l'article précédent, ou le seront au paragraphe
suivant.

§. V. *Auteurs de Traités servant à l'intelligence
du Droit Romain ; Collection de pièces et de
traités particuliers.*

☞ Les Jurisconsultes qui ont traité du
Droit Romain spécialement par rapport au
Droit et aux usages de la France, seront in-
diqués au titre des auteurs du Droit Français.

351. Alberici Gentilis, De Juris interpreti-
bus Dialogi VI. *Lond.* 1582, *in-*4º. — *Lips.*
1721, *in-*4º.

Alberic Gentilis naquit en 1551 dans la Marche
d'Ancone, et mourut le 19 juin 1611 à Oxford, où il
était professeur de droit. C'est le frère aîné de Scipion
Gentilis.

352. Rei agrariæ auctores legesque variæ. Quæ-
dam nunc primum, cætera emendatiora pro-
deunt cura Will. Goesii.... una cum Nic.
Rigaltii notis et observationibus. *Amstel.*
Jansson Waesberge, 1674, 2 vol. *in-*4º.

Cette Collection avait été publiée d'abord à *Paris*
en 1554 et en 1614, 1 vol. *in-*4º.; mais elle était beaucoup moins complète que dans l'édition de Hollande,
que Fabricius appèle *Optima et locupletissima editio.*
C'est un recueil de toutes les Lois Romaines et de
tous les textes des anciens auteurs latins sur la manière de mesurer les champs et d'en régler les limites,
avec de savantes notes et beaucoup de figures. La Bibliothèque latine de Fabricius, Ed. d'Ernesti, *Leipsick*, 1774, tom. III, p. 511 et suiv., donne une bonne
notice des divers auteurs compris dans le recueil.

353. Antonii Augustini Emendationum et opi-
nionum Juris civilis, libri IV. *Venetiis*,
1543, *in-*4º. — *Lugduni*, 1544. — *Ibid.*
1574, *in-*8º. — *Arnhemii*, 1678, *in-*8º.

354. Jos. Averanii Interpretationum Juris ,

lib. II. *Lug. Batav.* 1716, 1736, 2 vol. *in-8°.*
Lib. III — V, *ibid.* 1742 — 1746, 2 vol.
in-8°. — *Libri* V. *Lugduni*, 1751, 2 vol.
in-4°. — *Lug. Batav.* 1753, 2 vol. *in-4°.* ou
2 vol. *in-8°.* — *Lugduni*, 1758, 2 vol.
in-4°.

Joseph Averani, né à Florence en 1662, fut professeur de droit à Pise, où il mourut le 24 août 1738. Ses Interprétations sont savantes. Son objet principal est de faire disparaître les contradictions des lois ou autinomies apparentes. Souvent il y réussit avec beaucoup d'habileté.

355. Barnabæ BRISSONII De Formulis et solemnibus populi romani verbis, lib. VIII. *Paris*, Nivelle, 1583, *in-fol.* — *Francof.*, 1592, *in-4°.* — *Mog.* 1649, *in-4°.* — *Halæ* et *Lips.*, cura Fr. Car. Conradi, 1731, *in-fol.* — Auctiores cura Jo. Aug. BACHII, *Lips.* Weidmann, 1754, *in-fol.*
— Ejusdem Antiquitates ex Jure civili selectæ. *Antuerp.* 1585, *in-8°.* — *Lips.*, Fritsch, 1741, 1 vol. *in-4°.*
— Ejusdem Opera varia; continens selectarum ex jure antiquit., lib. IV; de ritu nuptiarum librum singul. Ad legem Jul. de adulteriis; de solutionibus et liberationibus, etc. *Paris*, Barth. Macæus, 1606, *in-4°.* — Cum præfat. Alb. Dieter. TRECKELL. *Lugd. Batav.* Jo. Arnold Langerck, 1747, *in-fol.*

356. Everhardi BRONCHORST Centuriæ II miscellanearum juris controversiarum, sive ἐναντιοφανῶν. *Lugd. Batav.*, 1594, *in-8°.* — Centuriæ IV, *ibid.* 1598, *in-4°.* — Centuriæ sex. *Lugd.* 1621. — *Haderov.* 1652. — *Frcnequerœ*, 1695, *in-8°.*

Bronckhorst était né à Deventer en 1554. Il mourut professeur à Leyde en 1627.

357. Guil. Budæi Opera omnia. *Basileæ*, 1557,
    4 vol. *in-fol.*

Budée, né à Paris en 1467, y est mort au mois
d'août 1540. (Je dis *au mois*, parce qu'on n'est nullement d'accord sur le jour.) Il est le premier qui
ait porté le titre de *maître de la librairie*, c'est-à-
dire, de garde de la bibliothèque royale. Le traité *de
Asse*, imprimé pour la première fois en 1514, *in-fol.*,
est celui qui lui a fait le plus d'honneur. Il y traite
avec beaucoup d'érudition des monnaies et des me-
sures des anciens. Ce traité a été traduit en français,
mais abrégé, et imprimé à *Paris* en 1538, *in-8°*. J'ai
indiqué ses notes sur les Pandectes, ou plutôt
sur les vingt-quatre premiers livres des Pandectes.
Elles sont dédiées au chancelier Jean de Ganai, le 4
de novembre 1508 ; la première édition est de ce
même temps ; mais Budée la désavoua ensuite en quelque manière, et il y fit beaucoup de corrections.
Elles furent réimprimées par Badius en 1521 et en
1530, et par Vascosan en 1556. Voyez ci-devant
n°. 330.

Voyez aussi le n°. 32. Sur toutes le éditions des
Œuvres de Budée, voyez la Bibliothèque des livres difficiles à trouver, par David CLEMENT, tom. V, p. 374
et suiv.

358. Corn. VAN BYNCKERSHOECK, Opera om-
    nia. *Col. Allobr.* et *Lausannæ*, 1761, 2 vol.
    in-fol. — *Lugd. Batav.* 1767, 2 vol. *in-fol.*

Corneille de Bynckershoëck était jurisconsulte et
président du grand-conseil de Hollande. Il est né le
29 mars 1673, mort le 16 avril 1743.

359. Antonii CONTII, Opera omnia, collecta
    studio Edmundi MERILLII. *Parisiis*, 1616,
    in-4°. — *Neap.* 1725, *in-fol.*

Antoine Conte, dont les sentiments furent quelquefois (Pothier dit *perpetuò*) opposés à ceux de
Duaren et d'Hotman, enseigna le droit civil à Bourges
et à Orléans. Il mourut à Bourges en 1586. Ses différents ouvrages, qui avaient été imprimés séparément,
ont été recueillis par Mérille, aussi professeur à
Bourges.

360. * Jacobi Cujacii Opera omnia in decem
tomos distributa.... opera et cura Caroli
Annibalis Fabroti jurisconsulti, *Lutet. Paris.*
impensis societatis typogr. librorum officii
ecclesiastici , 1658 , 10 vol. *in-fol.* G. P.
Edition belle et bien faite. Le dixième volume porte le titre d'*Appendix.* — Cura Li-
borii Ranii. *Neap.* 1722 — 1727 , 11 vol.
in-fol. — Cum indice generali et novis additionibus. *Neap.* et *Venetiis,* 1758 et suiv. 11
vol. *in fol.*

Les éditions de Fabrot et de Naples renferment
tous les ouvrages de Cujas. L'édition de Fabrot est
plus belle , mais la dernière de Naples est plus commode , à cause de la table générale qui l'accompagne.
Au défaut de ces éditions , on peut acheter celle que
l'on appèle de *la grande barbe* , (ainsi nommée , parce
que Cujas est représenté , dans le fleuron du frontispice , avec une grande barbe,) donnée à *Paris* , par
la Noue , en 1617. Elle est en 6 vol. *in-fol.* , et moins
complète que les autres. Elle a été réimprimée à *Paris*
en 1637 , 6 vol. *in-fol.* , par Th. Guerin et Cl. Colombet.

L'édition de Naples et celle de Venise contiènent
les Variantes de Merille et les Observations de Robert , auxquelles Cujas a répondu sous le nom d'Antonius Mercator. Fabrot n'avait pas voulu les insérer
dans son édition *Ne manes iratos Cujacii haberet.*

Il faut joindre au Cujas de Naples *Promptuarium
operum Jac. Cujacii, autore dominico Albunensi.*
Neap. 176.., 2 vol. *in-fol.* C'est une table faite suivant
l'ordre des Institutes , du Digeste , du Code et des
Décrétales , au moyen de laquelle on trouve dans le
moment tout ce que Cujas a dit sur une loi ou sur un
paragraphe. Cette table peut servir à toutes les éditions de Cujas ; mais il est plus commode d'avoir
l'édition de Naples sur laquelle la table à été dressée.

Les vingt-huit livres *Observationum et emendationum* , que l'historien de Thou a appelés *divinum opus* ,
ont été réimprimés à *Halle* , par les soins de J. Ludw.
Uhl, en 1737, avec une préface d'Heineccii , où
celui-ci traite des adversaires de Cujas et des auteurs

qui l'attaquèrent. Dans cette édition on a imprimé en entier les textes cités, et traduit en latin les citations grecques.

Les ouvrages publiés par Cujas, de son vivant, avaient été imprimés en cinq tomes *in-fol.* (qu'on relie en trois volumes,) chez Nivelle, en 1577. Cette édition est belle et exacte, mais elle ne contient qu'une portion de ses œuvres. — Dans la bibliothèque du collège de Troyes ou de Fr. PITHOU, étaient les anciennes éditions de Cujas, avec des notes manuscrites de celui-ci et de P. et Fr. Pithou, ainsi que des lettres et des décisions manuscrites de Cujas. (Note de M. ADRY.)

Le célèbre Jurisconsulte Cujas est, sans contredit, le premier des interprètes du Droit Romain. Il introduisit une nouvelle manière de traiter et de commenter le Droit Romain avec plus d'élégance, un meilleur style et un fonds de littérature : la jurisprudence romaine devint *elegantior*, et NETTELBLADT (pag. 268) nous apprend que cette jurisprudence mieux cultivée, plus polie, fut nommée *Jurisprudentia Cujaciana*.

Dans son commentaire sur le titre XLVIII du onzième livre du Code, Cujas promettait sur notre droit coutumier concernant les fiefs, un commentaire qui n'a point paru. Ses observations sont, en particulier, un chef-d'œuvre pour la science, et même pour le génie qui s'y fait remarquer,

Pasquier ne nomme jamais Cujas qu'avec cette épithète, *le grand Cujas*, qui n'eut, dit-il, « selon mon » jugement, n'a et n'aura par aventure, jamais son » pareil. » (Recherches de la France, livre IX, chapitre XXXIX.)

Cujas, né en 1520 à Toulouse, est mort à Bourges le 4 octobre 1590. Cette date est assurée par l'épitaphe de Cujas, rapportée, entre autres lieux, à la table du premier volume de l'édition de Fabrot, et dans le *Censura celebr. Authorum* de Th. POPE BLOUNT, pag. 754. Le même critique avertit, *ibid.*, que l'on a mal à propos attribué à Cujas la traduction des *Epistolæ Græcanicæ*. De Thou, dans son Histoire, lib. XCIX, date la mort de Cujas, non du 4 des nones d'octobre, mais du 5 des nones de septembre.

— Edm. MERILLII, Variantes Cujacii interpretationes et defensæ lectiones Florentinæ. *Parisiis*, 1638, *in-4°.*

Mérille

Mérille, qui était professeur à Bourges, fut un des plus grands adversaires de Cujas : il mourut en 1647. François Ory répondit, sous le nom d'*Osius Aurelius*, à l'ouvrage de Mérille, par un écrit que l'on a réimprimé dans le Trésor d'Otton, tom. III, et qui porte le titre suivant : *Dispunctor ad Merillium de Variantibus Cujacii interpretationibus. Aureliæ*, 1642 ; *in-8o*. Cette réponse à Mérille a été insérée dans le *Promptuarium* d'ALBUNESSIS. Toutes les œuvres de Mérille ont été recueillies et imprimées à *Naples* en 1720, 2 vol. *in-4o*.

361. * Fr. DUARENI, Opera omnia. *Paris*, 1550, *in-8o*. — *Lugd.* 1578, 1584. — *Francofurti*, 1584, 1592, 1598, 1607. — *Aurel. Allobr.* 1608, *in-fol.* — *Lucæ*, 1765, 1770, 1772, 4 vol. *in-fol.*

Les ouvrages de Duaren, ou plutôt Douaren, Breton, né à Saint-Brieuc en 1509, sont des commentaires suivis sur plusieurs titres du Digeste, des traités sur les autres titres, et des traités particuliers sur quelques objets importants. Ils comprènent aussi des morceaux sur les bénéfices; et sur les libertés de l'Eglise Gallicane.

Duaren, dit M. de Thou, (Hist. L. XXIII,) était le plus savant de son temps dans la science du droit civil, après Alciat, sous lequel il avait étudié à Bourges ; et, ayant été instruit par un si grand homme, il joignit à la Jurisprudence les Belles-Lettres, et une exacte connaissance de l'antiquité. Les ouvrages de Duaren sont encore aujourd'hui en considération parmi les savants. Cujas même en faisait grand état ; mais il arriva à ses écrits ce que Cujas a toujours appréhendé pour les siens. Les choses qu'il dictait, que les écoliers prenaient sans attention, et qu'il ne donnait pas pour être imprimées, furent ajoutées sans choix, après sa mort, aux ouvrages qu'il avait publiés lui-même, et les gâtèrent. Voyez nº. 36.

362. * Ant. FABRI, Opera omnia. 10 vol. *in-fol. Scilicet*, Jurisprudentiæ Papinianæ scientia. *Lugduni*. 1658, 1 vol. De erroribus pragmaticorum et interpretum juris. *Ibid.* 2 vol.

Commentarii in Pandectas. *Ibid.* 1659, 5 vol.
Codex Fabrianus. *Ibid.* 1661, 1 vol. Conjec-
turæ juris civilis. *Ibid. eod. anno* 1 vol.

Antoine Favre, premier président du sénat de Chamberri, était né le 4 octobre 1557; il mourut le premier mars 1624. L'édition que l'on indique ici de ses
œuvres, est celle qui en forme le recueil complet.
Ses ouvrages avaient été imprimés séparément plusieurs fois. Le *Codex Fabrianus* est un recueil de décisions du sénat de Chamberri, plutôt qu'un traité de
Droit Romain.

— Hyeronimi Borgiæ, investigationes juris
civilis, in conjecturas Ant. Fabri. *Neap.*
1678, 2 vol. *in-fol.*

— Exercitationes Reinhardi Bachovii Echtii,
jurisconsulti.... ad partem posteriorem Chi-
liados quam de erroribus interpretum Faber
falsò inscripsit. *Francof.* 1624, *in-fol.*

— Casp. Schifordegheri Disputationum fo-
rensium ad Fabrum, lib. III. *Francof.* 1613,
in-fol.

363. Scipionis Gentilis jurisconsulti et antecessoris Norici Opera omnia. *Neapoli*, J. Gravier, 1763 — 1769, 8 vol. *in-4º.*

Scipion était le frère d'Alberic (nº. 351). Il était
né en 1563, et mourut le 7 août 1616. La collection
de ses œuvres ne renferme pas seulement des traités
de droit, on y trouve des ouvrages de littérature; de
la poésie; même de la théologie.

364. Hub. Giphanii antinomiarum juris civilis
lib. IV, 1605, *in-4º.* Accedunt ex toto jure
objectiones et responsiones in certum ordinem redactæ a Conrado Olemanno. *Francof.*
1666, *in-4º.*

365. D. Gothofredi Immò, *hoc est* conciliatio legum in speciem pugnantium quas in

notis ad Pandectas D. Gothofredus verbum *immò* usurpando indicare atque arguere , omissâ plerumque solutione , assueverat ; discussis contrariorum tenebris , evolvit et in concordiam adduxit Georg. Adam. STRUVIUS. *Francof.* 1695 , *in-4°.*

Georges-Adam Struve était professeur de droit à Iéna : il mourut en 1692.

366. Julii PACII , ἐναντιοφανῶν sive legum conciliatarum Cent. **VII** , tertia editio. *Spinæ* , 1596 , *in-8°.* — *Han.* 1605. — *Lugd.* 1608. — *Spir.* 1610 , 1625 , *in-8°.* — Centur. **X.** *Lugd.* 1643. — *Col.* 1661 , *in-8°.*

Pacius (Jules à Beriga), était né à Vicence en Italie l'an 1550. Il professa le droit dans les universités d'Allemagne, de France et d'Italie; il mourut à Valence en 1635.

367. Nicolai DE PASSERIBUS , Conciliatio legum quæ in toto corpore Juris civilis sibi contrariari videbantur. *Venet.* 1616 , *in-4°.* — *Col.* 1618 , *in-8°.* — *Francof.* et *Lips.* 1685 , *in-4°.*

Nic. de Passeribus était de Padoue ; il mourut en 1515.

Ces auteurs, qui se sont occupés de concilier les lois opposées, sont à recueillir , parce que cette partie est celle qui a le plus besoin d'éclaircissements , et qu'ordinairement on perd moins de temps à les consulter, que des commentateurs volumineux qui expliquent souvent ce qui n'a point de difficulté. Voici deux autres auteurs à peu près du même genre.

368. Siegm. Reich JAUCHII , J. C. Misenensis , meditationes criticæ de negationibus, Pandectis Florentinis, partim rectè vel malè jam adjectis aut detractis vel circumscriptis. *Amstel.* 1728 , *in-8°.*

369. Io. Gottfridi Sammet, receptarum lec-
    tionum ad Jauchium, lib. I et II. *Lips.* 1749,
    in-4°.; III et IV, *ibid.*1750, *in-4°.*; et sub
    nomine libri singularis, *ibid.* 1750, *in-4°.*

On retrouve cet ouvrage dans les Opuscules de Sammet, publiés à *Leipsik* en 1763, 1 vol. *in-4°.*

370. Hug. Grotii Florum sparsio ad Jus Jus-
    tinianeum. *Paris*, Pelé, 1642, 1 vol. *in-4°.*

371. * Jo. Gottlieb Heineccii, Opera ad uni-
    versam jurisprudentiam, philosophiam et
    litteras humaniores pertinentia. *Genev.* 1744,
    et ann. seqq. 8 vol. *in-4°.* — 1771, 9 vol.
    in-4°. (On les relie en quatorze tomes.)

L'édition de 1771 contient de plus que celle de 1744
*Dictata ad institutiones, Observationes ad Pandec-
tas*, les notes de Ritterus et de Silberard sur
l'Histoire du Droit Romain; plus, il doit s'y trouver
sous le titre de *Supplément*, un recueil de dissertations qui n'avaient pas encore paru. La plupart de ces
écrits ont été publiés séparément, et peuvent être
rassemblés pour compléter l'édition de 1744. (Voyez
ci-devant les no. 310 et 334.)

Le Recueil des Dissertations a été aussi imprimé séparément sous le titre de *Jo. Got. Heineccii Operum
omnium supplementum. Genevæ*, fratr. Detournes,
1771. in-4°. 236 pag.

La Collection des œuvres d'Heineccius est la plus
nécessaire après celle des œuvres de Cujas. Outre les
traités d'Heineccius déjà indiqués, et qui font partie
de ses œuvres, son commentaire sur les lois *Julia* et
Papia, suffirait pour le mettre au rang des plus
grands jurisconsultes. Les traités étrangers à la jurisprudence, qui sont compris dans cette collection,
n'en forment pas la huitième partie. On prétend qu'aujourd'hui en Allemagne l'autorité d'Heineccius décroît
un peu, parce que quelques jurisconsultes qui sont
venus après lui ont fait mieux, en profitant de ses
recherches.

Jean Gottlieb Heineccius ou Heineke, était conseiller du roi de Prusse, et professeur en droit et en

philosophie, d'abord à Francquère, ensuite à Francfort sur l'Oder, puis à Halle, où il est mort le 31
août 1741. Il était né le 11 septembre 1680 à Eisen-
berg dans la principauté d'Altenbourg.

372. Fr. HOTMANI Opera. [*Colon. Allobr.*]
   Vignon et Stoer, 1599, 3 vol. *in-fol.*

   Hotman naquit à Paris le 23 août 1524; il mourut
à Basle le 15 février 1590.

373. * Ægidii MENAGII Juris civilis Amœnitates. *Parisiis*, 1664, 1 vol *in-8°*. Secunda
   editio, priori longe auctior et emendatior.
   Lut. Paris. Gabr. Martin, 1677, 1 vol. *in-8°*.
   —Cum HOFFMANNI præfatione. *Lips.* et *Francof.* 1738, *in-8°*.

   Ménage est assez connu dans la littérature. Il était
avocat et s'en faisait gloire : *Advocatum me fuisse non
solum fateor sed etiam glorior*, dit-il dans l'Epitre à
Nublé, en tête de ses *Amœnitates*. Il nous y apprend
même qu'il avait plaidé quelques causes. Son livre est un
recueil de dissertations élégantes sur plusieurs points
qui appartiènent à la partie littéraire du droit. Il y en
a quelques-unes sur la vie des anciens jurisconsultes.
   Ménage, né en 1613 à Angers, est mort en 1692.

374. Ant. MERENDÆ Jurisconsulti Foroliviensis,
   olim in regio gymnasio Ticinensi juris civilis
   professoris primarii, Controversiæ juris libri XXIV. *Venetiis*, 1606, *in-fol.* — *Francof.* 1626, *in-4°*. Præfationem adjecit C. Ro-
   BERT juris utriusque doctor in universitate
   Lovaniensi. Recognovit Jo. Mic. VAN LANGEN-
   DOUCK supremæ curiæ Brabantiæ advocatus.
   Bruxellis, 1745, 1746, 4 vol. *in-fol.* (Ils
   se relient en 5 vol.)

375. * Gerardi NOODT, Opera omnia. *Lugd.
   Batav.* 1713, *in-4°*. — *Ibid.* 1724. — *Col.
   Agr.* 1733, 1735. — *Lugd. Batav.* curante

Barbeyracio, 1735. — *Ibid.* 1760 , 2 vol. *in-fol.* — *Col.* 1763 , 2 vol. *in fol.*

Gerard Noodt , né à Rimweg le 4 septembre 1647 , fut professeur en droit dans différentes villes des Provinces-Unies , et enfin à Leyde , où il mourut le 15 août 1725. Après avoir donné au public différents ouvrages détachés , il les recueillit lui-même en un volume , et auparavant , il les retoucha. Les éditions données après sa mort , sont plus amples. Le premier des deux volumes qui composent actuellement le recueil , renferme des traités particuliers , et quatre discours très-intéressants ; le second renferme une explication des vingt-quatre premiers livres du Digeste.

376. Joh. Passeratii De litterarum inter se cognatione et permutatione ad veram Pandectarum cognitionem. *Parisiis* , 1606 , *in-8º.*

Passerat, né à Troyes en Champagne , le 18 octobre 1534 , mort le 14 octobre 1602. Il est plus connu comme homme de lettres que comme jurisconsulte. Il avait étudié sous Cujas.

377. * Jo. Corn. Ruckeri liber singularis de civili et naturali temporis computatione ; observationes et interpretationes. *Lugd. Bat.* 1749 , 1 vol. *in-8º.*

378. Sam. et Jo. Sam. Stryckii Opera omnia. *Ulmæ,* 1744 — 1755 , 16 vol. *in-fol.*

Samuel Stryk , né le 22 novembre 1640 , mourut le 23 juillet 1710 à Halle en Saxe , où il professait le droit. Jean-Samuel , son fils , né le 12 mars 1668 , professeur de droit à Halle , mourut le 20 juin 1715. On a un recueil moins volumineux des ouvrages de Samuel sous le titre de *Opera præstantiora. Halle ,* 1746 , 1747 , 4 vol. *in-fol.*

379. Arn. Vinnii , Quæstiones Juris. *Lugd. Batav.* 1653. — *Roterodami,* 1672, 1685 , *in-8º. — Francof.* 1735. — *Ienæ,* 1736, —

Cum præfat. Jo. Georg. Estoris. *Marb.* 1755, *in-*12.

— * Cum tractatibus de pactis, jurisdictione, collationibus et transactionibus. *Trajecti ad Rhenum*, 1697, *in-*4°. — *Ibid.* 1722, *in-*4°.

— Ejusdem jurisprudentiæ contractæ seu partitionum juris civilis libri IV. *Amstel.* 1614, *in-*4°. — *Leid.* 1647, *in-*4°. — *Roterodami*, 1663, *in-*4°. — 1695, *in-*8°.

Ce traité a été réuni aux questions et aux autres traités particuliers. *Lugduni*, 1767, 2 vol. *in-*4°. Voyez n°. 514.

380. Tractatus universi juris, duce et auspice Gregorio XIII, P. M. in unum congesti.... XVIII materias 25 voluminibus comprehendens. *Venetiis*, fr. Ziletus, 1584, 18 vol. *in-fol.* et 3 vol. de tables de matières; le premier et le second, 1585; le troisième, 1584.

Il avait été précédemment publié des collections du même genre. *Lyon*, 1535, 9 vol. *in-fol.* — *Lyon*, 1549, 18 vol. *in-fol.* Celle-ci était intitulée *Tractatus tractatuum juris* : on a donné, dans l'usage, le même titre à la collection de 1535 et à celle de 1585. Cette dernière renferme 715 traités dont on peut voir les titres dans Nettelbladt, *Initia hist. litt. jurid.*, *Appendix* III; et dans le Catalogue de la bibl. publique d'Orléans, page 96 et suiv.

381. Jurisprudentia Romana et Attica, continens varios commentatores qui jus Romanum, Atticum, item classicos aliosque auctores veteres emendarunt, explicarunt, illustrarunt : cum præfatione Jo. Gottl. Heineccii. Tom. I, *Lugd. Batav.* 1738, *in-fol.* Tom. II, *ibid.* 1739. Tom. III, cum præfat. Petri Wisselingii, *ibid.* 1741, 1 vol. *in-fol.*

382. Thesaurus Juris Romani continens rariora

meliorum interpretum opuscula , in quibus jus
Romanorum emendatur , explicatur , illus-
tratur , etc. Ed. Ev. OTTONE. *Lugd. Batav.*
et *Traj. ad Rhen.* 1725 , 4 vol. *in-fol.* —
Traj. ad Rh. 1733 , 4 vol. *in-fol.* tom. V,
ibid. 1735. — *Basil.* 1744 , 5 vol. *in-fol.*
(édition contrefaite.)

Otton , né en 1686 à Hamm en Westphalie , fut
professeur de droit à Utrecht , ensuite syndic de
Brême , où il est mort le 20 juillet 1756.

Le nombre des ouvrages recueillis dans le Trésor
d'Otton , est de 97. Leurs titres sont détaillés dans Nettelbladt , dans le Catalogue de la Bibliothèque publique d'Orléans , et dans la Bibliothèque choisie de
Struvius, chap. X , § 3.

385. Novus Thesaurus juris civilis et canonici....
ex collectione et museo Gerardi MEERMANNI,
Reip. Roterodamensis syndici. *Hag comit.*
de Hondt , 1751 — 1753 , 7 vol. *in-fol.*

— Supplementum novi Thesauri juris civilis
et canonici ; post patris obitum edidit et præfatione instruxit Jo. L. B. de MEERMAN. *Hag.*
comitum Van Daalen, 1780 , 1 vol. *in fol.*

Meerman , né à Leyde en 1722, fut syndic de Ro-
terdam en 1748 , et mourut en 1765. Il est connu
par ses *Origines typographicæ.* C'est entre ses mains
qu'ont passé , à l'exception d'un petit nombre , les
manuscrits du collège de Clermont ou des Jésuites à
Paris. Avant de publier son *Thesaurus* , il en avait
donné le programme sous le titre de *Conspectus The-*
sauri. La Haye , 1751 , *in-8º.* Le nombre des pièces
contenues dans les sept premiers volumes est de 105 ;
on en trouve le détail dans Nettelbladt , Struvius,
et dans le Catalogue de la bibl. publique d'Orléans.

☞ Il y a des jurisconsultes tels que Co-
VARRUVIAS , MENOCHIUS et autres qui ont écrit
des traités de droit considérables , principalement d'après le Droit Romain , sans exclure

néanmoins les autorités que les lois françaises ou les lois d'autres peuples leur fournissaient. Je n'indiquerai pas ces auteurs ici, parce qu'ils ne sont pas purement des auteurs de droit romain. Je les placerai dans un article à part, à la suite des jurisconsultes français.

§. VI. *Droit de l'Empire Romain après Justinien.*

Il faut consulter sur les livres qui contiènent les monuments de ce droit, et qui sont particulièrement les collections de *Novelles* et les *Basiliques*, la Bibliothèque grecque de FABRICIUS, tom. XII, édit. de 1724, pages 409 — 570. On y trouvera d'excellentes instructions. On peut consulter aussi la Bibliothèque de LIPENIUS, edition de 1757, au mot *Basilica*, mais il faut y joindre les corrections faites sous le même mot, dans le Supplément de 1775.

Les Novelles de l'empereur Léon et celles de Constantin Porphyrogenete, se trouvent dans les bonnes éditions du Corps de Droit. Les premières ont été imprimées séparément à *Paris* en 1558. Leur traduction latine, par AGYLÆUS, a été imprimée à *Basle*, 1561, *in-8°*. Il faut y joindre : *Casp. Achat. Beck de Novellis Leonis, earumque usu et auctoritate. Ienæ*, 1726, *in-4°.*, simple programme ; le traité même est de 1731. *Ienæ, in-4°.* Les Novelles de Constantin ont été rendues publiques par le P. LABBE, à *Paris* en 1606. Ces mêmes Novelles sont recueillies avec celles de plusieurs autres empereurs grecs, dans les Collections de BONNEFOI et de LEUNCLAVE, qui seront indiquées : c'est pourquoi je n'insiste

pas davantage sur leurs éditions particulières.
Gentien Hervet et Cujas avaient d'abord
fait imprimer quelques fragments de Basiliques ;
mais je n'indique pas ces éditions incomplètes,
qui n'ont plus aujourd'hui qu'un mérite de curiosité.

384. Τῶν βασιλικῶν, βιβλία ξ. Βασιλικῶν libri
LX. In VII tomos divisi. Carolus Ann.
Fabrotus antecessorum Aquisextensium de-
canus latine vertit et græcè edidit. Ex Bibl.
regis christianissimi. *Parisiis*, Seb. et Gabr.
Cramoisy, 1647, 7 vol. *in-fol.* G. P. belle
édition.

— Operis Basilici Fabrotiani Supplementum
continens libros quatuor Basilicorum 49 — 52
græcè et latinè, cum Notis Gul. Otto. Reitz.
Accedunt Thalelæi, Theodori, Stephani,
Cyrilli et aliorum jurisconsultorum græco-
rum commentarii in titulos Digesti et Codicis. Græcè latinè vertit et castigavit Ruhnkenius. *Lugd. Batav.* Wetstein, 1765,
in-fol.

Les livres du Droit Romain étant écrits en latin,
les empereurs qui suivirent Justinien firent faire en
grec une traduction abrégée de ces livres ; on y joignit
même quelques articles qui étaient tirés d'autres livres,
par exemple, des Pères et des Conciles. Léon le phi-
losophe donna le premier, à cette traduction abrégée,
le nom de *Basiliques*. Celle que nous avons aujour-
d'hui, et qu'on vient d'annoncer, fut publiée au
commencement du dixième siècle, par Constantin
Porphyrogenete.

L'édition de Fabrot était la plus complète, quoiqu'il y eût encore treize livres, des soixante qui forment le total des Basiliques, dont nous n'avons point
le texte, mais seulement le sommaire rédigé par
Fabrot, d'après les abbréviateurs et glossateurs grecs.
Depuis Fabrot, Reitz a fait imprimer, dans le cin-

quième volume du Trésor de Meerman, quatre livres
des Basiliques: savoir, les 49, 50, 51 et 52, d'après
un manuscrit de la bibliothéque du roi. RUHNKENIUS
a fait réimprimer, avec les additions que le titre
énonce, les livres publiés par Reitz.

Le livre des Basiliques n'était pas très-facile a entendre même pour les Grecs, à en juger d'après ce
que dit PSELLUS (Voyez no. 389) vers 44 : ἔστι
δυσερμήνευτον,... ἀσαφὲς ἐσχάτως: *interpretatu difficile
est et maxime obscurum.*

Charles-Annibal Fabrot, né à Aix en 158., fut
avocat au Parlement de Provence et doyen des professeurs en droit à Aix. Du Vair, garde des sceaux,
et, après lui, le chancelier Seguier, le fixèrent à
Paris. Ce fut le chancelier Seguier qui le fit travailler
à la traduction des Basiliques. Il mourut en 1659, le
16 janvier.

385. Librorum Basilicon, id est universi Juris
Romani autoritate princip. Romanorum Græcam in linguam traducti, Ecloga sive synopsis per J. LEUNCLAVIUM, ex J. SAMBUCI
bibliotheca. Novellarum antea non publica-
tarum liber. *Basil.* 1575, 1 vol. *in-fol.*

Sambucus était un célèbre médecin qui mourut à
Vienne en Autriche en 1584.

386. Juris græco-romani tam canonici quam civilis tomi duo : Jo. LEUNCLAVII studio ex variis
bibliothecis eruti, latineque redditi ; nunc
primum editi cura Marq. FREHERI *Francofurti*, 1596, 2 vol. *in-fol.*

Jo. Leunclavius, en allemand LOEWENKLAU, était né
en 1533 en Westphalie. Il mourut en 1593 à Vienne.
Ce fut un très-savant homme.

FREHER était d'Augsbourg. Il y était né le 26 juillet
1565 ; il mourut à Heidelberg le 15 mai 1614.

Tout le premier volume de cette collection est relatif au droit canonique ; le second seul se rapporte
au droit civil.

387. Juris Orientalis libri III : Imperatoriæ
Constitutiones ; Sanctiones pontificiæ, etc.

ab Enimundo Bonefidio digesti ac notis illus-
trati, et nunc primum in lucem editi, cum
latina interpretatione. H. Sthephanus, 1573,
in-8°.

Ennemond Bonnefoy, professeur de droit à Valence,
est mort en 1574, âgé de 38 ans. Il était singulièrement estimé de Cujas.

388. Πρόχειρον ΚΟΝΣΤΑΝΤΙΝΟΥ τῦ ᾽ΑΡΜΕΝΟ-
ΠΟΥΛΟΥ. Promptuarium juris, Constantino
Harmenopulo auctore, interprete Jo. Mer-
cero. Dion. Gothofredi paratitla ad singulos
Cons. Harmenopuli titulos. Variarum lectionum libellus ad eumdem auctorem. Nomen-
clator græcarum dictionum ad eumdem Har-
menopulum. *Genev.* 1587, *in-4°*.

Harmenopule, né a Constantinople en 1320, mort
de 1380 à 1383, fut un jurisconsulte grec célèbre et
qui mérita d'être élevé à de grandes charges de magistrature. La première édition du texte grec de son
Promptuarium fut faite à *Paris* chez Wechel en 1540,
in-4°. On publia ensuite la traduction latine de Bernard de Rey, à *Cologne*, en 1547, *in-8°*, et celle
de J. Mercier, à *Lyon*, en 1556, *in-4°*. Voyez sur
Harmenopule et sur les anciennes éditions de son
Promptuarium, Fabricius, Bibl. gr. tom. X, 1737,
pag. 274 et suiv. et tom. XII, pag. 429. Dans ce dernier lieu, Fabricius a fait réimprimer la préface d'Har-
ménopule et une table de son *Promptuarium*.

389. Michaelis Pselli Synopsis legum versibus
iambis et politicis; cum latina interpretatione et notis Fr. Bosqueti. *Paris.*, Camusat,
1632, *in-8°*. — Et cum selectis observationibus Cornelli Sibenii, jurisconsulti et in
gymnasio Amstelodamensi antecessoris,
emendatius edidit. Lud. Henr. Teucherus.
Lips., Sommer, 1796, 1 vol. *in 8°*.: ou seul,
ou faisant partie du second vol. des *Autores
Græci*

Græci minores. Lips. Sommer, 1796, 2 vol,
*in-*8°.

Ce Psellus est celui que Léon ALLATIUS (*apud
Fabric. Bibl. Græca*, tom. V, 1712, pag. 14) appèle
junior, qui fut instituteur de l'empereur Michel
Ducas, et qui fleurit vers l'an 1050.

Photius, dans son *Nomocanon*, et Balsamon, dans
ses commentaires, ont conservé plusieurs textes tirés
du droit civil de l'empire grec, mais leurs compilations se rapportant principalement au droit canonique, c'est à l'article de ce droit que je les indiquerai.

390. Nic. RIGALTII glossarium μεξοβάρβαρον
    de verbis in Novellis constitut. post Justi-
        nianum, *Paris*, 1601, *in-*4°.

Les compilations du droit observé dans l'empire
d'Orient, après la chute de l'empire d'Occident, sont
utiles à consulter pour l'intelligence des lois romaines.
On y voit le sens qu'on leur donnait dans des lieux
où elles n'avaient pas cessé d'être observées depuis
Justinien.

Fin du tome premier.

AVIS.

On trouve à la même adresse, chez les mêmes Libraires :

Une Nouvelle Traduction d'Oraisons choisies de Cicéron, avec le texte latin en regard, précédées d'un Eloge historique de cet Orateur, par M. BOUSQUET, avocat, 2 vol. *in-12.* 6 fr.

Le traducteur a réuni dans ce recueil six discours les plus parfaits dans les trois genres d'éloquence. Il les a choisis de styles différents, pour faire connaître et apprécier la manière de l'Orateur Romain ; comme ce qui le distingue est surtout l'harmonie et une riche variété de tours et de formes, il s'est appliqué à traduire avec autant de fidélité que le permet notre langue, persuadé que dans un travail de ce genre c'est moins au sens littéral qu'aux tours et aux pensées qu'il convient de s'attacher. Effectivement, nous avons de nombreux discours de Cicéron traduits littéralement ; avons-nous une seule traduction, je ne dis pas où l'on reconnaisse les traits de son éloquence, mais qui en laisse entrevoir faiblement les traces (1)? Et en effet, pour copier dignement un tableau, suffit-il d'en donner une esquisse fidèle ? ne faut-il pas encore exprimer l'intention du sujet et le charme du coloris ?

La langue latine a été presque totalement négligée depuis douze ans ; les jeunes gens mon-

____

(1) D'OLIVET n'a traduit que les quatre Catilinaires, et il convient lui-même que ce n'est pas par ces discours qu'on peut juger de l'éloquence de Cicéron.

trent beaucoup d'ardeur pour les études du barreau ; le talent de la parole doit obtenir un nouveau lustre de nos nouvelles institutions ; et lorsque le peuple et le gouvernement confient à des orateurs la discussion des grands intérêts de l'Etat, on peut espérer servir son pays en servant l'éloquence.

Quels modèles plus parfaits peut-on donner à étudier aux jeunes orateurs ? Quels écrits méritèrent jamais mieux d'être connus, d'être lus et relus, et d'être appris par cœur ?

SOUS PRESSE.

Les *Eléments du Droit Civil Romain, selon l'ordre des Institutes de Justinien :* (1)

Arrangés suivant une méthode plus utile aux Etudiants ; par Jo. Gollt. Heinnecius.

Traduits en Français par J. F. BERTHELOT, ancien Docteur agrégé de la Faculté de Droit de Paris, Censeur royal pour la Jurisprudence, et actuellement Professeur de Droit Romain aux écoles de Paris.

Le Droit civil Romain vient de recevoir du Gouvernement l'hommage que lui avaient rendu tous les gouvernements éclairés. On l'enseignera spécialement dans nos écoles ; ce sera encore pour nous la raison écrite et le principe ou le développement du Code civil des Français.

Les Etudiants en Droit et même les hommes déjà instruits dans cette science, liront avec em-

---

(1) 4 vol. *in-*12. Prix, 12 fr. Le premier volume paraît en ce moment ; on peut se le procurer, en consignant le prix de la totalité de l'ouvrage.

pressement cet auteur distingué dans toute
l'Europe , qui livre à découvert les secrets du
Droit Romain , et révèle à une étude de six
mois ce qu'on aurait cherché laborieusement
pendant dix années. Le traducteur, connu par
son savoir , a considéré que dans ces derniers
temps les auditeurs des Ecoles seraient peu
familiarisés avec la langue latine ; il a rendu
par cette version, mise en regard avec le
latin , le double service de représenter fidèlement cet auteur clair , ingénieux et profond ,
et de contribuer même, sans qu'on y pense ,
à l'intelligence de la langue latine.